权威·前沿·原创

皮书系列为
"十二五""十三五"国家重点图书出版规划项目

教育部人文社会科学发展报告项目资助

云南大学大湄公河次区域研究中心
云南大学周边外交研究中心

大湄公河次区域蓝皮书

BLUE BOOK OF
THE GREATER MEKONG SUB-REGION

大湄公河次区域合作发展报告（2016）

REPORT ON THE COOPERATION AND DEVELOPMENT IN THE
GREATER MEKONG SUB-REGION
(2016)

主　编／刘　稚

副主编／卢光盛

社会科学文献出版社
SOCIAL SCIENCES ACADEMIC PRESS（CHINA）

图书在版编目（CIP）数据

大湄公河次区域合作发展报告.2016 / 刘稚主编
. －－北京：社会科学文献出版社，2016.9
（大湄公河次区域蓝皮书）
ISBN 978 － 7 － 5097 － 9743 － 3

Ⅰ.①大…　Ⅱ.①刘…　Ⅲ.①湄公河－流域－国际合
作－区域经济合作－研究报告－2016　Ⅳ.①F127.74
②F125.533

中国版本图书馆 CIP 数据核字（2016）第 228339 号

大湄公河次区域蓝皮书
大湄公河次区域合作发展报告（2016）

主　　编 / 刘　稚
副 主 编 / 卢光盛

出 版 人 / 谢寿光
项目统筹 / 宋月华　郭白歌
责任编辑 / 叶　娟　王晓燕　周志宽

出　　　版 / 社会科学文献出版社·人文分社（010）59367215
　　　　　　　地址：北京市北三环中路甲 29 号院华龙大厦　邮编：100029
　　　　　　　网址：www.ssap.com.cn
发　　　行 / 市场营销中心（010）59367081　59367018
印　　　装 / 北京季蜂印刷有限公司

规　　　格 / 开　本：787mm×1092mm　1/16
　　　　　　　印　张：18　字　数：272 千字
版　　　次 / 2016 年 9 月第 1 版　2016 年 9 月第 1 次印刷
书　　　号 / ISBN 978 － 7 － 5097 － 9743 － 3
定　　　价 / 79.00 元

皮书序列号 / B － 2011 － 169

主要编撰者简介

刘 稚 云南大学大湄公河次区域研究中心主任，研究员、博士生导师，中国东南亚研究会副会长，主要研究领域为大湄公河次区域合作、中国与东南亚的跨界民族及沿边开放。

卢光盛 云南大学国际关系研究院（南亚东南亚研究院）副院长兼云南大学东南亚研究所所长，云南大学周边外交研究中心首席专家，教授、博士生导师，中国东南亚研究会常务理事。主要研究领域为东南亚经济、区域经济合作与国际关系。

摘　要

　　发源于中国青藏高原唐古拉山的湄公河（中国境内段称为澜沧江），自北向南流经中国、缅甸、老挝、泰国、柬埔寨、越南六国，全长 4880 公里，是亚洲重要的国际河流。自 1992 年大湄公河次区域（GMS）合作机制建立以来的 20 余年间，由中国、柬埔寨、老挝、缅甸、泰国、越南六个成员国共同推动，国际社会和相关国际组织积极参与的次区域合作已在诸多领域取得了令人瞩目的成果，在促进成员国经济社会发展、提升次区域整体竞争力、推动亚洲区域经济一体化进程方面发挥了重要的作用。

　　中国与湄公河流域国家山水相连，人文相通，是天然的合作伙伴。在合作日益深化、利益紧密交融的基础上，2015 年，以"一江连六国"的澜沧江－湄公河全称命名的"澜沧江－湄公河合作"机制正式启动，标志着因水结缘的中国、缅甸、老挝、泰国、柬埔寨和越南六国在共同主导、协调推进次区域合作方面取得了历史性的重大进展，新机制将打造更为紧密、互利合作的澜湄共同体，为该区域的合作与发展注入新的活力。与此同时，大湄公河次区域合作在各个领域继续推进，次区域合作呈现出多种机制并行、相互促进、相互交融的新格局。在此形势下，云南大学大湄公河次区域研究中心继续深入追踪分析该区域 2015 年以来的发展动向，以把握全面、突出重点为宗旨，推出《大湄公河次区域合作发展报告（2016）》，从三个层面系统介绍和研究 2015 年度大湄公河次区域合作的热点和重点问题，展望次区域合作的发展趋势。

　　报告分为三部分。第一部分"总报告"对 2015 年以来大湄公河次区域合作发展的新进展和澜沧江－湄公河合作的特点、定位与发展前景进行全面分析、总结和展望。第二部分"专题篇"就澜湄合作机制的由来、进展及发展方向，澜沧江－湄公河次区域国家的产能合作、减贫合作、次区域自然资本的利用以及缅甸非政府组织的发展和涉华活动、缅甸与印度关系的新发展及其对区域合作的影响等问题进行专题研究和深入分析，并对新形势下我国推进澜沧江－湄公河合作的策略、重点和路径提出相关对策建议。第三部分"区域篇"则从参与澜沧江－湄公河合作的相关国家和地区入手，着重分析2015年度各成员国的政治、经济、外交形势及对次区域合作产生的影响，以及介绍相关成员参与次区域合作的具体进展和政策措施，并展望这些举措对次区域合作所产生的影响。

Abstract

The Lancang-Mekong River is an important international river flowing through China, Myanmar, Laos, Thailand, Cambodia and Vietnam, with a total length of 4880 km, which originates in Tanggula Mountains on the Qinghai-Xizang Platea of China. With the joint effors of its member countries as well as the active participations of the international community and relevant international organizations, GMS cooperation has made some great achievements in many fields since its establishment in 1992. Nowadays, GMS cooperation plays a more and more important role in driving member countries'economic and social development, boosting sub-regional competitiveness and promoting Asian regional economic integration process.

China and other GMS countries are close cooperative partners linked by rives and mountains and shared cultures. With the deepening of all-round cooperation and mutural-interests, the Lancang-Mekong Cooperation (LMC) was officially launched in 2015, which marked the historical progress of the joint leading and promoting sub-regional cooperation among the GMS countries. The LMC will contribute to the establishment of the GMS Community and bring new vigours to the coopration and development in the region. A new scene of different mechanisms co-existing and mutual-promoting to enhance cooperation in GMS has been shaped. Taking all those into consideration, the GMS Study Center of Yunnan University completes this report after comprehensive studies, which introduces and analyzes the key issues, new changes and development trends in the subregion since 2015.

This report includes three parts, namely *General Report*, *Special Topics* as well as Province and *Country Reports*. The *General Report* makes an overall analysis on GMS cooperation's new achievements in 2015, as well as the features, function and prospect of the LMC. The *Special Topics* studies the establishment and progresses

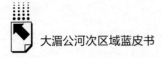
of the LMC, cooperation of GMS countries in productivity, poverty alleviation and natural capital utilization, as well as the impacts of Myanmar's NGOs and the Myanar-India relations on the cooperation in GMS. This part also makes suggestions for China to promote GMS cooperation under the new situation. The *Province and Country Reports* analyzes political, economic and diplomatic situations in GMS countries, as well as their impacts on subregional cooperation. It also explores relevant GMS countries'specific initiatives and policies for promoting sub-regional cooperation, and make indepth studies on the effects generated.

目　录

Ⅰ　总报告

B.1 澜湄合作的启动与大湄公河次区域合作的新进展（2015～2016）

　　…………………………………………………… 刘　稚　邵建平 / 001

Ⅱ　专题篇

B.2 澜湄合作机制的由来、进展及发展方向

　　………………………………… 金　珍　卢光盛　佟应芬 / 027

B.3 "一带一路"战略下中国与湄公河地区国家的产能

合作 ………………………………………………… 邹春萌 / 042

B.4 澜湄合作机制下的国际减贫合作 ………… 罗圣荣　叶国华 / 060

B.5 大湄公河次区域自然资本的利用现状与前景分析 …… 陈松涛 / 081

B.6 缅甸非政府组织的发展及其涉华活动的影响

　　………………………………… 梁　晨　徐秀良　黄德凯 / 103

B.7 缅印关系的新发展及其对区域合作格局的影响

　　………………………………………………… 刘　稚　黄德凯 / 118

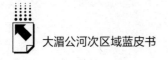

Ⅲ 区域篇

B.8 2015 年云南经济社会发展及对大湄公河次区域

合作的参与 ·················· 陈松涛 / 132

B.9 2015 年广西经济社会发展及对大湄公河次区域

合作的参与 ············ 陈 竹 安东程 / 155

B.10 2015 年柬埔寨形势及对大湄公河次区域合作的

参与 ················ 李 涛 李福军 / 175

B.11 2015 年老挝形势及对大湄公河次区域合作的

参与 ···················· 方 芸 / 192

B.12 2015 年缅甸形势及对大湄公河次区域合作的

参与 ··················· 杨祥章 / 210

B.13 2015 年泰国形势及对大湄公河次区域合作的

参与 ············ 邹春萌 王 阁 / 231

B.14 2015 年越南形势及对大湄公河次区域合作的

参与 ············ 毕世鸿 付瑾琳 / 251

皮书数据库阅读 **使用指南**

CONTENTS

I General Report

B.1　The Launch of the LMC and the Achievements of the

GMS Cooperation (2015-2016)　　　　　*Liu Zhi, Shao Jianping* / 001

II Special Topics

B.2　The LMC: Establisment, Progress and Prospect

　　　　　　　　　　　　Jin Zhen, Lu Guangsheng and Tong Yingfen / 027

B.3　Productivity Cooperation between China and the Other GMS Countries

under the Building of "The Belt and Road"　　　*Zou Chunmeng* / 042

B.4　International Poverty Alleviation Cooperation under the LMC

　　　　　　　　　　　　　　　　　Luo Shengrong, Ye Guohua / 060

B.5　The Utilization of Natural Capital in GMS: Current

Situation and Prospect　　　　　　　　　　*Chen Songtao* / 081

B.6　Myanmar's NGOs: Development and Impacts of Activities

Related to China　　　*Liang Chen, Xu Xiuliang and Huang Dekai* / 103

B.7　The Development of Myanmar-India Relations and Its Impacts on

the Regional Cooperation　　　　　*Liu Zhi, Huang Dekai* / 118

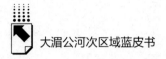

Ⅲ   Province and Country Reports

B.8   Yunnan's Economic and Social Development and Its Participation in GMS Cooperation in 2015 *Chen Songtao* / 132

B.9   Guangxi's Economic and Social Development and Its Participation in GMS Cooperation in 2015 *Chen Zhu , An Dongcheng* / 155

B.10   Cambodia in 2015 and Its Participation in GMS Cooperation *Li Tao, Li Fujun* / 175

B.11   Laos in 2015 and Its Participation in GMS Cooperation *Fang Yun* / 192

B.12   Myanmar in 2015 and Its Participation in GMS Cooperation *Yang Xiangzhang* / 210

B.13   Thailand in 2015 and Its Participation in GMS Cooperation *Zou Chunmeng, Wang Chuang* / 231

B.14   Vietnam in 2015 and Its Participation in GMS Cooperation *Bi Shihong, Fu Jinlin* / 251

总 报 告

General Report

B.1

澜湄合作的启动与大湄公河次区域
合作的新进展（2015～2016）^{*}

刘 稚 邵建平**

摘 要： 2015 年，由中国发起、澜沧江－湄公河全流域沿岸国家参与
的"澜湄合作"机制正式启动，标志着因水结缘的中国、缅
甸、老挝、泰国、柬埔寨和越南六国在共同主导、协调推进
次区域合作方面取得了历史性的重大进展，新机制将打造更
为紧密、互利合作的澜湄共同体，为该区域的合作与发展注
入新的活力。与此同时，大湄公河次区域合作在各个领域继
续推进，次区域合作呈现出多种机制并行、相互促进、相互

* 本报告为 2015 年度国家社科基金重大项目"'一带一路'视野下的跨界民族及边疆治理国际
经验比较研究"（批准号：15ZDB112）的阶段性成果。
** 刘稚，云南大学大湄公河次区域研究中心主任，云南大学周边外交研究中心研究员，博士生
导师，中国东南亚研究会副会长；邵建平，红河学院政治学与国际关系学院副教授，博士。

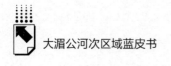
交融的新格局。

关键词： 2015 年 澜湄合作 大湄公河次区域合作

中国与湄公河流域国家山水相连，人文相通，是天然的合作伙伴。在合作日益深化、利益紧密交融的基础上，2015 年，以"一江连六国"的澜沧江－湄公河全称命名的"澜沧江－湄公河合作"机制闪亮登场，标志着因水结缘的中国、缅甸、老挝、泰国、柬埔寨和越南六国在次区域合作方面取得了重大的历史性进展。

2014 年 11 月，李克强总理在第 17 次中国－东盟领导人会议上倡议建立澜沧江－湄公河合作机制，得到湄公河各国的积极响应。2015 年 4 月 6 日，澜沧江－湄公河对话合作外交高官对话会在北京举行，会议主题为"六个国家，一个命运共同体：建立澜沧江－湄公河对话合作机制，促进次区域可持续发展"，宣布启动澜沧江－湄公河对话合作进程。[1] 2015 年 11 月 12 日，"澜湄合作"首次外长会议在中国云南景洪召开。会议通过了《澜湄合作概念文件》和《澜沧江－湄公河合作首次外长会联合新闻公报》，各方就合作目标、原则、重点合作领域、机制建设等达成共识[2]。2016 年 3 月 22～23 日，以"同饮一江水，命运紧相连"为主题的"澜湄合作"首次领导人会议在中国海南三亚举行。中国国务院总理李克强、柬埔寨首相洪森、老挝总理通邢、泰国总理巴育、缅甸副总统赛茂康和越南副总理范平明出席会议。会议发表了《澜沧江－湄公河合作首次领导人会议三亚宣言》和《澜沧江－湄公河国家产能合作联合声明》，确定了以政治安全、经济和可持续发展、社会人文为三大合作支柱，以互联互通、产能、跨境经济、水资

---

[1] 《中国举办首次澜沧江－湄公河对话合作外交高官会》，新华网，http：//news. xinhuanet. com/2015－04/06/c_ 1114880204. Htm。

[2] 详见《澜沧江－湄公河合作首次外长会联合新闻公报（全文）》，新华网，2015 年 11 月 12 日，http：//news. xinhuanet. com/2015－11/12/c_ 1117126335. htm。

源、农业和减贫为五个优先方向的"3＋5"合作框架，目标是建立互利互惠、合作共赢的澜湄国家命运共同体，从而标志着"澜沧江－湄公河合作"机制正式启动。①"澜湄合作"是首个由沿岸国家自己提出、携手推动的新型次区域合作机制，是全流域沿岸六国谋求次区域合作全方位深化和次区域合作机制化的重要探索，将打造更为紧密、互利合作的澜湄共同体，为该区域的合作与发展注入新的活力。

与此同时，大湄公河次区域经济合作升级版的打造也在积极推进。2015年9月9~10日，以"有效推动战略规划实施，实现次区域可持续和包容性发展"为主题的大湄公河次区域经济合作第20次部长会议在缅甸内比都召开。柬埔寨、中国、老挝、缅甸、泰国、越南6个成员国的部长级政府官员，亚洲开发银行、有关国际组织及域内外国家的代表与会。会议审议了GMS城镇化发展战略框架，通报了区域投资框架合作项目规划执行计划落实情况及优先合作领域的最新进展，并就如何有效推动GMS相关战略规划的实施、加强GMS合作机制与东盟经济共同体建设、"一带一路"等合作倡议的对接等议题进行了探讨。②

一　大湄公河次区域各领域合作的新进展

2015年以来，在东盟共同体建立、澜湄合作机制启动、打造大湄公河次区域经济合作升级版等背景下，大湄公河次区域在各个领域的合作深入推进，并取得了新的进展。

（一）交通基础设施互联互通领域

2015年，大湄公河次区域经济合作交通基础设施互联互通继续深入推

---

① 《"澜湄合作"机制与历次领导人会议》，新华网，2016年3月23日，http：//news. xinhuanet. com/ziliao/2016－03/23/c_ 128826687_ 4. htm。

② 《大湄公河次区域经济合作第二十次部长级会议在缅甸举行》，中央政府门户网站，2015年9月11日，http：//www. gov. cn/xinwen/2015－09/11/content_ 2929114. htm。

进。3 月 11 日，大湄公河区域铁路联盟第一次全体会议在中国云南昆明举行。中国、柬埔寨、老挝、缅甸、泰国、越南 6 个成员国和亚洲开发银行代表与会。会议就加快形成次区域铁路联盟机制，推动次区域铁路运输一体化进行了深入讨论。次区域国家间铁路联通方面也得以继续推进。2015年 6 月，泰国政府宣布将与中国联合修建从曼谷至廊开的长 873 公里的快速铁路。2015 年 3 月 5 日，泰国廊开府至老挝塔纳楞的国际铁路运输线正式通车。2015 年 11 月 13 日，中老铁路项目签约，中老铁路项目正式进入实施阶段，并为项目后续建设运营及两国进一步加强铁路基础设施合作打下了良好的基础。12 月 5 日，连接老挝首都万象与云南昆明的中老铁路老挝段（磨丁至万象）举行开工奠基仪式，标志着总长 417 公里、总投资 400 亿元人民币的中老铁路正式开工建设。中国境内段玉溪—磨憨铁路在2016 年年初也已开工建设。

在公路联通方面，2015 年 5 月 9 日，连接老挝 17 号公路和缅甸 4 号公路的老缅友谊大桥正式通车。

（二）贸易、投资领域

2015 年，在相关各国的重视和共同努力下，大湄公河次区域国家间的贸易、投资都呈现了持续增长的势头。

中国是柬埔寨、缅甸、泰国和越南的第一大贸易伙伴，是柬埔寨、老挝和缅甸的第一大投资国。据统计，2015 年中国和湄公河五国间的贸易额达到了 1937 亿美元。其中中越双边贸易额达到了 958.2 亿美元，较2014 年增长了 14.6%。中国向越南出口 661.4 亿美元，增长 3.8%；进口296.8 亿美元，增长 49.1%[①]，越南对华逆差形势正在发生变化。中老双边贸易额 27.8 亿美元[②]。中缅双边贸易额为 152.8 亿美元。其中，中国向缅

---

① 《中国越南双边经贸合作简况》，商务部亚洲司，2016 年 2 月 5 日，http：//yzs. mofcom. gov. cn/article/t/201602/20160201252414. shtml。

② 《中国老挝双边经贸合作简况》，商务部亚洲司，2016 年 2 月 5 日，http：//yzs. mofcom. gov. cn/article/t/201602/20160201252420. shtml。

甸出口 96.5 亿美元，增长 3.1%；进口 56.3 亿美元，下降 63.9%①。中泰双边贸易额 754.6 亿美元，增长 3.8%。其中，中国向泰国出口 382.9 亿美元，增长 11.6%；进口 371.7 亿美元，下降 3.1%②。中柬双边贸易额 44.3 亿美元，增长 18%。其中，中国向柬埔寨出口 37.6 亿美元，增长 15%；进口 6.7 亿美元，增长 38.1%③。

在投资方面，中国在越南的投资规模也不断扩大。截至 2015 年年底，中国在越投资项目已达 1284 个，累计金额约 100 亿美元④。2015 年，中国对越直接投资 3.2 亿美元，增长 1.9%。截至 2015 年年底，越对华累计实际投资 1.24 亿美元⑤。2015 年中国对老挝非金融类直接投资流量突破 10 亿美元，达 13.6 亿美元，同比增长 36.2%⑥。截至 2015 年年底，老挝对华累计实际投资 4549 万美元⑦。截至 2015 年年底，中国对缅直接投资存量 41.3 亿美元。2015 年，中国对缅直接投资 2.06 亿美元，增长 16.3%。截至 2015 年年底，缅对华累计实际投资 1.15 亿美元⑧。截至 2015 年年底，中国对泰直接投资存量 35.2 亿美元。2015 年，中国对泰直接投资 4.4 亿美元，增长 21.1%。截至 2015 年年底，泰对华累计实际投资 40.6 亿美元⑨。截至 2015

① 《中国缅甸双边经贸合作简况》，商务部亚洲司，2016 年 2 月 5 日，http://yzs. mofcom. gov. cn/article/t/201602/20160201252444. shtml。

② 《中国泰国双边经贸合作简况》，商务部亚洲司，2016 年 2 月 5 日，http://yzs. mofcom. gov. cn/article/t/201602/20160201252448. shtml。

③ 《中国柬埔寨双边经贸合作简况》，商务部亚洲司，2016 年 2 月 5 日，http://yzs. mofcom. gov. cn/article/t/201602/20160201252423. shtml。

④ 《越南有望成中国在东盟最大贸易伙伴》，《经济日报》，2016 年 3 月 15 日。

⑤ 《中国越南双边经贸合作简况》，商务部亚洲司，2016 年 2 月 5 日，http://yzs. mofcom. gov. cn/article/t/201602/20160201252414. shtml。

⑥ 《我对老挝投资大幅增长 在东盟国家中位居第二》，中华人民共和国驻老挝大使馆经商参处，2016 年 2 月 14 日，http://la. mofcom. gov. cn/article/zxhz/201602/20160201254473. shtml。

⑦ 《中国老挝双边经贸合作简况》，商务部亚洲司，2016 年 2 月 5 日，http://yzs. mofcom. gov. cn/article/t/201602/20160201252420. shtml。

⑧ 《中国缅甸双边经贸合作简况》，商务部亚洲司，2016 年 2 月 5 日，http://yzs. mofcom. gov. cn/article/t/201602/20160201252444. shtml。

⑨ 《中国泰国双边经贸合作简况》，商务部亚洲司，2016 年 2 月 5 日，http://yzs. mofcom. gov. cn/article/t/201602/20160201252448. shtml。

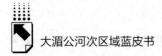
年年底，中国对柬直接投资存量 36.1 亿美元。2015 年，中国对柬直接投资 3.9 亿美元。截至 2015 年年底，柬对华累计实际投资 1.86 亿美元①。

越老经贸合作进一步深化，双方于 2015 年 3 月和 6 月先后签署了越老贸易合作协定和边贸合作协议。2015 年双边贸易额约达 13 亿美元。投资方面，截至 2015 年 12 月，老挝已向越南企业 413 个投资项目颁发投资许可证，越对老投资总额 49 亿美元，其中实际到位资金 14 亿美元②。截至 2015 年 11 月，越柬双边贸易额约达 30.6 亿美元，同比增长 0.41%。越南对柬出口额达 22.1 亿美元。越南继续跻身柬埔寨五大投资来源国行列，协议资金约 32 亿美元③；2015～2016 财年前 9 个月（2015 年 4 月 1 日至 2015 年 12 月 31 日），缅甸与泰国的贸易额超过了 37 亿美元，与越南贸易额为 4.42 亿美元④。

2015 年 10 月 15 日，越南计划投资部、越老柬经济合作发展协会同老挝国家社会科学院在老挝首都万象联合举办了主题为"在东盟经济共同体框架内加大对大湄公河次区域经贸投资合作力度"的大湄公河论坛，就在新形势下如何推进大湄公河次区域国家之间经贸投资进行了讨论。

泰国是老挝最大的贸易伙伴和重要的投资来源国，截至 2015 年，泰国对老挝的投资总额超过 30 亿美元，主要分布在金属加工、机器设备制造、纺织及服装、皮革、鞋类、电子、塑料制品等加工制造业领域。⑤ 2015 年 3 月，老挝和泰国双方协商建立一个双边联合委员会作为全方位推进经济合作的机制，促进双边贸易、投资、物流、零售和批发服务。

① 《中国柬埔寨双边经贸合作简况》，商务部亚洲司，2016 年 2 月 5 日，http：// yzs. mofcom. gov. cn/article/t/201602/20160201252423. shtml。

② 《越南－老挝签署多项合作协议》，越南社会主义共和国中央政府门户网站，2015 年 12 月 28 日，http：//cn. news. chinhphu. vn/Home/% E8% B6% 8A% E5% 8D% 97% E8% 80% 81% E6% 8C% 9D% E7% AD% BE% E7% BD% B2% E5% A4% 9A% E9% A1% B9% E5% 90% 88% E4% BD% 9C% E5% 8D% 8F% E8% AE% AE/201512/19454. vgp。

③ 《越南驻柬使馆举办越企见面会 去年前 11 月双边贸易额微增 0.41%》，云南省对外投资合作网，2016 年 1 月 15 日，http：//www. ynoiec. gov. cn/htmlswt/nobody/2016/0115/news_ 5_ 284136. html。

④ 《缅甸近期进出口贸易概况》，中国－东盟博览会网站，2016 年 3 月 2 日，http：// www. caexpo. org/index. php？m = content&c = index&a = show。

⑤ 老挝《万象报》，2015 年 11 月 29 日。

（三）旅游合作领域

2015 年，赴湄公河五国的中国游客人数继续攀升，达到 1280 万人次，中国已成为越南和泰国最大的旅游客源国。6 月 18 日，次区域各国在越南岘港举办了以"通过新伙伴关系更好开发大湄公河次区域旅游潜力"为主题的年度旅游论坛，与会各国就如何进一步推进次区域内旅游便利化进行了深入讨论。

（四）产业园区建设合作

2015 年 12 月 29 日，缅甸议会通过了皎漂经济特区项目，并确认了特区项目开发面积共 4289.32 英亩。12 月 30 日，缅甸皎漂经济特区项目评标及授标委员会宣布中国中信集团与泰国正大、中国港湾、中国招商局集团、中国天津泰达、中国云南建工组成的跨国企业集团联合体获得皎漂经济特区的工业园和深水港项目的开发权。[①] 2015 年 7 月，缅甸与日本、泰国签署了合作意向备忘录，重启土瓦经济特区项目。9 月，缅日联合开发的迪洛瓦经济特区正式动工。

2015 年 8 月 31 日，中老磨憨 - 磨丁经济合作区建设《共同总体方案》正式签署。这是继与哈萨克斯坦建立中哈霍尔果斯国际边境合作中心之后，中国与毗邻国家建立的第二个跨国境的经济合作区，是中老两国创新合作模式、深化开放合作的重要举措。此外，中越河口 - 老街跨境经济合作区建设重启磋商，中越司局级工作会议成功举行。中缅瑞丽 - 木姐跨境经济合作区前期推进工作联合工作组正式成立，并成功举行联合工作组第一次会议。

（五）农业合作领域

GMS 经济合作机制成立以来，成员国在农业领域开展了广泛的合作，涉

---

① 《中企中标缅甸皎漂经济特区项目》，人民网，2016 年 1 月 1 日，http://world.people.com.cn/n1/2016/0101/c157278 - 28002266.html。

及种植业、畜牧业、水产养殖业、农产品加工业、动物疫病防治、农村能源与生态等领域，并于2008年在中国昆明成立了大湄公河次区域农业科技交流合作组。2015年11月16～20日，来自柬埔寨、泰国、老挝、越南和中国的近百位农业官员和专家在昆明参加"大湄公河次区域农业科技交流合作组第七届理事会暨农业科技合作交流研讨会"。与会者对建立联合研究中心和多年来合作成果转化等事宜进行研讨，表示将推动农业科技多边合作机制与平台建设，促进次区域农业可持续发展。据统计，2008～2015的7年间，通过合作组平台次区域六国共交换品种264个，筛选试验品种48个，示范适宜品种34个，示范面积近6500公顷，培训科技人员和农户9209人次。[①]

（六）电力合作领域

2015年，大湄公河次区域电力合作也取得了新的进展。其中，中国与老挝和越南的电力合作成效显著。从2009年开始，南方电网开始与老挝开展电网互联互通，向老挝送电。截至2015年10月，中国已经累计向老挝送电8.92亿千瓦时，为老挝北部电力供应做出了重要贡献。2015年11月29日，"一带一路"首个电网合作项目——230千伏老挝北部电网工程项目通电移交仪式在老挝琅勃拉邦举行。该项目横跨老挝北部4省，包括4条230千伏线路和4座变电站，合同金额3.02亿美元。该电网工程结束了老挝北部电网孤网运行的历史，形成全国统一的230千伏骨干网架。[②]

中国南方电网公司投资的越南永新燃煤电厂一期项目也于2015年7月18日开工建设。该项目采用BOT运营模式，是迄今为止中国企业在越南最大的投资项目，项目建设期4年，特许运营期25年，运营期满后将无偿移交给越南政府。

---

① 《大湄公河次区域农业科技合作方兴未艾》，《科技日报》2015年11月23日；马骞：《GMS国家农业科技合作渐入佳境　仍面临挑战》，http://www.qianhuaweb.com/2015/1119/3049134.shtml，2015年11月19日。

② 《中国老挝首个电网合作项目正式投产》，http：//www.csg.cn/acts/2015/xctxzx/ydyl/201512/t20151218_ 110379.html，2015年11月30日。

（七）非传统安全合作领域

2015 年，大湄公河次区域各国在打击人口拐卖、反恐、禁毒等方面继续展开了合作。2015 年 4 月 28 日，次区域六国相关部门在柬埔寨金边举行了主题为"团结和创新　共同消除人口贩卖"的第十届大湄公河次区域反对拐卖人口高官会。六国代表就各国人口贩卖情况和应对措施、制定区域性共同打击人口贩卖行动计划进行了讨论①。3 月 19 日，泰国武装部队最高司令部反恐中心猜差纳率领的反恐考察团访问中国，与中国人民解放军副总参谋长戚建国就加强反恐合作与交流、维护地区安全稳定进行了会谈。6 月 10 日，中越两国在中国河口举行了"红河 1 号–2015"联合反恐演练。中国云南红河公安边防支队和越南老街省边防部队指挥部在热线直通、情报互通、联合指挥、联合封控、联合抓捕、快遣快返等方面进行了模拟合作，对暴恐分子实行联合打击。禁毒合作方面，2015 年 5 月 21 日，大湄公河次区域禁毒谅解备忘录签约国部长级会议在河内举行，会议通过了次区域禁毒行动计划。

2015 年中老缅泰四国共开展了 12 次（第 30~41 次）湄公河联合巡航执法，有效打击了湄公河流域贩毒、贩枪、走私和偷渡等跨国犯罪行为。2015 年 12 月 17 日，次区域六国在泰国清迈召开了部长级会议，决定将 2014 年由中国倡议的中缅老泰平安航道联合巡逻执法短期特别合作提升为三年期持续合作，并将柬埔寨和越南也纳入其中。此外，六国还达成协议将加强区域协调联动，注重堵截易制毒化学品和开展湄公河联合巡逻执法，打击金三角地区的毒品产销活动。

（八）水资源利用方面

澜沧江–湄公河是流域六国共同命运的天然纽带，流域水资源开发利用

---

① 《湄公河次区域反对拐卖人口高官会在柬埔寨首都金边举行》，〔越〕《人民报》，2015 年 4 月 28 日。

是一个不可分割的整体，也是澜湄命运共同体能否顺利建成的关键。就在澜湄合作首次领导人会议前夕，水资源利用的协调与合作再度成为舆论焦点。为缓解湄公河下游旱情，中国于2016年3月15日~4月10日通过景洪水电站对下游实施应急补水，澜沧江梯级水电站实施水量应急调度，景洪水电站保持日均下泄流量在2000立方米/秒以上。① 这一举措得到湄公河各国的一致赞赏。在澜湄合作首次领导人会议上，湄公河五国领导人均对中国向澜湄下游地区开闸放水表示感谢，认为这是中国睦邻友好政策的具体体现。水资源合作是澜湄合作的重要合作领域，也成为澜湄合作的一个良好开端。

二 湄公河地区各国形势和国际关系走向

2015年以来，缅甸、泰国、柬埔寨等次区域国家的政治转型在曲折中推进，出现了一些新的变化。经济上，次区域国家克服重重困难，除泰国外各国经济都保持了较快增长势头。在国际关系、区域一体化进程方面，东盟一体化进程深入推进，中国与次区域国家的关系进一步拓展，美日等域外大国对湄公河地区国家的战略投入也继续加大。

（一）湄公河地区各国形势

1. 政治形势

2015年，湄公河五国国家政局稳中有变，虽未发生大规模的冲突，但处于政治转型期的缅甸、泰国、柬埔寨各方政治力量的角力仍然暗流涌动。

2015年11月8日，缅甸举行了25年来的首次大选。以昂山素季为领导人的民盟获得了胜利，执政党巩发党承认败选。大选后，昂山素季与吴登盛总统、丹瑞大将、国防军总司令敏昂莱等积极开展对话，就促进权力和平移交等展开磋商。目前，缅甸已经实现了政权和平移交，民盟已经顺利上台执

---

① 《外交部：中方将通过景洪水电站对湄公河下游实施应急补水》，新华网，2016年3月15日，http://news.xinhuanet.com/world/2016-03/15/c_1118340758.htm。

政，民主的阳光似乎已经真正照进缅甸。但缅甸新政府面对的国内民族宗教矛盾、经济发展落后等老大难问题短期内仍难以解决，缅甸的民主政治发展道路不会一帆风顺。

2015 年泰国政治局势仍存在诸多变数，如针对前总理英拉的弹劾案持续发酵、曼谷爆炸案及新宪法草案被否决，政治僵局未能打破。9 月 6 日军政府提出的新宪法草案被否决，意味着宪法起草将从零开始，使国家向民主选举的过渡变得更为艰难。

2015 年上半年，柬埔寨朝野两党出现了和解态势，但 11 月 13 日，柬埔寨法院正式向反对党救国党领袖桑兰西发出逮捕令，两党冲突再次公开化，这不仅使柬埔寨国内政局陷于动荡，还引起了美国等西方国家的关注。

2015 年 12 月，越共第十一届中央委员会第十三次全体会议召开。其间，会议讨论并表决通过越共下届领导层提名人选。2016 年 1 月 21 ~ 28 日，越南共产党第十二次全国代表大会召开，大会讨论并通过了一系列重要文件，并选出了以阮富仲为总书记的 19 名政治局委员和 200 名中央委员会成员。

2015 年，老挝人民革命党九届中央委员会、七届政府和七届国会任期行将届满，为保证来年老挝人民革命党"十大"顺利召开，省部级党委换届、政治报告起草等工作有序展开。一是全国 18 个省（市）、政府 18 个部以及中央相关机构均进行了党委班子换届。二是老挝人民革命党先后召开了九届十中和十一中全会，对"十大"政治报告（草案）和党章（修订）、宪法修正案、"八五"（2016~2020 年）经济社会发展计划以及 10 年（2015~2025 年）经济社会发展战略进行了讨论并提出修改意见。

2. 经济形势

2015 年，在全球经济增速放缓的背景下，湄公河地区五国经济增速有所下降。但与世界其他地区相比，湄公河国家经济在 2015 年的表现仍然不俗。越南、老挝、柬埔寨、缅甸的经济发展不乏亮点，如越南经济一枝独秀好于预期，TPP 效应在越南初显，外来投资、进出口额在 2015 年下半年急

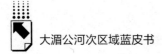

剧增长。据越方统计，2015 年其 GDP 增长率达到 6.68% 以上，超过既定计划 6.2%，为近 8 年来的最高水平，通胀处于最近 10 年的最低水平[①]。老挝经济继续保持稳定增长态势，通货膨胀率创 6 年来最低水平，为 1.3%[②]。柬埔寨虽然 2015 年上半年出口业和旅游业都出现了萎缩，但全年 GDP 增长率仍达到 7.0%[③]。随着国内改革的推进和外资的涌入，2015 年缅甸 GDP 增长率达到 7.2%[④]。从横向比较来看，泰国经济在 2015 年表现仍然较差，GDP 增长率仅为 2.7%[⑤]。

（二）次区域国际关系

1. 湄公河地区五国间关系

2015 年，湄公河地区五国关系总体平稳发展。在双边层面，湄公河五国间双边互访较为频繁。

（1）越南与其他国家的关系

越老关系方面，2015 年，越南和老挝继续深化两国特殊关系，双方高层次、多渠道的互访频繁。7 月 13 日 ~18 日，老挝总理通邢·坦马冯访问了越南。9 月 14 日，越南总理阮晋勇访问了老挝，与老挝人民革命党中央总书记朱马里·赛雅颂、老挝总理通邢·坦马冯都举行了会谈，双方就继续深化两国特殊关系达成了一致意见。12 月 24 日，越共中央委员、越南司法部部长何雄强率领的越南司法部工作代表团访问老挝，并与老挝司法部代表团就两国开展司法合作举行了会谈，双方就"2016 年老挝人民民主共和国司法部与越南社会主义共和国司法部合作计划"达成一致意见。12 月 25 ~ 26 日，越共中央政治局委员、中央军委副书记、国防部部长冯光青大将率领越南高级军事代表团访问老挝，此访目的是加强两军关系，深化越老全面

① 黎廷恩：《越南经济 2015 年概况：面临的问题及 2016 年形势预测》，〔越〕《共产主义杂志》2016 年 1 月第 879 期。

② Laos：Economy，http：//www.adb.org/countries/lao - pdr/main.

③ Cambodia：Economy，http：//www.adb.org/countries/cambodia/economy.

④ Myanmar：Economy，http：//www.adb.org/countries/myanmar/economy.

⑤ Thailand：Economy，http：//www.adb.org/countries/thailand/economy.

友好合作关系。①

越缅关系方面，2015 年 3 月 11 日，越南国家副主席阮氏缘访问缅甸，与缅甸副总统吴年吞举行了会谈。2015 年 3 月 18 日，越共中央政治局委员、越南祖国阵线中央委员会主席阮善仁访问缅甸，与缅甸联邦议会议长兼人民院议长吴瑞曼举行会谈。6 月 22 日，第七届柬老缅越（CLMV）峰会在内比都举行，其间吴登盛总统会见了出席会议的越南总理，提出加强两国合作，努力使缅越双边贸易额发展至 2 亿美元。

越柬关系方面，2015 年越柬两国关于"下柬"领土的争端也引起了世界关注。6 月 28 日，柬埔寨最大的反对党救国党国会议员瑞凯琳带领 300余人到与越南邻接的柴桢省磅罗县，试图对柬越边境进行视察，但被越南边民和武警阻拦，双方发生了冲突，导致多人受伤。尽管如此，双方互访依然进行。2015 年 6 月 7~10 日，越共中央政治局委员、中央书记处常务书记黎鸿英率团访问了柬埔寨。2015 年 9 月 13~17 日，柬埔寨国防部国务秘书宁帕大将率团访问了越南。12 月 15~17 日，柬埔寨参议院主席赛宗率领柬埔寨参议院高级代表团访问了越南。

越泰关系方面，2015 年 3 月 19~21 日，泰国副总理兼外交部部长塔纳萨·巴迪玛巴访问了越南。5 月 24~26 日，越南副总理兼外交部部长范平明访问了泰国。

（2）老挝与柬埔寨、泰国的关系

在老柬关系方面，2015 年 2 月 26~28 日老挝国家主席朱马里·赛雅颂访问了柬埔寨。5 月 4~5 日，柬埔寨副总理兼外交部部长贺南洪访问了老挝。2015 年 12 月 21~23 日，柬埔寨国王西哈莫尼对老挝进行了国事访问。在老泰关系方面，泰国诗琳通公主 12 月 8~9 日访问了老挝。

（3）泰国与柬埔寨的关系

2015 年 7 月 10~13 日，柬埔寨副总理兼外交部部长贺南洪率团访问了

---

① 《越南高级军事代表团对老挝进行正式友好访问》，越通社，2015 年 12 月 25 日，http：// zh. vietnamplus. vn。

泰国。12 月 18 日，柬埔寨首相洪森率柬埔寨政府代表团访问泰国。两国签署了《第二次柬埔寨 - 泰国内阁会议联合声明》《柬埔寨卜迭棉芷省斯登波 - 泰国沙高省沈安国际关口开发谅解备忘录》《劳工雇用协议》和《柬埔寨 - 泰国商务理事会和泰国 - 柬埔寨商务理事会合作协议》等合作文件，决定在安全、互联互通、经贸与投资、农业、卫生、劳工就业、旅游等领域加强合作。

（4）缅甸与柬埔寨、泰国的关系

2015 年 4 月 1~3 日，缅甸副总统吴年吞率团访问了柬埔寨。6 月 22~23 日，柬埔寨首相洪森率团访问了缅甸，并出席在内比都举行的第 6 届湄公河国家经济合作首脑会议。7 月，第八届缅泰联合委员会会议期间，双方签署了两国公民持普通护照互免签证协定。缅泰还就增开口岸事宜进行了磋商，计划开放德林达依省丹老县的孟丹山为新的边境贸易口岸。

2. 中国与 GMS 五国间的关系

2015 年，中国与湄公河五国间双边高层互访频繁，经贸合作进一步拓展，睦邻友好关系得以继续推进。

中越关系方面，两国最高领导人在年内实现了互访。2015 年 4 月，越共中央总书记阮富仲访问中国。中越两国签署了中越合作计划（2016~2020年）以及金融、基础设施、文化、司法、税务、维和等领域的合作文件。双方发表了《中越联合公报》，重申将以继续坚持"长期稳定、面向未来、睦邻友好、全面合作"方针和"好邻居、好朋友、好同志、好伙伴"精神，推动中越全面战略合作伙伴关系不断向前发展。2015 年 11 月 5~6 日，习近平主席对越南进行了访问，两国发表了《中越联合声明》。习近平主席将中越关系定位为具有战略意义的命运共同体。通过访问，中越两国再次确认继续深化中共和越共的党际合作、加强安全和防务合作、加强两国发展战略对接以及加强两国在科技、教育、人文和旅游等领域的合作。此外，两国还签署了《中国共产党与越南共产党干部培训合作计划（2016~2020 年）》等诸多合作文件。对于两国的海洋争端，双方同意管控好分歧，全面有效落实《南海各方行为宣言》（DOC），推动在协商一致的基础上早日达成"南海行为准则"（COC），妥善处理出现的问题，维护两国关系的稳定。两国还表示将尽快推进对北部湾湾口外海域的共同开发和划界谈判。

中老关系方面，2015 年 12 月 1～3 日，中共中央政治局常委、全国人大常委会委员长张德江访问了老挝，其间出席中老铁路开工奠基仪式和老挝40 周年国庆活动。

中缅关系方面，2015 年 6 月 10 日，缅甸民盟领袖昂山素季率团访华，与习近平主席就中缅关系的健康发展进行了交流。9 月，吴登盛总统到北京出席世界反法西斯战争胜利七十周年庆祝活动，与习近平主席和李克强总理会晤，双方就进一步增进双边交往、加强民众间的关系、促进边境稳定与法制、借鉴中国水灾预防和恢复重建方面的经验、密切经济贸易交往和皎漂经济特区发展等事宜深入交换意见。12 月 3～5 日，中国政府特使、外交部副部长刘振民访问缅甸，会见了缅甸总统吴登盛、民盟主席昂山素季、联邦议会议长吴瑞曼和国防军总司令敏昂莱大将，就中缅关系的可持续发展进行了商讨。

中泰关系方面，2015 年 7 月 21～24 日，全国政协主席俞正声对泰国进行了正式友好访问，分别会见国王御代表诗琳通公主、总理巴育、枢密院主席炳，并与立法议会主席蓬贝举行会谈。在会谈过程中，双方回顾了"中泰一家亲"的深厚情谊，并表示将全方位推进两国在各个领域、各个层次的合作。

中柬关系方面，2015 年 8 月 31 日，柬埔寨国王西哈莫尼来华出席中国人民抗日战争暨世界反法西斯战争胜利 70 周年纪念活动，与习近平主席就推进两国关系发展、深化两国全方位合作进行了会谈。10 月 15 日，柬埔寨首相洪森来华出席亚洲政党丝绸之路专题会议。在与习近平主席会谈时，洪森表示柬埔寨全力支持"一带一路"倡议。

3. 东盟一体化进程取得重大进展

2015 年 4 月 27 日，第 26 届东盟峰会在东盟轮值主席国马来西亚召开，峰会通过了《建设一个以人为本的东盟吉隆坡宣言》《"全球温和运动"兰卡威宣言》。前者重申：东盟国家将以《东盟宪章》的基本原则以及东盟

2015 年后的发展愿景为指导，继续致力于建设一个"以人为本的、基于规则的"东盟共同体。后者指出："全球温和运动"旨在倡导宽容互谅，其核心价值在于追求永久和平，这也是缓和紧张、应对及消除各种形式的激进主义和极端主义的重要手段。11 月 21 日，以"我们的人民，我们的共同体，我们的愿景"为主题的第 27 届东盟峰会在马来西亚吉隆坡召开。东盟领导人签署了《关于建立东盟共同体的 2015 吉隆坡宣言》，宣布 2015 年 12 月 31 日正式建成以政治安全共同体、经济共同体和社会文化共同体三大支柱为基础的东盟共同体，同时通过了愿景文件《东盟 2025：携手前行》，包括湄公河五国在内的东盟一体化进程取得了重大进展。[①] 东盟共同体的成立意味着东盟国家在政治安全、经济和社会文化领域的一体化水平将进一步提升，东盟在地区合作中的地位和角色也将进一步凸显。

4. 美日继续加大对湄公河地区国家的战略投入

美国高度关注缅甸大选。2015 年 2 月，美国资深助理国务卿斯科特·马希尔访问缅甸，就帮助缅甸举行 2015 年大选和邀请国际观察员等事宜与缅甸大选委员会进行了商谈。缅甸大选投票结束后，奥巴马专程致电吴登盛总统，讨论大选顺利结束后的双边合作。12 月 8 日，美国宣布临时放宽对缅甸的经济制裁。2015 年 10 月，美国与越南结束了《跨太平洋伙伴关系协议》（TPP）谈判。越南将在 5 年内取消从美国进口的 90% 农产品的进口关税。2016 年 1 月下旬，美国国务卿克里访问老挝、柬埔寨，意在敦促老柬两国在南海问题上应对中国时团结一致，特别是拉拢 2016 年的东盟轮值主席国老挝。

2015 年 7 月，日本首相安倍晋三在第七次日本-湄公河区域国家首脑会议上表示，将在 3 年内对湄公河国家提供 7500 亿日元（约合 374 亿元人民币）的官方发展援助（ODA）。日本现为柬老缅越四国的最大援助国，援助领域包括基础设施建设、减贫、环保、医疗卫生等。对于南海问题，日本

---

① 《第 27 届东盟峰会正式开幕　东盟谱写一体化新篇章》，国际在线，http//news. 163. com/15/1121/11/B8UMRTHS00014JB5. html。

对越南的立场明确表示支持。在安全保障方面，日本向越南、柬埔寨等国提供军事援助。3 月 11 日，日本政府发布了 2015 年《ODA 白皮书》，提出为了确保南海海上安全，要加大对东盟各国的援助力度。

此外，美日两国均十分重视对湄公河国家开展公共外交。一是加大公共外交投入的预算，重视并拉拢越南、缅甸、老挝等湄公河国家。二是将湄公河国家的年轻人作为价值观外交的攻坚对象。美日在湄公河地区开展的公共外交项目，如富布莱特计划、日本国际交流基金推出的日本研究计划等。

（三）次区域安全形势不容乐观

2015 年以来，大湄公河次区域非传统安全问题进一步恶化、成员国间存在的争议性问题持续发酵等因素继续对次区域合作的深入开展造成干扰。首先，来自恐怖主义的威胁。在恐怖主义"东进南下"背景下，大湄公河次区域已经成为中国"东突"分裂势力非法越境、前往中东参与"圣战"的中转站，其偷渡路线大多是从新疆到云南、广西等地，偷渡进入越南、缅甸，再辗转泰国、柬埔寨、马来西亚、印度尼西亚，然后飞赴土耳其，进入伊拉克或叙利亚。这些恐怖分子在偷渡过程中一旦行动受阻，便会铤而走险，就地进行暴恐活动。目前，恐怖主义对次区域合作的推进，尤其是对旅游合作、投资安全已造成威胁。如 2015 年 8 月 17 日晚，泰国曼谷市中心拉差帕颂区四面佛附近发生了爆炸案，造成 20 余人死亡、100 余人受伤，对泰国旅游业造成了冲击，也影响了投资者对泰国的信心。调查结果显示，该事件与泰国政府配合中国引渡非法越境者有关，乃偷渡组织、极端分子蓄意报复所为。应该看到，该事件的发生并非偶然，而是与中国西南边境的偷渡活动日趋活跃和东南亚地区恐怖主义活动不断反弹密切相关。① 在毒品问题方面，2015 年，"金三角"毒品形势继续呈恶化之势，可以从中国的毒品缴获量看出端倪。据统计，2015 年前三个季度，"金三角"海洛因、冰毒片剂

---

① 《中国 300 多名恐怖分子经大马等国参加 IS》，人民网—环球时报，2016 年 1 月 25 日，http：//scitech. people. cn/n/2015/0123/c1057 - 26439819. html。

分别占同期国内查缴海洛因、冰毒片剂总量的 93.8% 和 87.9%①。而且"金三角"冰毒片剂产量已经高于海洛因产量。

其次，大湄公河次区域合作成员国间争议性问题不断凸显，对国家间关系造成了一定程度的影响，同时也对次区域合作构成了威胁。在领土、海洋争端方面，越南与柬埔寨的边界纠纷、与中国在南海海域和北部湾湾口的纠纷在 2015 年都呈继续激化的态势。领土、海洋纠纷涉及国家的核心利益，短期内只能对争端局势进行管控，难以彻底解决。因此，领土、海洋争端将继续困扰柬越关系和中越关系。在水资源开发利用方面，2015 年老挝在湄公河上的水电站建设继续遭到当地渔民、国际环保组织和邻国柬埔寨和越南的抗议和指责。

三 澜湄合作机制的特点、定位与发展方向

2015 年启动的"澜湄合作"是澜沧江－湄公河流域合作的新机制、新实践和新平台，具有多方面的重要意义。在次区域层面上，"澜湄合作"机制的正式启动标志着澜沧江－湄公河流域国家的合作进入了六国自主、全面深化的历史发展新阶段，必将为次区域合作的全面拓展和深化带来更强劲的动力和更丰富的内涵，促进次区域内各国的共同繁荣、共同发展。对于中国来说，湄公河地区是我国塑造和谐周边、打造与周边国家命运共同体条件最好的区域，积极倡导并推进澜湄合作机制建设，是推进"一带一路"建设、践行"亲诚惠容"周边外交和打造区域合作升级版的一步"先手棋"和"试验田"，对于建构周边命运共同体具有重要的示范意义。② 从世界范围来看，近年世界经济复苏乏力，全球贸易持续低迷，以孤立主义、保护主义为

---

① 《2015 年中国缴获各类毒品 102.5 吨创新高》，新华网，2016 年 2 月 18 日，http://news.xinhuanet.com/2016－02/18/c_ 1118089324. htm。

② 毛莉:《澜湄合作:周边命运共同体"试验田"——访云南大学国际关系研究院副院长卢光盛》，中国社会科学网，2016 年 3 月 28 日，http://www.cssn.cn/gj/gj_ ft/201603/t20160328_ 2941256. shtml。

代表的"逆全球化"思潮抬头。各国既处于深化合作期，又处于摩擦多发期。在此关头澜湄合作迎难而上，沿岸六个发展中国家有望通过合作凝聚更强大的动力，将其打造成为发展中国家推进全球化、区域化的新典范，将在更广大的范围内产生影响和示范效应。

（一）特点与优势

应该看到，2015 年澜沧江－湄公河合作机制的建立并非横空出世，而是长期以来中国与湄公河五国在多种机制、多个层次、多个领域内不断深化合作、利益密切交融的结果，基础十分扎实，可以说是水到渠成。事实上，自 20 世纪 90 年代以来，在澜沧江－湄公河流域已形成大湄公河次区域经济合作、东盟－湄公河流域开发合作（AMBDC）、湄公河委员会（MRC）等多种合作机制并存的格局，其中又以亚洲开发银行（以下简称亚行）主导的大湄公河次区域合作机制占据主导地位，成效也最为显著。但随着形势的发展变化，原有的机制已难以满足次区域国家全面深化合作的需求和愿望。从澜湄合作的战略定位、发展趋势来看，与其他机制相比，其主要特点和优势体现在以下三个方面。

1. 合作主体的自主性

澜湄合作机制是澜沧江－湄公河全流域沿岸国家共同主导的自主性区域合作机制。现有的其他澜沧江－湄公河流域合作机制多由国际机构和域外大国主导，相关规划的制定和项目的落实与次区域国家实际需求和期待尚存在一定的差距。与之相比，澜湄合作的核心理念是流域国家的共商、共建、共享，合作的规划制定和项目设置等全都由沿岸六国通过平等协商共同决定，直接反映各国的实际利益和需求；其最大的优势就是由各国政府间直接推动，可以更充分地发挥区域内地缘人文、基础设施、政策协调等得天独厚的优势，通过各领域的全面合作将澜湄流域建成一个密不可分的命运共同体，共同促进区域的可持续发展。"澜湄合作"适应了新形势下次区域各国主导和加强区域合作的要求，也必将为该区域合作的拓展和深化带来更强劲的动力，并在更广大的范围内产生影响和示范效应。

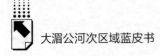

2. 合作机制的开放性

澜湄合作机制的建立并不意味着抛弃 GMS 等合作机制而"另起炉灶"。作为中国－东盟合作的有机组成部分，澜湄合作将秉持中国和东盟一贯倡导的"开放的地区主义"精神，与大湄公河次区域经济合作、东盟－湄公河流域开发合作和湄公河委员会等现有次区域合作机制相互补充，相互促进，从而促使合作效益最大化，为流域国家提供更多的合作资源和发展机会，共同推进区域一体化进程。在这一进程中，尤其要重视澜湄合作与东盟共同体建设的对接和互促。澜湄合作的三大重点领域与东盟共同体建设三大支柱完全契合，而且东盟国家中发展较为滞后的越、老、缅、柬四国都是湄公河流域国家，澜湄合作的开展有助于促进这些"后进"东盟成员的发展，补齐东盟共同体建设的"短板"，同时也为中国－东盟合作增添新的平台和内涵。从更广阔的视野看，湄公河流域国家也是中国打造亚洲命运共同体、推进"一带一路"建设的重要合作伙伴。澜湄合作将与"一带一路"战略下的其他合作机制及合作平台相互联通，共享资源，促进亚洲乃至亚太地区合作的发展。

3. 合作领域的全面性

与 GMS 合作机制以经济合作为主不同的是，澜湄合作机制的一大特点是其合作领域涵盖了经济、政治、社会、文化等多个领域，即采用"3＋5"合作模式，即"政治安全、经济和可持续发展、社会人文"三大合作支柱以及"互联互通、产能、跨境经济、水资源、农业和减贫"五个优先合作领域。究其原因，澜湄流域的合作与发展是一个综合性问题，政治互信不足、安全形势复杂、经济发展滞后等多种因素相互交织、相互制约。因此，要解决澜湄流域的发展问题，也必须进行全方位的合作，综合治理，共同应对。澜湄合作将提供一个全方位的合作平台，致力于三个共同体的建设：一是借助责任共同体以增进战略互信和加强政治安全对话，同时维护地区的稳定；二是借助利益共同体来促进经贸合作，起到夯实共同利益的作用并促进各国发展繁荣；三是通过人文共同体促进民心相通，加强人民友好交流。通过三个共同体的建设，流域各国可以在政治上增信释疑、在经济上共同发展、在安全上共促稳定、在人文上深化交流，促进流域内各国睦邻友好合作关系的全面发展。

（二）推进策略

美国经济学家奥尔森（Mancur Olson）等已经用大量的证据证明，在各种多边组织中，大国必须以两种方式承担更多的成本：或是自身具有能力和实力，单边地向成员国提供公共利益；或是有能力通过向相关国家"收税"，为成员国提供公共利益。中国作为澜湄合作中唯一的大国，现阶段主要还是要向各国提供公共利益、公共产品。在策略层方面，第一，要把"澜湄合作机制"作为中国现有区域合作机制的一个新选项，而不是非此即彼的单一选项。综观次区域的发展，次区域内的多种合作机制满足了次区域内各方的需求与利益，同时发挥着多种功能。因此，短时间内"澜湄合作机制"不可能也无法取代这些旧有的、相对成熟的合作机制，而应该与这些机制形成"相互补益"的关系。如澜湄合作在规划和项目的设计上应高度重视与大湄公河次区域经济合作等既有机制的相互衔接，以形成合力，促使效益的最大化，而尽量避免"机制拥堵"可能带来的内耗。同时也要欢迎其他域外国家参与澜湄合作的发展。第二，要从全局着手，促进"澜湄合作"。必须将澜湄合作纳入"一带一路"建设和周边外交中进行规划和统筹。东南亚地区特别是中南半岛是"一带一路"极有可能取得成果的区域，经营好了可以起到"投入小、见效快、影响大"的成效。在先前的合作中，湄公河流域国家主要借助推行"大国平衡"战略，在各大国的纵横捭阖中获取利益，提高自身地位。在较长的时期内，湄公河流域国家不可能放弃这一既定战略。对此，我方应未雨绸缪，不强推针对区域外其他力量的排他性的安排。第三，要注重"一带一路"、澜湄合作与湄公河国家发展战略的对接。发展战略对接是打消相互间战略疑虑的重要渠道。湄公河五国近年来都制定了本国的发展规划和重大项目，这些项目有些可能与"一带一路"、澜湄合作规划重合，有些也不完全一致或各有侧重。因此，在推进澜湄合作进程中，要深化"一带一路"战略与湄公河五国发展战略对接的研究，以互利共赢为出发点，明确对接的原则、重点、主要思路、具体项目等。第四，在推进动力上，作为澜湄次区域唯一的大国，我国将通过提供优惠贷款、区域合作基金等支持澜湄次区域内产能合作项目和基础设施建设的发展，并推动丝路基金和亚洲基础设施投资银行等平台以支持次区域内基础设施等领域的开发合作。在人力资源开发方面，我国将进一步与各国加强人才培训合作，不断提升能力建设，为澜湄合作提供人才、政策和智力等支撑。第五，发挥地缘相近、人文相亲、经济互补性强等优势，推进跨境基础设施建设，努力实现我国与湄公河国家的互联互通。同时通过加强经济共赢、政治互信、生态保护、非传统安全合作等来扩展"澜湄合作"的深度与广度，最终形成一个"你中有我，我中有你"的合作态势，以利益共同体为基础构建澜湄命运共同体。

（三）合作重点与路径

根据《澜沧江－湄公河合作首次领导人会议三亚宣言》和其他相关文件所确立的"3＋5"合作框架，围绕共建澜湄国家命运共同体的目标全面深化合作。在政治安全领域，进一步密切高层交往，加强治国理政交流，更多地开展各国议会、政党、民间团体多渠道的交流，以增进政治互信。经济和可持续发展的重点是"绿色发展"，积极开展减贫合作，改善民生。社会人文方面，在教育、文化、科技、旅游等领域开展交流与合作，促进民心相通。在具体实施路径上，近期应抓住机遇从以下八个方面着力推进澜湄合作，争取早日见到成效。

1. 以中线为重点加快互联互通建设

互联互通是加强地区合作的先决条件。近年来，中国与多个湄公河国家在交通基础设施建设方面取得重要进展：昆曼公路全线贯通，连接中、老、泰三国的泛亚铁路中线已启动建设，澜沧江－湄公河航道二期整治工程启动实施等。在此基础上，建议以中国－中南半岛经济走廊建设为抓手、以中线为突破口，切实推进与湄公河国家的互联互通。中国－中南半岛经济走廊是"一带一路"的六大经济走廊之一，也应成为"一带一路"战略下澜湄合作的重中之重。鉴于该走廊从广西南宁经越南至新加坡的东线因南海问题影响在一段时间内难有实质性进展，而云南昆明—老挝—泰国—柬埔寨—新加坡的中线合作政治互信、国际关系条件相对较好，应将中线作为澜湄合作旗舰项目给予倾斜，重点推进中泰、中老铁路建设，并将昆曼公路和中老铁路延长至金边、西哈努克港，打造中老柬经济走廊，使中老铁路和已建成的昆曼公路发挥更大效益，形成示范和带动效应。同时推进澜沧江－湄公河航道二期整治工程，提升电网和光缆联通水平，落实次区域便利人员与货物的跨境运输协定，提升"软件"联通水平。在此基础上，以铁路、公路为纽带，以沿线中心城市为依托，以人流、物流、资金流、信息流为基础，加快形成区域分工、优势互补、共同发展、联动开发的区域经济体，使中国－中南半岛经济走廊成为造福沿线各国人民的普惠经济体。

2. 着力推进国际产能合作

在"一带一路"背景下，国际产能合作已经成为中国推进与周边国家合作的新亮点。2015 年 5 月 16 日，国务院印发的《关于推进国际产能和装备制造合作的指导意见》指出：亚洲周边国家和非洲国家是近期开展国际产能合作的主要方向。① 澜沧江－湄公河流域是我国推进"一带一路"战略和"命运共同体"理念能够取得优先突破的地区，在国际产能合作中也扮演着"先行区"的角色。

由于发展起步晚，大多数湄公河国家仍处于农业现代化、工业化与信息化的关键时期，工业与基础设施建设需求旺盛。中国在水泥、钢铁、电子、电力、铁路、能源、机械等方面拥有先进的工业装备和优质的富余产能，装备和产品性价比高，与湄公河国家之间有着较强的产业互补性，通过产能合作能够帮助湄公河国家提升工业化、产业化水平。在首届澜湄合作领导人会议上，中国和湄公河五国一起专门发布了《澜沧江－湄公河国家产能合作联合声明》，将产能合作列为澜湄合作的重点方向。今后各方要积极落实声

---

① 《国务院关于推进国际产能和装备制造合作的指导意见》，新华网，2016 年 5 月 16 日，http://news.xinhuanet.com/politics/2015-05/16/c_1115304415.htm。

明精神，发挥产业互补优势，依托经济走廊和产业集聚区平台，大力发展跨国投资，优先推进电力、电网、通信、建材、轨道交通、工程机械、农业以及农产品和水产加工等领域的产能合作。

3. 加强跨境经济合作

充分利用边境口岸、城市和经济走廊建设的基础条件，在中国－东盟自贸区、澜湄合作等多边及双边合作机制中，加强跨境经济技术合作，加快边境地区经济区和产业园区、经济特区、投资区的建设，构建跨境产业集群和产业链，促进湄公河国家的经济发展和产业转型升级。落实贸易便利化措施，提升贸易投资，促进商务旅行便利化；同时扩大同湄公河国家的贸易与投资本币结算，深化金融机构合作，并完善跨境人民币清算安排；促进对湄公河国家货币区域挂牌或直接交易，提高澜湄次区域的贸易水平。

4. 开展水资源开发利用的协调与合作

澜沧江－湄公河是联系中国与湄公河国家的天然纽带，因此，水资源开发利用关系到澜湄命运共同体能否顺利建成。然而，在澜沧江－湄公河水资源开发利用过程中，由于上下游国家各自的利益关切、开发重点不一，流域各国利益的协调一直存在着结构性的矛盾和冲突。例如，近年来因气候变化、域外国家干涉、环保组织炒作等原因，中国在本流域内的水资源开发而可能造成的对下游生态环境产生的潜在影响经常成为国际舆论的焦点，下游国家、一些民间组织和居民批评、指责中国在澜沧江段修建水坝影响了下游河段水流量、水质，引发环境问题、破坏生物多样性和当地人民的粮食安全。[①] 为缓解湄公河下游旱情，同时也是以实际行动表示中方对于开展澜湄合作的诚意，中国于2016年3月15日~4月10日期间通过景洪水电站对下游实施应急补水，此举虽受到越南等下游国家盛赞，但非长久之计。长远来看，作为澜湄合作的上游国家与大国，中国应与下游国家共同参考国际通行的最佳方式，并在澜湄合作框架下建立水资源合作与协调的长效机制，逐步打消上下游国家间的猜忌和指责。从目前情况来看，全流域六国制定一项具

---

① 李志斐：《水与中国周边关系》，时事出版社，2015，第154页。

有广泛约束力的制度化政策框架的条件尚不成熟。水资源治理合作应遵循渐
进原则，合作范围可从协调（如通信导航、水文信息共享、应急救助）逐
步转到协作（制定与区域合作相适应的发展规划），再到联合行动（如加强
航道整治和码头建设），在此基础上逐步建立全流域的水资源开发利用合作
机制。现阶段应按已达成的共识尽快建立澜湄流域水资源合作中心，作为相
关国家加强水资源开发管理能力建设、信息交流、旱涝灾害管理等合作的平
台，并推动以项目为核心的合作模式，以及开展流域联合环境及社会影响
评估。

5. 加强农业和减贫合作

中国将进一步开展同湄公河国家的农业能力建设和农业技术交流合作，
并建立更多的农业技术促进中心。中国还要与湄公河国家加强畜牧业、渔业
和粮食安全合作，提高农业发展水平；仍需落实"东亚减贫合作倡议"；中
国将在湄公河国家优先投入 2 亿美元以帮助这些国家落实联合国 2030 年可
持续发展议程所设定的各项目标；中国将设立澜湄合作专项基金，在未来 5
年内提供 3 亿美元支持中国和湄公河国家提出的中小型合作项目。[1]

6. 增进人文领域的交流与合作

中国将在未来提供 1.8 万人/年政府奖学金和 5000 个来华培训名额，同
时在湄公河国家设立职业教育培训中心。另外中国还会加强提升区域旅游便
利化水平，建立澜湄旅游城市合作联盟；同时鼓励媒体、智库、青年等交流
并继续举办澜沧江－湄公河青年友好交流项目。此外，中国还将深化人力资
源开发、职业培训、教育和科技合作，并开展分享经验。[2] 中国还将通过增
设孔子学院、文化交流中心，译制影视文学作品、举办澜湄民俗文化节和体
育赛事等渠道加强宽领域、多层次、广覆盖的人文交流，为打造澜湄命运共
同体营造良好的人文环境和社会氛围。

---

[1] 《李克强在澜沧江－湄公河合作首次领导人会议上的讲话》，新华网，2016 年 2 月 23 日，
http：//news. china. com. cn/2016－03/23/content_ 38097244. htm。

[2] 《澜沧江－湄公河合作首次领导人会议三亚宣言（全文）》，新华网，2016 年 3 月 23 日，
http：//news. xinhuanet. com/asia/2016－03/23/c_ 1118422397. htm。

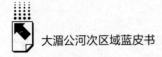

7. 加强非传统安全合作的机制建设

良好的安全环境是稳步推进澜湄合作的基础。在澜湄地区非传统安全问题日益突出的形势下，相关各国必须继续加大合作力度，共同打击走私、人口拐卖、毒品产销等跨境犯罪活动。与此同时，针对恐怖主义不断向该区域渗透，澜湄次区域成为恐怖分子"迁徙圣战"中转站、恐怖主义对次区域威胁日益增大的现实，相关各国必须在澜湄合作机制下将安全合作扩展到反恐、处突、防暴等领域，尽快设立澜湄流域综合执法安全合作中心，开展联合执法、司法互助、情报收集与交换、人员培训、联合反恐演习等方面的合作，尽可能防患于未然。从长远来看，今后应推动建立一个长效、综合的预防和打击跨国犯罪多国联合执法机制。如在条件成熟时可以考虑建立中老缅泰柬越六国澜湄次区域联合执法区，在相互尊重主权、平等互惠的基础上，开展多边执法合作。其职能包括联合执法区情报、信息交流；联合执法协调；联合边境管理控制；联合侦查、调查合作；跨越边境追捕、引渡犯罪分子；等等。

8. 扎实推进早期收获

根据已经达成的共识，澜湄合作要以项目说话，给民众带来看得见、摸得着的好处，才能确保新机制顺利启动，并尽快产生示范效应。根据现阶段次区域实际情况和发展需求，各国应加大对澜湄合作的重视和投入，发挥各自优势，本着先易后难、循序渐进原则逐步向前推进。澜湄合作现已确定了近百个早期收获项目，涉及水资源管理、公共卫生、扶贫、基础设施、人员交流、科技等领域，现阶段要重点抓好这些项目的落实，一步一个脚印地推进合作。

展望未来，澜沧江－湄公河流域六国将在"共商、共建、共享"原则下，着力推进澜湄合作，打造更为紧密、互利合作的澜湄共同体，为次区域各国和各国人民带来实实在在的利益，共同推动次区域从"共饮一江水"到"命运共同体"的华丽升级。

专 题 篇
Special Topics

B.2
澜湄合作机制的由来、
进展及发展方向*

金 珍　卢光盛　佟应芬**

摘　要：　2015 年 11 月澜湄六国共同创建了"澜沧江 – 湄公河合作机
制"，目前已建立起多层次的合作机制，构建起"3 + 5 + 3"
的合作框架及支撑体系，为澜湄全面长期合作奠定了坚实的
基础。在当前形势下，澜湄合作要进一步明晰其在中国 – 东
盟关系中的定位，加强与 GMS 等其他次区域合作机制的协调
与互动，找准合作突破口，以利益共同体为重要基础构建澜

＊　基金项目：（1）国家社科基金项目"一带一路框架下建设大湄公河次区域经济合作升级版的
对策研究"（15CGJ025）的阶段性成果；（2）云南省社科规划基地项目"打造大湄公河次区
域经济合作升级版路径研究"（JD2015ZD03）。
＊＊　金珍，云南师范大学马克思主义学院讲师，云南大学国际关系研究院博士生；卢光盛，云南
大学国际关系研究院副院长，教授、博导；佟应芬，云南大学国际关系研究院副研究员。

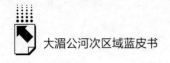

湄命运共同体。

关键词：　澜湄合作机制　次区域合作　周边外交

澜沧江发源于中国青海唐古拉山并流经西藏、云南，出境后称为湄公河，先后流经缅甸、老挝、泰国、柬埔寨、越南。干流全长 4880 公里，流域面积 81 万平方公里。中国与湄公河国家山水相连，人文相通，有着深厚的睦邻友好关系，安全与发展利益息息相关。自 20 世纪 90 年代初，以澜沧江－湄公河为主轴的次区域合作兴起，六国展开了多层次、宽领域的合作，推动了次区域经济和社会的发展。当前，随着澜湄次区域内外发展环境的变化，六国将面临全球经济复苏速度减缓，地区经济下行压力上升，以及恐怖主义、环境问题、自然灾害等非传统安全威胁带来的挑战，面临着发展经济、改善民生的紧迫任务。为了维护澜湄次区域的稳定并促进次区域的繁荣发展，六国决心加强相互信任，激发各国内在的发展潜力，合力应对澜湄次区域面临的新挑战。

一　澜湄合作机制的由来

2012 年泰国提出加强澜湄合作的设想，以促进澜湄次区域可持续发展，中国给予了积极反馈。2014 年，在缅甸召开的第十七次中国－东盟领导人会议上，李克强总理提出，"为促进东盟次区域发展，中方愿积极响应泰方倡议，在 10 + 1 框架下探讨建立澜沧江－湄公河对话合作机制，并于明年适时举行外长会和外交高官会"。① 该倡议得到了湄公河国家的积极响应，由此 "澜湄合作机制" 进入实质性建设阶段。

---

① 《李克强在第十七次中国－东盟（10 + 1）领导人会议上的讲话（全文）》，新华网，2014年 11 月 14 日，http://news. xinhuanet. com/ttgg/2014 - 11/14/c_ 1113240171. htm。

2015 年 4 月，首次澜沧江－湄公河对话合作外交高官会在北京举行，并以此为契机正式启动了澜湄合作进程。① 此次高官会研究了举办首次外长会有关事宜，探讨了制定建立澜沧江－湄公河对话合作机制概念文件，主要包括有关机制的目标、方向和重点合作领域等内容。会议取得了积极成效，为建设澜沧江－湄公河对话合作机制迈出了坚实的一步。8 月 21 日，第二次澜沧江－湄公河合作外交高官会在泰国清莱举行。经过讨论，各方就澜湄合作概念文件达成一致，将提交年内在中国举行的首次外长会审议通过。中方表示愿发挥自身优势，为机制发展做出自己的贡献，湄公河国家也表示愿保持密切沟通与配合，推进澜湄合作进程，造福次区域人民。②

在六国的共同努力之下，2015 年 11 月 12 日，澜沧江－湄公河合作首次外长会在云南景洪举行。各方经过深入探讨，宣布澜湄合作机制正式建立。③ 同时还发表了《关于澜湄合作框架的概念文件》与《联合新闻公报》。六国决定加强政治安全合作，维护次区域稳定，突出发展主题，深化各领域务实合作，增进民众情感沟通，夯实民意基础，共同确保新机制的顺利启动与尽快取得合作成果，为次区域各国和各国人民带来实实在在的利益。此外，会议还就中国和湄公河国家提出的澜湄合作早期收获项目进行了讨论，期待有关项目尽早实施，使澜湄合作尽早惠及地区民众。计划在 2016 年举行首次领导人会议，为澜湄合作未来发展提供政治指导，为深化次区域合作提供强劲动力。

2016 年 2 月 24 日，第三次澜沧江－湄公河合作外交高官会在海南三亚举行，会议重点为 3 月下旬即将举行的澜湄合作首次领导人会议做准备。在此次高官会上，中方表示愿同各方共同努力，确保领导人会议取得圆满成功和丰硕成果，为促进大湄公河次区域发展、推动东盟共同体建设做出积极贡

---

① 《中国举办首次澜沧江－湄公河对话合作外交高官会》，人民网，2015 年 4 月 7 日，http：//bj. people. com. cn/n/2015/0407/c14545－24408036. html。

② 《外交部副部长刘振民出席第二次澜沧江－湄公河合作高官会》，外交部网站，2015 年 8 月 21 日，http：//www. fmprc. gov. cn/web/。

③ 《澜沧江－湄公河合作首次外长会举行　澜湄合作机制正式建立》，新华网，2015 年 11 月 12 日，http：//news. xinhuanet. com/2015－11/12/c_ 1117127069. htm。

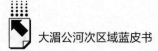

献。与会的湄公河五国高官高度评价澜湄合作取得的重要进展，赞赏中方为该机制的建立和发展发挥的关键作用，表示愿支持和配合中方办好首次领导人会议，推动澜湄合作迈上更高台阶，进一步促进本地区发展繁荣以及南南合作。[①]

2016 年 3 月 23 日，澜沧江 - 湄公河合作首次领导人会议在海南三亚举行，各国领导人规划合作蓝图，并签署了《澜沧江 - 湄公河合作首次领导人会议三亚宣言——打造面向和平与繁荣的澜湄国家命运共同体》（简称《三亚宣言》）和《澜沧江 - 湄公河国家产能合作联合声明》等重要文件。各国一致认同深化政治互信，提升经济合作与人文往来，打造次区域合作和南南合作的新典范，使该区域成为维护地区稳定与世界和平的重要力量，也为落实联合国 2030 年可持续发展议程做出新贡献。会议通过的文件主要围绕水资源管理、应对非传统安全挑战、加强人文交流等达成新共识。2016 年是东盟共同体建成元年、中国 - 东盟建立对话关系 25 周年，也是澜湄合作开局之年。首次领导人会议对澜湄合作未来发展具有建章立制、开篇定调的重要意义。

二 澜湄合作机制取得的进展

经过一年多的共同努力，澜湄合作迈出了实质性步伐并取得重要进展。目前已创建了机制框架，明确了合作原则、目标，确定了政治安全、经济和可持续发展、社会人文三大支柱，以及互联互通、产能、跨境经济、水资源、农业和减贫五个优先合作方向，并提出了深化合作的具体举措，通过了"早期收获项目"清单，为澜湄全面长期合作奠定了坚实的基础。

（一）明确合作原则及目标

澜沧江 - 湄公河合作首次外长会发表的《联合新闻公报》提出，六国

---

① 《外交部就澜湄合作第三次高官会有关情况等答记者问》，中国网，2016 年 2 月 25 日，http://news.china.com.cn/world/2016 - 02/25/content_ 37874015.htm。

将坚持"协商一致、平等互利、统筹协调、尊重《联合国宪章》和国际法原则"，① 深化次区域国家间互信和睦邻友好，推动经济和可持续发展，促进社会人文交往，包括扩大贸易投资，改善互联互通，促进水资源合作，将澜湄合作机制建设成为各方共商、共建、共享的次区域合作平台。

澜湄合作机制由六个发展中国家组成，是世界上首个率先响应联合国发展峰会通过的《2015 年后发展议程》的合作组织，也是探索和推进南南合作的新平台。澜湄首次领导人会议更是将合作推向了打造新型国际关系的历史高度。会议发表的《三亚宣言》明确合作目标"旨在建设面向和平与繁荣的澜湄国家命运共同体，树立以合作共赢为特征的新型国际关系典范"。②

（二）不断完善机制建设

澜湄合作从提出合作构想至今，除了前文所述召开了 1 次领导人会议、1 次外长会、3 次高官会之外，还召开了 3 次工作组会议。澜湄合作已经建立起多层次的支撑架构体系，包括从顶层设计到规划制定以及具体的项目实施，建立起高效稳定的落实机制。

《三亚宣言》确定每两年举行一次澜湄合作领导人会议，同时根据需要可举行领导人特别会议或非正式会议。年度外长会主要负责合作政策规划和协调。根据需要召开外交高官会和工作组会议，商讨具体领域的合作。澜湄合作将在"领导人引领、全方位覆盖、各部门参与"的架构下，按照政府引导、多方参与、项目为本的模式运作，未来还将视合作的需要不断完善澜湄合作机制建设。

可以看到，澜湄合作从 2014 年 11 月李克强总理提出倡议到达成共建共识，再到 2016 年 3 月举行领导人会议，仅用时一年有余。鉴于多边合作机

---

① 《澜沧江 – 湄公河合作首次外长会联合新闻公报（全文）》，新华网，2015 年 11 月 12 日，http：//news. xinhuanet. com/world/2015 – 11/12/c_ 1117126335. htm。

② 《澜沧江 – 湄公河合作首次领导人会议三亚宣言（全文）》，新华网，2016 年 3 月 23 日，http：//news. xinhuanet. com/asia/2016 – 03/23/c_ 1118422397. htm。

制的建立往往需经过多轮磋商、协调及框架设计，是一项系统、复杂的长期工程，澜湄合作机制的建立进程充分体现了高效率。众所周知，澜湄次区域存在着多种合作机制，但是其他合作机制主要由国际机构和域外大国主导，这些机制在促进澜湄次区域经济和社会发展等方面也做了不少努力，但效果并不尽如人意。其中一个重要原因就在于规划制定和项目落实并非由次区域国家掌握和主导，与次区域实际需求和期待存在差距，外部支持的持续性差，也影响了区域经济社会发展的持续性。而澜湄合作机制则完全由流域内国家组成，无论是机制建设还是制定规划，全都由六国通过平等协商、讨论决定，直接反映各国的实际利益和需求，这将大大保证机制的效果和效率。澜湄合作机制的运行将进一步促进区域内六国统筹协调，提升资源配置效率。

澜湄合作机制自成立初就显示出鲜明的特色，但是澜湄合作并不是一个封闭、排他的小圈子。《联合新闻公报》《三亚宣言》都强调澜湄合作是开放包容的，并与大湄公河次区域经济合作、湄公河委员会和东盟－湄公河流域开发合作（AMBDC）等其他合作机制相互补益，来促进区域一体化发展。

（三）确立重点合作领域及推进措施

澜湄次区域自然条件复杂、经济发展滞后、安全形势复杂，各种因素相互交织，盘根错节。要实现澜湄次区域的和平、稳定、可持续发展和繁荣，就必须进行全面合作，综合治理，共同应对。目前，澜湄合作确立了"3＋5＋3"的合作框架及支撑体系，即政治安全、经济和可持续发展、社会人文三大合作支柱，并确立互联互通、水资源合作、产能合作、跨境经济合作、农业和减贫五个优先合作方向，提供政策、金融、智力三个支撑体系。六国决定主要采取以下举措进一步深化澜湄合作。

1. 加强政治安全领域的合作

六国将发挥政府的引导作用，为澜湄合作提供政治支持和政策指导；通过高层往来和对话合作以增进相互间的理解与信任；鼓励各国议会、政府官员、民间团体等加强交流合作。举办官员交流互访活动和进行澜湄合作政策对话；根据各成员国的程序与规定，通过信息交换与联合行动协调等加强执法安全合作并支持建立相关执法合作机构；加强应对恐怖主义、自然灾害、跨国犯罪等非传统安全威胁的合作，共同应对气候变化，确保水、粮食与能源安全；推动中国－东盟战略伙伴关系发展，加强在东盟与中日韩、东盟地区论坛、东亚峰会等区域合作机制中的合作。[1]

2. 推进互联互通建设

鼓励"一带一路"倡议与澜湄合作活动和项目，以及包括《东盟互联互通总体规划》在内的湄公河国家相关发展规划之间的对接；改善澜湄流域线、公路线与铁路线，并在澜湄次区域打造公路、铁路、航空、水路、港口的综合网络；加快建设电力网络、互联网与电信；中国还将推动亚洲基础设施投资银行、丝路基金等平台来支持澜湄次区域基础设施等领域合作开发。

3. 增进国际产能合作

各方将积极落实《澜湄国家产能合作联合声明》的精神，发挥各自的比较优势，拓展工程、机械设备、建材、支撑产业、电力等领域的合作，共同应对经济挑战；在澜湄合作首次领导人会议上，中国宣布将在未来三年提供100亿元人民币优惠贷款，用于支持澜湄合作中长期重大项目；同时还将设立100亿美元的信贷额度，包括50亿美元优惠出口买方信贷和50亿美元澜湄国际产能合作专项贷款。[2]

4. 密切跨境经济合作

六国充分利用共同边境的独特资源，在中国－东盟自贸区框架下，通过加强经济技术合作来推动边境地区经济合作区、产业区、经济特区与科技园区建设；落实贸易便利化措施，提升贸易投资，促进商务旅行便利化；深化金融机构合作，推进双边本币互换和以本币进行结算；共同推动《区域全面经济伙伴关系协定》谈判。

---

[1] 《澜沧江－湄公河合作首次领导人会议三亚宣言（全文）》，新华网，2016年3月23日，http：//news. xinhuanet. com/asia/2016－03/23/c_ 1118422397. htm。
[2] 《李克强在澜沧江－湄公河合作首次领导人会议上的讲话》，新华网，2016年2月23日，http：//news. china. com. cn/2016－03/23/content_ 38097244. htm。

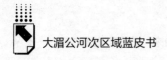

5. 推进水资源合作

六国合作因水而生，将致力于共同保护和利用好这一宝贵资源，通过合作促发展、惠民生。各国将加强经验技术交流并提升澜湄国家水资源可持续管理及利用方式，如在中国建立澜湄流域水资源合作中心，作为澜湄国家加强水资源开发管理能力建设、信息交流、旱涝灾害管理等综合合作平台，争取将水资源合作打造成澜湄合作的旗舰领域。

值得注意的是，由于自 2015 年年底以来强厄尔尼诺现象的影响，澜湄流域普遍遭受旱灾，越南南部有数十万公顷的农作物受到海水倒灌的威胁。为照顾下游国家利益，中国克服自身困难，于 2016 年 3 月 15 日～4 月 10 日通过景洪水电站对下游实施应急补水。[①] 这一举动受到湄公河各国的一致好评。在澜湄合作首次领导人会议上，湄公河五国领导人均对中国向澜湄下游地区开闸放水表示衷心感谢，认为这是中国睦邻友好政策的具体体现。水资源合作是澜湄合作的重要内容之一，这也成为澜湄合作的一个良好开端。

6. 加强农业和减贫合作

各国将开展农业能力建设合作与相关技术交流，建立更多的农业技术促进中心和优质高产农作物推广站（基地），加强粮食安全、渔业与畜牧业合作；继续推动落实"东亚减贫合作倡议"并开展减贫合作示范项目；中国还使用 2 亿美元南南合作援助基金促进湄公河国家发展；中国将设立澜湄合作专项基金，在未来 5 年提供 3 亿美元用来支持中国和湄公河国家的中小型合作项目。[②]

7. 增进人文领域的交流与合作

各国将加强成员国间、文化机构间、艺术家间的合作交流并探讨建立人文交流平台的可能性；加强公共卫生与传统医药合作并推动建立澜湄热带病监测预警平台；推动政府建立的文化中心充分发挥作用，开展多样化的文化

---

① 《外交部：中方将通过景洪水电站对湄公河下游实施应急补水》，新华网，2016 年 3 月 15日，http：//news. xinhuanet. com/world/2016－03/15/c_ 1118340758. htm。

② 《李克强在澜沧江－湄公河合作首次领导人会议上的讲话》，新华网，2016 年 2 月 23 日，http：//news. china. com. cn/2016－03/23/content_ 38097244. htm。

交流；增进旅游交流与合作，改善旅游环境并建立澜湄旅游城市合作联盟；提升科技合作与经验分享，深化人力资源开发、教育政策、职业培训合作与教育主管部门及大学间的交流；鼓励媒体、智库、青年等开展交流，继续举办澜沧江－湄公河青年友好交流项目；[①] 未来3年，中国将向湄公河国家提供每年1.8万人奖学金和5000个来华培训名额；中国将为湄公河五国培养更多的公共卫生领域专业人才，并开展免费为当地白内障患者实施复明手术的"光明行"计划；中国建议设立澜湄流域综合执法安全合作中心，为澜湄国家发展和人民幸福生活营造和平安宁的环境。[②]

8. 通过"早期收获"项目清单

澜湄合作首次领导人会议通过了"早期收获"项目清单，涉及水资源管理、公共卫生、扶贫、基础设施建设、人员交流、科技等领域合作，为区域的互联互通、经济的持续发展奠定了坚实基础。各方将尽快结合澜湄合作确立的优先合作方向建立联合工作组，负责规划与督促具体项目尽快实施、尽早见效，广泛惠及地区民众。澜湄合作项目及其资金来源主要由相关国政府通过协商确定，同时不排斥其他国际机构与金融机制提供资助。

三 澜湄合作机制的发展方向

澜湄合作是沿岸六国携手推动的首个合作机制，各国为平等伙伴关系，共同谋求可持续、包容发展，实现合作共赢，澜湄合作机制的建立具有十分重要的历史意义。但是，作为澜湄次区域的新生事物，当前澜湄合作机制的发展与完善面临三个方面的困难和问题。澜湄合作需要准确定位，充分发挥自身优势，找准合作突破口，扎实推进早期收获项目，尽快形成示范和推动效应。

---

① 《澜沧江－湄公河合作首次领导人会议三亚宣言（全文）》，新华网，2016年3月23日，http：//news. xinhuanet. com/asia/2016－03/23/c_ 1118422397. htm。

② 《李克强在澜沧江－湄公河合作首次领导人会议上的讲话》，新华网，2016年2月23日，http：//news. china. com. cn/2016－03/23/content_ 38097244. htm。

（一）澜湄合作机制面临的主要困难

1. 澜湄合作机制与 GMS 等已有合作机制的协调问题

在澜湄合作机制成立之前，澜湄次区域早已是多边机制林立。其中最著名的是大湄公河次区域经济合作，该机制成立于 1992 年，由亚洲开发银行（ADB）发起，澜湄沿岸六国共同参与。经过二十多年的发展，GMS 合作成果丰硕，在交通、通信、能源、投资、贸易、环境、人力资源开发、旅游、农业等领域实施了约 200 个合作项目，动员资金总额约 100 亿美元，为促进各国经济社会发展发挥了积极作用。另一个知名的机制是湄公河委员会，其前身可追溯到 1957 年成立的湄公河下游调查协调委员会（"老湄公河委员会"）。1995 年泰国、老挝、柬埔寨与越南共同签署了《湄公河流域可持续发展合作协定》，成立了新湄公河委员会，合作的主要议题是湄公河流域水资源，以及全流域的综合开发和管理。

除此之外，近年来美国、日本、韩国、印度等国家都加强参与湄公河流域开发合作的力度，与湄公河国家建立起不同形式的多边合作机制。2009 年 7 月，美国提出"湄公河下游倡议"（The Lower Mekong Initiative，LMI）合作机制，重点加强环境、健康、教育、基础设施建设等领域的合作。2009 年 10 月，日本与湄公河五国召开"日本 - 湄公河首脑会议"，此后每年举行一次。日本在 2015 年的会议上表示在今后 3 年内，将向湄公河国家提供 7500 亿日元（约 61 亿美元）援助。[①] 这些合作机制为湄公河地区的发展带来了新的资金和技术支持，满足了多层次的需求以及各方的利益。在一定程度上，甚至可以说澜湄合作机制是姗姗来迟。

如何处理与既有类似合作机制的关系，是任何新机制需要面对的问题。相比原有合作机制往往是针对某一领域、某一问题，或者由本区域以外的国家或机构主导，澜湄合作机制颇具自身特色。但是不可否认，澜湄合作机制

---

① Ministry of Foreign Affairs of Japan, *New Tokyo Strategy 2015 for Mekong - Japan Cooperation* (*MJC2015*), July 4, 2015, http: //www. mofa. go. jp/s_ sa/sea1/page1e_ 000044. html.

在合作目标、领域、范围等方面与其他机制存在交叉和重叠，众多的合作机制也增加了各方的交易成本。如何与 GMS、MRC 等其他相对成熟、各具特色的合作机制形成相互补充、相互促进的关系，以及如何与次区域内外的国家、国际组织展开有效合作等，这些问题将不可避免。澜湄合作机制需要加强与上述多重合作机制的沟通与协调，建立和健全与 GMS 等合作机制的联动和协调体系，发挥自身的优势和特点，增进合作倡议的活力，保障项目的有效实施和持续开展。

2. 湄公河各国对参与澜湄合作机制的参与度问题

尽管湄公河沿岸各国都是澜湄合作机制的成员国，但是湄公河国家的诉求有所差异。一方面，湄公河下游国家既期待搭乘"中国便车"以推动本国经济发展，促进地区繁荣和稳定，又在不同程度上对中国怀有担忧与戒备。个别国家还担心澜湄合作机制由中国主导而使小国利益受损，而且越南与中国还存在南海争端。在以往的合作中，湄公河地区国家一直通过推行"大国平衡"策略来获取利益，提高自身地位，通过积极参与多种合作机制来争取外部资金和技术的支持。在今后的澜湄合作中，湄公河国家也不会放弃这一策略，不可能全力支持和参与澜湄合作机制的建设。另一方面，湄公河国家之间存在多重矛盾以及利益之争，在相互需求中存在较强的对内竞争性和对外依赖性。尤其是各国都为发展中国家，市场主要是对外的，内部市场占的比重不高。这便导致各参与方不太可能同意让渡主权，更不会接受强制度性安排。①

如何切实增强澜湄合作对于湄公河国家的吸引力，促使湄公河国家更积极和主动地参与合作，这是推进澜湄合作机制面临的一个突出问题。澜湄次区域的开发合作一直以开放灵活而著称，澜湄合作机制需要通过良性竞争和公平公正的规则，让湄公河国家从合作中切实获得实惠，才能真正赢得各方的信任和支持。

3. 中国对于澜湄合作机制的投入力度问题

在澜湄合作机制的筹备和建设过程中，中国发挥了主导作用并做出重要

---

① 毕世鸿：《机制拥堵还是大国协调——区域外大国与湄公河地区开发合作》，《国际安全研究》2013 年第 2 期。

贡献。中国积极参与澜湄合作，有利于拓展与湄公河国家的互惠互利关系，也可以使自身发展更好地惠及周边国家。在今后的合作中，中国必然会承担更多的国际责任和义务，通过适时提供符合本地区的公共产品，促进澜沧江 – 湄公河次区域开发合作，支持和完善澜湄合作机制建设。但是，次区域公共产品的生产和供给毕竟是一个长期而艰巨的任务，离不开各方的共同参与。中国尽管已经是世界第二大经济实体，但也无法承担其他国家免费"搭车"的全部成本，只能尽力而为，量力而行。尤其是在次区域基础设施建设领域，往往由于项目投入大，回收期长，中国恐难单方面承受。

另外，面对次区域合作中越来越突出的非传统安全问题，如恐怖主义、跨国犯罪、自然灾害、气候变化、航行安全、环境问题等，对于次区域合作中的小国或者经济薄弱的国家而言，参与合作的目的更多的是获得经济上的利益，而在非经济领域因实力不具备或其他条件的限制，难以有较多的投入。作为澜湄次区域成员国中最大的经济体和提供最多发展机遇的国家，中国能在多大程度上为深化澜湄合作提供政策、资金以及技术支持，将是澜湄合作机制建设过程中不可忽视的重要问题。

（二）澜湄合作机制发展的方向

1. 明晰澜湄合作机制在中国 – 东盟关系中的定位

到目前为止，对于澜湄合作机制在中国 – 东盟合作关系中处于什么样的地位，该机制与六国共同参与的 GMS 合作机制是怎样的关系等问题，相关各方并没有准确明晰的界定和阐释，导致来自方方面面的猜测、怀疑甚至是担忧。在当前的情况下可以考虑，将澜湄合作机制明确定位为"GMS 升级版"，是中国 – 东盟深化合作的重要组成部分。这样做既可以兼顾解除次区域内外各方的顾虑，也有助于澜湄合作的推进。

澜湄合作机制着眼于可持续发展问题。相较于东盟其他国家，越、老、柬、缅发展滞后，这也是东盟共同体建设的一大"短板"。中国加强与湄公河国家的合作，有利于促进成员国经济社会发展，缩小地区发展差距，缓解东盟内部发展不平衡的问题，为东盟一体化进程提供有益的助力。

2. 秉持开放包容、灵活机动的理念

按照前文提出的定位，澜湄合作机制是 GMS 的升级，即两者之间是自然延伸、升级发展的关系，不存在所谓"另起炉灶""此消彼长"，两者间的合作机制、渠道、合作议程、项目安排、研究基础等方面都可以也应该争取实现有效对接和升级。如果不能妥善处理这个问题，澜湄地区很可能出现机制、项目等方面的拥堵状况，大大增加各参与方的成本。例如，澜湄合作机制确定每两年举行一次领导人会议，而 GMS 自 2002 年起每三年在成员国轮流举行一次领导人会议。2017 年将举行 GMS 第六次领导人会议，2018 年将举行澜湄第二次领导人会议，到 2020 年领导人会议的举办年份重合，这种情况势必加剧次区域开发合作的复杂性，进而影响次区域开发合作的整体进程。

相关各方应该秉持开放和灵活的理念，尽快研究和推进澜湄合作机制与 GMS 等次区域合作机制的对接与协调工作。只有通过与次区域合作机制加强交流，实现相互补益，才可能进一步增强澜湄合作的包容性和生命力，真正为流域国家提供更多的合作资源和发展机会。

3. 发挥独到优势，构筑共同利益基础

澜湄六国具有地缘相近、经济互补性强、人文相亲等优势，要通过深化合作来激发各国内在的发展潜力。通过各种基础设施建设将澜湄国家连成一个网状的"你中有我、我中有你"的地区结构。通过政治互信、经济共赢、人文交流、生态环保等各种纽带，构建共同的利益网络。不断加深澜湄国家间的相互依赖，以利益共同体为重要基础构建澜湄命运共同体。

从中国方面来说，也应该充分发挥自身优势，突出中国在澜湄合作中的建设性和领导力。一方面，可以充分利用"一带一路"、亚洲基础设施投资银行、丝路基金等新框架、新平台的资源和渠道，增加对澜湄地区的基础设施建设、环保、民生建设等领域的投入。在公共产品受惠面上，要符合湄公河国家的需求，受益群体应涵盖各国政府与普通民众。另一方面，要善于利用与湄公河国家地缘毗邻的唯一性，资金技术、生产能力的引领性，市场消纳能力的吸引性等优势，为湄公河国家的发展提供更多的机遇和实惠。在经济合作中，中国在"走出去"之外，也应更多地考虑"放进来"。如缅、老

两国近年来多次向中方郑重提出，希望放宽玉米、大米等粮食产品进入中国市场的配额、关税和技术等壁垒限制。中国可以发挥在购买力与市场容量等方面的优势，统筹考虑放松周边国家对中国的出口额度，提升相互间经济依存程度，不断促进澜湄次区域共同利益的形成和分享。

4. 重点经营中路合作，吸引和带动东路和西路

当前，越南因南海争端等问题对与中国深化合作存有顾虑；缅甸新政府上台后，内政外交政策尚未明晰。中国与东路的越南、西路的缅甸的合作，面临着较多的困难和不确定性。在这个背景下，澜湄合作不妨采取更加灵活的策略，即在澜湄合作机制的框架下，部分成员国先期选择条件较为成熟的领域和项目开展合作，不必等到所有的成员国都协商一致再行推进。这种方式既能有效提高合作的效率，也因在次区域合作中有着众多类似先例而能降低某些敏感性。

具体而言，目前中国与湄公河中路地区的泰国、老挝、柬埔寨三国一直有较好的战略需求与政治基础，可以采取"中路突破、撬动两翼"，进一步吸引和拉动缅甸、越南的参与。近期尤其可以考虑加强中老合作，包括支持老挝做好2016年东盟轮值主席国的相关工作，在与老方充分沟通和老方接纳的基础上，大幅度加大对老挝的投资和援助力度，推进"中老友好合作条约"的签署等。以此逐渐增强对次区域其他国家的吸引，在条件成熟时将相关模式推向柬埔寨和泰国。

5. 扎实推进早期收获，尽快形成示范效应

项目合作是澜湄合作的根本和动力所在。各国应加大对澜湄合作的重视力度和投入，用好各方面资源，发挥各自优势，本着先易后难、循序渐进的原则逐步向前发展。根据现阶段次区域发展需求与现实情况，在各方已经达成共识的五个优先方向，落实好一批"早期收获"项目，开展切切实实的合作。

当前，澜湄国家可以重点推进符合各国发展需要的产能合作项目，不断拓展合作领域，提高合作水平。湄公河国家工业化、城镇化进程不断加速，产业结构调整不断深化，中国在基础设施建设、减贫开发等方面的经验、技

术和资金优势,将使湄公河国家获益,湄公河国家也是中国推进"一带一路"建设和开展国际产能合作的重要伙伴。澜湄国家可以依托产业集聚区平台与交通互联互通,优先推进电力、信息通信、电网、可再生能源、轨道交通、农业以及农产品与水产品加工等领域的合作,以共同促进相关国家经济发展。在合作过程中,提升企业员工和采购的本地化程度,并加强对本地员工的培训,促进当地就业,创造良好的经济与社会效益。争取尽早取得看得见、摸得着的成果,形成示范和带动效应,促使澜湄合作机制在次区域众多的多边合作机制中脱颖而出。

B.3

"一带一路"战略下中国与
湄公河地区国家的产能合作*

邹春萌**

摘　要：　推进我国与沿线国家的国际产能合作是"一带一路"建设
　　　　　的亮点，也是澜湄合作的重要领域。本文在梳理我国与湄
　　　　　公河国家开展国际产能合作的现状及问题的基础上，提出
　　　　　在"一带一路"框架下进一步提高我国与湄公河国家产能
　　　　　合作水平的发展思路，包括注重次区域产能合作机制构建、
　　　　　加强需求对接、充分利用境外经济合作区和跨境经济合作
　　　　　区等产业聚集平台、率先启动产能合作早期收获项目、设
　　　　　立多边或双边的产能合作专项基金、汲取发达国家产能合
　　　　　作的经验教训等。

关键词：　"一带一路"　澜湄次区域　产能合作

一　澜沧江－湄公河次区域国家产能合作的背景

国际产能合作是指两个存在意愿和需要的国家或地区之间进行产能供求跨

＊　本文得到中国－东盟思想库网络（NACT）专项研究经费资助，并获得云南省高校国际政治经济
　　学理论与区域合作科技创新团队的经费支持。
＊＊　邹春萌，云南大学周边外交研究中心、云南大学国际关系研究院副研究员，博士。

国或跨地区配置的联合行动。① 一般来说，产能合作既可以通过产品输出方式，即对外贸易实现产能位移，也可以通过产业转移的方式，即对外投资进行产能位移。产能合作又不完全等同于对外投资的产业转移。产业转移并不反映产业能力，且是单向进行的；而产能合作可以反映出产业生产供给的能力与合作的双向性。产能合作的核心是"合作"，不仅是指产业和能力的输出，也不仅是简单地把产品卖到国外，而且是发挥相关国家的比较优势，将产业整体输出到不同的国家去。② 现阶段我国提出的产能合作具有特殊的时代背景，强调通过政府之间的合作协议，在具有产能互补和产能需求的前提下开展双向的产业合作。

推进国际产能合作，是实现我国经济提质增效升级，推动新一轮高水平对外开放的重要内容。经过改革开放几十年的发展，我国工业化水平有了显著提高，在国际分工中的地位实现了质的突破，工业体系日臻完善，部分产业的国际竞争优势突出，但也面临着产能过剩以及产业转型升级的艰巨任务。一般来说，产能利用率在79%~83%之间属于产需配比合理。中国平均产能利用率为78.7%，看似与合理区间差距不大，但不少行业的产能利用状况堪忧。③ 中国企业家调查系统组织实施的"2013中国企业经营者问卷跟踪调查"显示，中国企业设备平均利用率仅为72%，在19个制造业产业中，只有1个产业设备利用率在79%以上，其余18个产业都低于79%，有7个产业设备利用率在70%以下（详见表1）。因此，加强国际产能合作，是促进产业结构优化升级、应对我国经济新常态的迫切要求。

表1　2013年中国制造业设备利用率

单位：%

产　业	设备利用率	产　业	设备利用率
食品、酒及饮料业	63.6	医药制造业	79.6
纺织业	76.0	化学纤维业	68.6

① 周民良：《"一带一路"跨国产能合作既要注重又要慎重》，《中国发展观察》2015年第12期。
② 安宇宏：《国际产能合作》，《宏观经济管理》2015年第10期。
③ 转引自高麟睿、王霞、李佳凝《人民币在中亚地区国际化的基础条件和途径——基于"一带一路"背景》，《广西财经学院学报》2015年第4期。

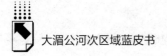
续表

产　业	设备利用率	产　业	设备利用率
纺织服装、服饰业	69.4	橡胶及塑料制品业	69.0
造纸及纸制品业	71.3	非金属矿物制品业	68.8
化学原料及制品业	67.6	黑色金属冶炼及压延加工业	67.3
有色金属冶炼及压延加工业	70.3	铁路、船舶、航空航天运输设备制造业	71.4
金属制品业	74.1	电机及器材制造业	70.9
通用设备制造业	70.2	计算机、通信及其他电子设备制造业	77.0
专用设备制造业	71.4	仪器仪表制造业	78.8
汽车制造业	71.1		

资料来源：转引自高麟睿、王霞、李佳凝《人民币在中亚地区国际化的基础条件和途径——基于"一带一路"背景》，《广西财经学院学报》2015 年第 4 期。

推进国际产能合作与我国"一带一路"倡议相辅相成。"一带一路"倡议为我国开展国际产能合作、带动富余优质产能向沿线国家转移指明了方向，而开展国际产能合作是推动我国"一带一路"倡议尽快落实的重要举措。我国政府现已出台一系列政策措施支持国际产能合作，并将其纳入"十三五"时期的重点工作。2015 年 5 月国务院发布《关于推进国际产能和装备制造合作的指导意见》，明确指出鼓励高端装备、先进技术、优势产能向境外转移，近期以亚洲周边国家和非洲国家为主要方向，力争到 2020 年与重点国家产能合作机制基本建立，一批重点产能合作项目取得明显进展，形成若干境外产能合作示范基地。① 文件确定钢铁、有色金属、建材、铁路、电力、化工、轻纺、汽车、通信、工程机械、航空航天、船舶和海洋工程 12 个行业作为国际产能合作的重点领域。《中华人民共和国国民经济和社会发展第十三个五年规划纲要》也明确提出以上述 12 个行业为重点，采取境外投资、工程承包、技术合作、装备出口等方式，开展国际产能和装备制造合作，推动装备、技术、标准、服务"走出去"。②

---

① 国务院：《关于推进国际产能和装备制造合作的指导意见》，新华网，http：//news. xinhuanet. com/2015 – 05/16/c_ 1115305230. htm。
② 《中华人民共和国国民经济和社会发展第十三个五年规划纲要》，新华网，http：// news. xinhuanet. com/2016 – 03/17/c_ 1118366322_ 17. htm。

2015 年启动的澜沧江－湄公河合作机制（简称"澜湄合作机制"）是我国推动"一带一路"倡议率先在湄公河地区取得突破的重要战略支点。已有研究表明，湄公河五国（柬埔寨、老挝、缅甸、泰国、越南）是我国与"一带一路"沿线国家开展国际产能合作的重点对象。[①] 当前，"澜湄合作机制"已明确将产能合作作为次区域六国合作的优先发展方向。2015 年11 月，中国与湄公河五国正式宣布启动澜湄合作机制，确定在政治安全、经济和可持续发展、社会人文三个重点领域开展合作，以全面对接东盟共同体建设三大支柱，并决定优先推进产能合作、互联互通、跨境经济合作、水资源合作、农业和减贫合作五个方向。2016 年 3 月，在海南三亚召开的"澜湄合作机制"首次领导人会议上，六国共同发表了《澜沧江－湄公河国家产能合作联合声明》，一致同意依据相关国家法律框架和发展实际，依托交通互联互通和产业集聚区平台，优先推进电力、电网、汽车、冶金、建材、配套工业、轻工纺织、医疗设备、信息通信、轨道交通、水路交通、航空运输、装备制造、可再生能源、农业以及农产品和水产加工等领域的产能合作。[②] 这表明了澜湄六国通过开展产能合作，实现可持续发展和共同繁荣的强烈愿望，也意味着我国与湄公河各国的产能合作迈入新的发展阶段。

二　中国与湄公河国家产能合作的发展与问题

除泰国外，目前湄公河各国均处于工业化和城镇化初级阶段，经济发展对外资、外贸的依赖很大，亟须引入国际社会的资本、技术和管理经验。长期以来，我国与湄公河五国一直保持密切的经贸合作关系，国际产能合作已具有一定的基础。随着中国－东盟自贸区和大湄公河次区域经济合作的深入

---

① 钟飞腾根据林毅夫的人均收入水平 20 年差距（100% 差距）和经济持续高速增长等条件进行测算指出，湄公河五国均是我国与"一带一路"沿线国家开展产能合作的重点国家。参见钟飞腾《"一带一路"产能合作的国际政治经济学分析》，《山东社会科学》2015 年第 8 期。

② 《澜沧江－湄公河国家产能合作联合声明》，中华人民共和国中央人民政府网，http：//www.gov.cn/xinwen/2016－03/23/content_ 5056930.htm。

开展，我国逐渐发展成为湄公河五国重要的经济合作伙伴，产能合作的成果日益丰硕。截至 2015 年年底，我国对湄公河五国累计投资总额达到 487.55 亿美元，对柬埔寨、老挝、缅甸、泰国、越南的投资总额分别为 114.66 亿美元、79.34 亿美元、154.18 亿美元、35.20 亿美元、104.17 亿美元，我国多年来是缅甸、柬埔寨、老挝的第一大外资来源国。[1] 2015 年，我国与五国的双边贸易总额达到 1939.21 亿美元（详见表 2），我国是越南、泰国、缅甸的第一大贸易伙伴，是老挝的第二大贸易伙伴和柬埔寨的第三大贸易伙伴，在"一带一路"沿线国家当中，越南和泰国分别是我国的第三大和第五大贸易伙伴。[2]

表 2 2006~2015 年我国与湄公河五国的双边贸易额

单位：亿美元

年份 \ 国别	泰国	越南	老挝	缅甸	柬埔寨
2006	277.27	99.51	2.18	14.6	7.33
2007	346.38	151.15	2.49	20.57	9.33
2008	412.53	196.64	4.16	26.26	11.33
2009	382.04	210.48	7.44	29.07	9.44
2010	529.47	300.94	10.55	44.44	14.41
2011	647.37	402.07	13.06	65.0	24.99
2012	697.45	504.4	17.28	69.72	29.23
2013	712.61	654.82	27.41	101.50	37.72
2014	726.75	835.16	36.14	249.73	37.57
2015	754.6	959.7	27.8	152.8	44.31

资料来源：根据中国商务部亚洲司统计数据整理，http://yzs.mofcom.gov.cn/。

（一）产能合作进展

1. 中柬产能合作

1993 年，柬埔寨新政府成立后，中柬两国经贸关系迅速发展，中国逐

---

[1] 数据来源：根据中国驻各国大使馆经参处的资料进行整理。

[2] 数据来源：中华人民共和国商务部亚洲司，http://yzs.mofcom.gov.cn/article/t/。

渐成为柬埔寨主要的贸易伙伴。两国于1996年签署《投资保护协定》和《贸易协定》；于1999年签署《经济技术合作协定》。2000年江泽民主席访柬时，两国签署《中柬关于双边合作框架的联合声明》《中柬关于成立经济贸易合作委员会协定》《中柬经济合作协定》《中柬农业合作谅解备忘录》等一系列文件，两国经济合作进入新的发展阶段。特别是自2006年两国建立全面合作伙伴关系以来，中柬双边经贸合作关系更为紧密，产能合作规模进一步扩大。据中国海关统计，2015年中柬双边贸易额达44.31亿美元，是2000年的2.24亿美元的20倍，是2006年的7.33亿美元的6倍，其中柬埔寨向我国出口6.66亿美元，从我国进口37.65亿美元。柬埔寨从我国主要进口电器、机电、运输设备、建材、日用五金、纺织品等工业制品，向我国主要出口橡胶、木材、水产等资源型产品。截至2014年年底，我国对柬投资总额突破100亿美元，在柬投资企业超过500家，涉及电站、电网、制衣、农业、矿产、开发区、餐饮、旅游等不同产业领域；2015年我国对柬新增投资8.64亿美元。①

柬埔寨工业基础薄弱，产业门类单一，纺织服装业是其开展产业合作的最大部门，我国已在柬埔寨投资办厂的纺织企业达400多家。木材加工业及建材生产业也是柬埔寨产业合作的主要部门。2015年柬埔寨政府批准的建筑项目总金额高达33.38亿美元，较2014年的约25亿美元增长了33.5%，获批的建筑项目主要来自中国、韩国、越南、日本、泰国等，其中中国是柬埔寨房地产和建筑业最大的投资来源国，带动了建材、建筑等相关领域的产能合作。西哈努克港经济特区是我国在柬埔寨设立的国家级境外经贸合作园区，以纺织服装、五金机械、轻工家电等为主导产业，在中柬两国政府的重视和企业的积极参与下，在产能合作方面已取得显著成就。截至2015年年底，西哈努克港经济特区已累计引进来自中国、欧美、日本等国家和地区的纺织服装、家具、五金、电子机械等领域的企业93家，其中70家已投入

---

① 《柬埔寨2015年宏观经济形势及2016年预测》，中国驻柬埔寨大使馆经参处，http://cb. mofcom. gov. cn/article/zwrenkou/201605/20160501310896. shtml。

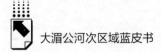

生产运营。① 我国企业在柬埔寨已投资建成了 6 个大型水电站，分别是基里隆一级水电站、甘再水电站、基里隆 3 号水电站、斯登沃代水电站、额勒赛河下游水电站及达岱水电站，带动了大量机械装备和产能的输出。此外，我国在柬埔寨还有机场、港口、输变电网、高速公路等一批带动性强的产能合作项目在推进实施。

我国提出"一带一路"倡议之初，就得到柬方的赞同与认可，洪森首相多次表示全力支持并全面参与我国的"一带一路"建设。2016 年中柬两国签署了《促进产能与投资合作谅解备忘录》，双方同意将在基础设施、加工制造、工程机械、电力、建筑材料及通信等领域开展更多的合作。

2. 中老产能合作

1989 年中老关系恢复正常，我国企业开始赴老挝投资办厂，投资涉及建材、种植养殖、药品生产等产业，并为老挝援建微型电视信号接收站、南果河水电站及输变电工程等。2000 年以后，中老经贸合作步入崭新的发展时期，两国政府相继签订关于双边合作的联合声明和中老政府经济技术合作协定等一批协议，为中老两国开展经贸合作奠定了良好的基础。目前，我国已成为老挝第一大外资来源国、第一大援助国和第二大贸易伙伴。2015 年中老双边贸易额达 27.8 亿美元，是 2006 年的十倍，老挝从我国进口的主要是电机、电气设备及零件、车辆及零件产品、钢铁制品等工业产品，向我国主要出口矿产品、木材及木制品、橡胶及农产品等。截至 2015 年年底，我国对老挝投资总额为 79.34 亿美元，投资遍及农业、矿产、水电、交通基础设施等领域。2015 年 11 月，中国电建集团投资建设的老挝南欧梯级电站首台机组正式投产发电，该项目是老挝能源战略的关键性项目，可促成我国 3.1 亿元人民币的电力设备出口，并带动电力设计、监理、施工、设备制造等方面的中国企业"抱团出海"，促进中老电力产能合作。② 2015 年 12 月，

① 《柬埔寨 2015 年宏观经济形势及 2016 年预测》，中国驻柬埔寨大使馆经参处，http://cb.mofcom.gov.cn/article/zwrenkou/201605/20160501310896.shtml。

② 《"一带一路"首个电网合作项目在老挝投产》，人民网，http://energy.people.com.cn/n/2015/1129/c7661-27868558.htm。

中老铁路开工奠基仪式举行，标志着中老铁路正式启动建设，将成为中老产能合作的标杆项目。

老挝政府公开表示支持我国"一带一路"倡议，并积极推进与我国的产能合作。2015年第3届中国－南亚博览会暨第23届中国昆明进出口商品交易会上，老挝总理通邢表示："老方高度赞赏并愿积极参与中方提出的构建'一带一路'倡议，相信随这一构想的实施，老挝和中国在互联互通等各领域的交流合作将不断深入发展。"[①] 2016年5月老挝国家主席本扬·沃拉吉对我国进行正式访问，两国签署了《中老关于促进产能与投资合作的谅解备忘录》，并共同发表《中老联合声明》，强调加强发展战略对接和产能合作，推动中国"一带一路"倡议和老挝"变陆锁国为陆联国"战略、中国"十三五"规划和老挝"八五"规划有机结合，密切配合尽早编制完成共同推进"一带一路"建设合作规划纲要，采取切实措施促进两国产能与投资合作。[②] 老方认为加强中老产能合作完全符合老挝国家发展战略，有利于帮助老挝实现新型工业化的目标，政府非常欢迎中方在能源制造、农业、教育、医疗和服务等领域的先进技术支持和转让。

3. 中缅产能合作

1988年缅甸新军人政府上台，中缅经贸关系日益密切。1994年两国签署关于边境贸易的谅解备忘录，1996年成立中缅经济促进会，并于1997年签署《促进中缅经济合作协议》。2000年以来，中缅两国政府先后签署了上百项合作协议，内容涉及经济技术合作、相互投资保护、贸易和投资合作、水电开发、原油和天然气管道建设、地质矿产合作、农业渔业合作、金融合作、旅游合作、信息通信合作、科技合作、航空运输合作和机场建设、人才培训、动植物检疫等领域，极大地推动了两国经贸关系和产能合作的发展。截至2011年3月31日，我国对缅投资累计达96.03亿美元，跃居缅甸第一大投资来源国。2011年5月中缅宣布建立全面战略合作伙伴关系，两国经

---

① 《第3届中国—南亚博览会暨第23届中国昆明进出口商品交易会　老挝总理通邢在开幕式上发言》，http://www.daozhou.net/gundong/36r1x50613n414968606.shtml。

② 《中老联合声明》，新华网，http://news.xinhuanet.com/2016－05/04/c_1118803463.htm。

贸合作步入全方位、多层次发展的新阶段。2013 年双边贸易额突破百亿美元，达 101.5 亿美元；2014 年双边贸易额进一步飙升至 249.73 亿美元，较 2013 年翻了一番；2015 年中缅双边贸易额为 152.8 亿美元。缅甸从我国主要进口技术含量较高的成套设备和机电产品、纺织品、摩托车配件和化工产品等，主要向我国出口原木、农产品及矿产品等初级产品。截至 2015 年，我国对缅投资总额达 154.18 亿美元，投资项目分布在各个领域，除了水电、矿产、油气等资源开发性领域外，还包括公路、铁路、大桥等基础设施建设及纺织、造纸等工业制造领域。

中缅油气管道是中缅最重要的产能合作项目。2013 年 10 月中缅天然气管道全线贯通。中缅原油管道于 2014 年 5 月全线机械完工，具备投产条件，2015 年 1 月原油管道工程缅甸段基本建成，并于 1 月 30 日在缅甸皎漂马德岛举行试运行仪式，马德岛港也同时正式开港。我国企业已与缅甸开展了三项重要的矿业合作项目，即莱比塘铜矿项目、达贡山镍矿项目和莫苇塘镍矿项目，其中达贡山镍矿项目已于 2011 年进入投产阶段。我国在缅甸已投资建设多个水电项目，如邦朗电站、耶涅电站、瑞丽江电站、太平江 1 级电站、太平江 2 级电站等，推动了中缅水电产能的合作。

缅甸官方多次表示欢迎中国"一带一路"建设这一伟大计划，认为"一带一路"建设是缅甸经济发展的新契机，缅甸将积极响应"一带一路"倡议。但到目前为止，缅甸还未与我国达成产能合作方面的政府框架协议。

4. 中泰产能合作

1978 年中泰两国政府签署贸易协定和科学技术合作协定。自 1980 年起，我国便在泰国开展承包劳务业务，1997 年两国政府签署医药合作谅解备忘录，1999 年成立促进泰中经贸合作特别委员会。2005 年我国与泰国签署十多项双边合作协议，涉及能源、矿产、食品、零售等多个产业。2012 年两国签署七项合作协议，涉及贸易投资便利化、金融、农业、加工制造业、电子信息、通信、能源等 14 个领域。中泰贸易始终保持稳步上升的势头，2015 年双边贸易额达到 754.6 亿美元。因两国工业化程度相当，中泰贸易呈现出明显的产业内贸易特征，在机电产品、化工产品、金属制品、塑料及橡胶制品等方面相互之间既有进口又有出口。截至 2015 年，我国对泰国投资总额为 35.20 亿美元，是我国在湄公河五国中投资最少的国家。我国多家大型橡胶企业与泰国开展产能合作，预计到 2017 年，我国在泰国投资的橡胶企业年加工或消费橡胶总量可达 100 万吨，占泰国橡胶年产量的四分之一。[①] 2015 年 3 月中泰两国签署铁路合作协议，泰方负责征地、基础性土建和电力供应，中方负责设计及技术含量高的基建、装备，提供所有轨道、信号和车辆，铁路运营和线路维护则由两国共同负责。2015 年 12 月中泰铁路举行开工仪式，该项目将会进一步推动我国与泰国之间的产能合作。

尽管中泰工业化水平接近，但在产能方面仍有合作的空间。泰国政府曾表示，坚决支持我国的"一带一路"倡议，并积极开展产能合作，但目前中泰双方还未就产能合作达成政府层面的框架协议。

5. 中越产能合作

1991 年中越关系正常化后，两国经贸关系加快发展，合作不断深化。2006 年中越两国签署"两廊一圈"合作发展计划谅解备忘录等九项合作协议，内容涉及基础设施、农业、工业、物流、旅游等多个领域。2013 年双方签署《关于互设贸易促进机构的协定》等一系列协议。近两年，中越贸易发展很快。2014 年，中越贸易额首次超过中泰贸易额，越南成为我国在湄公河地区最大的贸易伙伴，当年双边贸易额达 835.2 亿美元；2015 年中越贸易额达到 959.7 亿美元。越南从我国主要进口机电产品、金属制品、化工产品等，向我国主要出口矿产品、木材及木制品、纺织品及原料、机电产品等。截至 2015 年，我国对越南投资总额超过 100 亿美元，为 104.17 亿美元，投资集中于能源、矿产开发、纺织服装等行业。中越之间已开展了多个产能合作项目，如永新一期火电项目、孟阳二期火电项目

---

① 《中泰合作共建"一带一路"——访中国驻泰大使宁赋魁》，人民网，http://world.people.com.cn/n/2015/0618/c1002-27175715.html。

等。2016年3月，我国与马来西亚合资的越南海阳燃煤电厂举行开工仪式，投资总额为18.685亿美元，这是迄今我国企业在越单笔投资金额最高的合作项目。

我国与越南已就扩大"一带一路"和"两廊一圈"框架内合作和加强产能合作达成重要共识。2015年11月国家主席习近平出访越南期间，两国签署了关于促进产能合作的谅解备忘录等多项协议，并共同发表《中越联合声明》，表示加强两国间发展战略对接，推动"一带一路"倡议和"两廊一圈"构想对接，加强在建材、辅助工业、装备制造、电力、可再生能源等领域的产能合作；并决定加紧成立工作组，积极商签跨境经济合作区建设共同总体方案，推进中国在越前江省龙江、海防市安阳两个工业园区的建设并积极吸引投资，督促和指导两国企业实施好中资企业在越承包建设的钢铁、化肥等合作项目。①

（二）产能合作存在的问题

由于湄公河各国经济发展水平和工业化程度普遍较低，国力相对弱小，我国与各国的产能合作还处于起步阶段，合作规模有限，加之我国企业开展国际产能合作的经验不足，因此，我国与湄公河各国产能合作存在诸多亟须改进的问题。

1. 制度化建设较为缺乏

当前，澜沧江－湄公河次区域国家产能合作的制度化建设还比较欠缺。虽然次区域六国已在首次领导人会议上就国际产能合作发表了联合声明，一致支持次区域的产能合作，但还未达成区域层面的合作协议，次区域的国际产能合作还缺乏总体的规划和宏观的指导；且在双边层面上，仅有柬埔寨、老挝和越南政府与我国政府达成了有关产能合作的谅解备忘录，双边产能合作的机制建设刚刚起步。

---

① 《中越联合声明》，新华网，http://news.xinhuanet.com/world/2015 － 11/06/c _ 1117067753. html.

2. 与各国的需求对接不够

由于缺乏国际产能合作的经验，我国习惯从供给侧的角度单向地推进与湄公河国家的合作，对各国内在的需求考虑不全，重视不够，某些项目不一定适合湄公河国家。这些经验教训突出地反映在我国的投资与当地民生问题结合不够所带来的投资困境等方面。湄公河国家都属于发展中国家，除泰国外其他各国的经济发展水平和工业化程度均较低，老挝、缅甸、柬埔寨等国均存在突出的民生问题，对改善民生有着巨大而迫切的需求；而我国的投资往往不太关注民生问题，项目大多偏重基础设施建设、水电开发、矿产开发等非民生性领域，老百姓不能从中直接受益，对我国的投资项目认同感不强，导致我国投资的总体效果欠佳。例如，我国在柬埔寨投资的水电基础设施、经济特区、矿业等，民众很难直接受益，且还易造成生态环境破坏等负面效果；而日本对柬埔寨的投资通常选择城市下水道系统改建、农业合作等领域，民众能很快从中获得实惠，从而对日本投资广加好评。同时，我国在缅甸、老挝、柬埔寨等国开展的水电合作项目，地处偏远山区，投资大、见效慢，还涉及居民拆迁和环境破坏等问题，虽然从长远来看，这些项目更能促进当地经济社会的发展，但短期内老百姓难以实现切身利益，反而对其进行批评指责，对我国的投资产生不好的舆论氛围，十分不利于双方产业合作的可持续发展。

3. 对制度环境了解不够

企业"走出去"要面对与国内迥异的制度环境，但我国企业在这方面应对准备不足。在与湄公河各国开展合作时，我国企业喜欢走上层路线，跟政府高层打交道，从而忽视对制度环境的了解。由于对次区域各国的宗教文化、风俗习惯、法律法规及政策环境了解不充分，我国企业往往发生项目落地困难、企业被罚等事件，一些重大投资项目因受到抵制而被迫停止。另外，我国企业还存在与当地普通民众脱节，不喜欢雇用当地人，与当地社会的整合程度较低的情况。这很不利于合作项目的本土化建设，容易导致我国企业与当地人沟通困难，项目出现"水土不服"，难以可持续发展等问题。国际产能合作涉及次区域各国法律、汇率、财会制度及各种文化风俗等复杂因素，企业只有熟悉次区域国家的市场行情、商务规则、法律法规、宗教文化等，才能在错综复杂的市场中开展合作。

4. 对各国产能合作的风险认识不足

湄公河地区是具有多民族、多文化、多语言和多宗教信仰的复杂地区，恐怖主义、极端主义势力以及跨境犯罪等问题在部分国家较为集中。同时，湄公河国家还存在领导人更替、民主政治转型、民族冲突等多重矛盾，这对我国企业在次区域国家的项目建设和运营构成较大挑战。此外，资源民族主义、环境极端保护主义在该地区呈现愈演愈烈之势。由于我国对湄公河地区的风险认识不充分，多个项目在该地区遭遇意外，我国在缅投资的密松电站即因环境问题被搁置。尽管我国"走出去"的产能都是优质产能，如钢铁、水泥、建材、化工等，这些产业也颇受湄公河各国的欢迎，但长期来看仍然潜藏着巨大的合作风险。中国社会科学院发布的《中国海外投资国家风险评级报告（2016）》，对包括湄公河五国的"一带一路"沿线57个国家的投资风险进行了综合评级（评级体系包括经济基础、偿债能力、社会弹性、政治风险、对华关系五大指标），柬埔寨、老挝、缅甸、泰国、越南次区域五国的风险评级均为 BBB，属于中等风险国家，并非高风险国家。但从排名来看，柬埔寨和泰国分列第 31 名和第 32 名，老挝列第 37 名，缅甸和越南分列第 40 名和第 41 名，排名属于中后水平。① 湄公河各国的合作风险问题需引起我国足够的重视。

三　进一步推进我国与湄公河国家产能
合作的总体思路

尽管我国与湄公河国家的产能合作存在许多问题，但现阶段进一步推进与湄公河各国的产能合作对于澜湄合作机制的建设及我国"一带一路"倡议的落实意义重大。当前，我国与湄公河各国的产能合作既要克服现有问

---

① 张明、王永中等：《中国海外投资国家风险评级报告（2016）》，第 23 页，腾讯财经，http://mat1.gtimg.com/finance/cj/touzi2016.pdf。

题，又要寻找新的突破口，以尽快取得实质性合作成效，打造澜沧江-湄公河国家的双赢局面。

（一）尽快建立和完善与湄公河国家的国际产能合作机制

我国提出的国际产能合作离不开政府的主导作用，实际上是遵循"政府搭台、企业唱戏"的推动模式。澜沧江-湄公河次区域国家的产能合作同样需要各国政府提供良好的投资合作环境，给予合作企业在劳务、税收、管理等方面的政策和法律支持，以确保产能合作顺利开展。因而，与湄公河国家的产能合作，首先需要我国政府与各国政府进行友好协商，通过政府协议的方式，确定产能合作的方向和相关优惠政策，以政府信用保障产能合作，提高双方合作的履约效率，减少企业的合作风险。现阶段我国政府应主动出面，尽快与湄公河五国达成双边或多边的产能合作协议，加快实现与各国国家发展战略的对接，加快推动已签署的共同行动计划、重点领域合作谅解备忘录等双边或多边共识尽早落实。

（二）注重与湄公河各国产能合作需求的有效对接

产能合作既离不开政府的推动，也离不开市场的导向作用，必须结合市场需求，注重产业的对接和需求的对接，才能更好地调动各方或双边合作的积极性。首先，我国与湄公河国家的产能合作，要与各国的重大发展战略相对接，如柬埔寨的"四角战略"、老挝的"变陆锁国为陆联国"战略和泰国的"超级产业集群"构想等。柬埔寨以"增长、就业、平等、效率"为核心的"四角战略"，致力于农业生产力的提高和交通基础设施建设，特别重视农业、加工业、基础设施和旅游业的发展；而老挝政府积极推进的"变陆锁国为陆联国"战略，致力于把老挝发展成中南半岛人流、物流的枢纽，尤为重视水电、交通等基础设施建设及民心工程，我国相关优质产能应与这些战略需求进行有效对接。泰国"超级产业集群"构想涉及汽车及配件、电器电子及通信设备、石化及环境友好型化工、数码经济四个"超级产业集群"和农产品加工、纺织服装两个"一般产业集群"及相关的十个重点行业，与我国在汽车、化工、通信和轻纺等领域具有产能合作的空间。其次，我国与湄公河国家的产能合作要满足各国工业发展对产能的市场需求，与各国工业政策相对接，促进各国工业化和城镇化水平的提升。2015 年柬埔寨出台《2015～2025 工业发展计划》，计划到 2025 年使柬埔寨工业由劳动密集型向技术密集型转变。今后柬埔寨政府将重点发展高附加值的新型工业和制造业，包括医药、建材、包装、家具制造、农产品加工、旅游业、纺织业，以及信息、通信、能源、重工业、传统手工业和环保产业等，其中最具发展潜力的是农产品加工业，政府正研究设立农产品加工园区和农产品研发基金，大力鼓励外资投资农产品加工业。2015 年越南政府在全国计划工作会议上指出，今后以推进产业结构升级为重点，加大对电子、油气开采、水泥、机械制造、冶金、石化、交通设施、水利工程等的投资，优先发展电力、电信、煤炭开采、造船、机器制造、钢铁、肥料、化学制品、水泥等产业。最后，我国与湄公河国家的产能合作要注意各国的民生问题，要与民生需求相对接。缅甸正处于民主化转型阶段，大力推进工业发展，积极改善民生问题，对基础设施建设及民生项目有着迫切需求。2015 年 8 月我国在缅甸举办现代农业及新能源技术的专场对接会，缅方对我国的农产品育种、加工技术和化工产品、高温热泵烘干机组、小型分布式光伏发电系统、太阳能水泵、太阳能路灯、太阳能水产养殖等技术产品表现出极大的合作兴趣。此外，湄公河五国因经济发展水平不同，开展产能合作的需求并不一样，应根据各国的发展实际，区别对待。泰国工业化水平与我国相当，制造业水平甚至略高于我国，较难接受我国轻工纺织类的劳动密集型产业，在装备制造领域与我国仍有合作空间，如交通基础设施建设、新能源、农产品加工等；而柬埔寨、老挝、缅甸和越南还处于劳动密集型产业发展阶段，尤其是柬老缅三国处于工业化初期阶段，仍存在对轻工纺织等劳动密集型产业的合作需求。

（三）充分利用境外经济合作区、跨境经济合作区等平台

境外经济合作区、跨境经济合作区作为产业集聚区，是推动我国企业

"走出去"和转移富余优质产能的重要平台。我国已与湄公河国家合作设立了多个境外经济合作区，例如，柬埔寨的西哈努克港经济特区、泰中罗勇工业园区、越南龙江工业园区、越南中国经贸合作区、中国－老挝万象赛色塔综合开发区等，这些经济合作区正逐渐发展成为带动我国钢铁、建材、轻纺、家电、化工、机械装备等优质产能走向湄公河各国的重要依托。2015年12月，中国中信企业联合体中标缅甸皎漂经济特区的工业园和深水港的开发建设权，纺织服装业、建材加工业、食品加工业等是规划入园的主要产业，该项目不仅可以带动我国纺织、建材、食品加工等相关产业"走出去"，还可以带动相关装备制造产品的出口，促进中缅之间的产能合作。同时，我国分别与老挝、缅甸、越南三国推动建立三个跨境经济区，分别是中老磨憨－磨丁经济合作区、中缅瑞丽－木姐经济合作区及中越河口－老街经济合作区。其中，中老跨境经济合作区已上升到双方的国家决策层面，2015年8月中老两国正式签署《中国老挝磨憨－磨丁经济合作区建设共同总体方案》，决定在中国云南省和老挝南塔省的边境接壤地区建设和发展"中国老挝磨憨－磨丁经济合作区"；中越河口－老街经济合作区建设共同总体方案编制工作也开始启动。这些跨境经济合作区所拥有的特殊的产业政策、财税政策、投资贸易政策可为双边产能合作创造良好的环境和条件。此外，在"澜湄合作"框架下，我国还可以积极推动澜湄次区域产能合作区的建设，与湄公河国家共商共建一批新的经济合作区、产业园区、科技园区等，以这些平台为载体，加强与湄公河国家的产能合作，将其建设成为澜湄次区域产能合作的基地和示范区，打造成次区域产能合作的新样板。

（四）在交通基础设施领域确定一批早期收获项目

湄公河五国都处于工业化和城镇化的发展时期，对于加强基础设施建设、推进地区互联互通具有迫切需求。互联互通和基础设施建设应是澜沧江－湄公河次区域国际产能合作的重点，可以在该领域确定一批具有较强示范性和辐射带动作用的项目，作为次区域国际产能合作的早期收获项目，着力推进，率先取得实效，不断完善澜沧江－湄公河次区域的基础设施建设。

可以将中老铁路、中泰铁路、中缅陆水联运等分别纳入中老、中泰、中缅基础设施领域的早期收获项目，加快推进，率先取得合作成效，以对其他领域的产能合作形成示范带动效应。当前，柬埔寨政府表示大力支持中国路桥工程有限公司以 BOT 方式投资建设金边至西哈努克港的高速公路，也可以将该高速公路项目作为中柬产能合作的早期收获项目加以推进。通过设立湄公河国家基础设施投融资平台，采用中资公司以美元和人民币投资、湄公河国家授权企业以资源入股的形式，形成优势互补，把相对高收益的资源产业开发与低收益的基础设施建设结合起来，解决基础设施项目建设周期长、回报低、融资难的问题，从而促进我国与湄公河国家的产能合作。

（五）创新国际产能合作模式，尝试"建营一体化"新模式

我国企业与湄公河国家在能源、交通等基础设施建设的主要合作方式是施工总承包，这样不仅不能全面满足各国市场的需求，也使自己居于基础设施和产能合作价值链的低端，获利甚微。今后我国与湄公河国家的产能合作，特别是基础设施领域的合作，应充分发挥资金、技术优势，积极探索投资、建设和运营相结合的"建营一体化"合作新模式，将以工程建设为主体的对外工程承包业务链前伸后延，提升我国企业在湄公河国家基础设施产业分工体系中的地位，进而在价值链体系中实现从"汗水建造"向"智慧创造"的转变。

（六）设立多边或双边的产能合作基金，为合作项目提供资金保障

为实质推进澜沧江－湄公河次区域的产能合作，我国政府可谓不遗余力。在澜湄合作机制第一次领导人会议上，李克强总理提出设立 100 亿元人民币优惠贷款和 100 亿美元的信贷额度（即 50 亿美元的优惠出口买方信贷和 50 亿美元的产能合作专项贷款），专门用于支持湄公河国家基础设施建设和产能合作项目；并表示将推动亚投行、丝路基金等平台，积极支持湄公河地区基础设施等领域的合作开发，扩大与湄公河国家产能合作的规模和水平。可以将上述资金及相关支持进行有效整合，在次区域层面设立产能合作

专项基金，也可以在国与国之间建立双边层面的产能合作基金，如中老产能合作基金等，给予澜湄次区域产能合作项目专门支持。

（七）深入研究湄公河国家的产能合作环境

针对我国与湄公河国家产能合作的问题，动员相关智库力量加强对国际产能合作的科学研究，加强对湄公河各国的产业结构、产业发展及相关产业的政策法律法规等合作基础和合作环境的研究，有针对性地分析我国富余优质产能与湄公河国家产能需求的匹配程度，深入开展与湄公河各国产能合作经验教训的研究，为进一步推进我国与湄公河国家的产能合作提供好的政策建议和为我国"走出去"企业提供科学决策依据。同时，加强对湄公河国家世情、国情、社情、民情等的研究，科学评估湄公河国家投资风险，为企业选择产能合作项目提供帮助和指导，以应对和降低国际产能合作可能出现的各种风险。

（八）充分汲取发达国家在国际产能合作中的经验教训

发达国家开展国际产能合作已逾数十载，已积累了丰富的经验。一些发达国家既重视跨国产能的合作，又重视国内核心竞争力的培育；既通过产能合作扩展了国际市场，又在本国培育了产业和技术方面的核心竞争力，实现了国际国内市场效率的双丰收，提升了本国的国际影响力。德国大众汽车公司在我国的生产目的就是尽可能地占领我国市场，我国的大众汽车系列产品是其全球战略的一部分，各类产品不会返销欧洲市场，也不会销往美国市场，更不会冲击其总体全球战略。当然，也有一些发达国家过分重视产能合作的推动和市场的扩张，对本国核心竞争力的培育不足而导致核心竞争力流失和国内产业空心化。我国与湄公河国家的产能合作要充分汲取发达国家的经验教训，避免核心技术和高端产能的合作，以免未来遭遇国内产业与湄公河国家产业激烈竞争的局面，应张弛有度、科学有序地推进我国与湄公河国家的产能合作。

B.4

澜湄合作机制下的国际减贫合作*

罗圣荣　叶国华**

摘　要： 减贫问题是澜湄各国最为关切的焦点之一，也是澜湄合作机制下各国重点合作的优先方向之一。在澜湄合作机制下开展国际减贫合作，要在深入了解区域贫困现状和国际减贫合作存在的问题的基础上，建立和完善国际减贫合作机制，强化参与国、国际机构和相关大国之间的政策协调，拓宽融资渠道，推动减贫工作有效开展，目标是共同消除贫困，为区域可持续发展和世界减贫事业做出积极贡献。

关键词： 澜湄合作机制　国际减贫合作

　　澜沧江－湄公河地区资源丰富，为亚洲乃至全球最具发展潜力的地区之一。但由于历史和社会等多方面的原因，经济发展水平不平衡，工业化信息化水平较低，各国以合作促发展意愿强烈。20世纪90年代以来，澜湄流域区域合作机制逐渐多元化，目前已有澜沧江－湄公河次区域经济合作、东盟－湄公河流域开发合作、湄公河委员会等合作机制。其中，中国一直积极参与和大力推进的"澜沧江－湄公河次区域经济合作"，对促进次区域经济和社会发展起到了积极的作用。多边合作机制建设是一项系统、复杂的工

---

* 本文为2016年中国－东盟思想库网络（NACT）研究项目"澜湄合作机制下推进澜沧江－湄公河次区域国际减贫合作研究"的阶段性研究成果。
** 罗圣荣，云南大学周边外交研究中心副研究员，博士；叶国华，云南大学国际关系研究院2015级硕士研究生，曲靖师范学院助教。

程，需要协调各方意见，达成一致才行动，因此一些多边机制往往程序繁杂、进展缓慢。2014 年 11 月，在第 17 次中国 - 东盟领导人会议上，中国倡导建立澜沧江 - 湄公河合作机制；2015 年 11 月六国外长齐聚云南景洪正式启动澜湄合作。从倡议到筹建仅用了一年多时间，彰显出各方紧迫的合作愿望和高效的行动协调。2015 年 11 月，澜湄合作首次外长会议发表了《澜湄合作概念文件》和《联合新闻公报》，宣布启动澜湄合作进程。各方就澜湄合作未来方向和机制架构等达成广泛共识，把政治安全、经济和可持续发展、社会人文确立为重点合作领域，优先开展互联互通、产能合作、跨境经济、水资源、农业和减贫合作。经济落后、贫困问题突出一直是阻碍澜湄地区加强区域合作的最大问题，其中柬埔寨、老挝、缅甸目前仍是世界上最不发达国家。减贫工作直接惠及民生问题，政治敏感度低，如何有效缓解贫困问题是澜湄地区六国普遍关心和迫切需要解决的问题之一，也是最容易取得合作成果的优先领域。因此，当前形势下，在澜湄合作机制下开展国际减贫开发合作，具有十分重要的现实意义。

一　澜湄地区贫困问题的现状

贫困作为一种社会状态，有着不同的衡量指标，贫困的标准和尺度是一个动态和历史发展的过程，因民族文化的不同而有着很大的差异。联合国可持续发展委员会（UNCSD）把贫困指标以"驱动力—状态—响应"为框架分成三部分。驱动力主要是指失业率，状态指标指贫困指数、收入不均的基尼系数和贫困差距指数等，响应指标没有给出具体的内容。

（一）澜湄合作国家贫困指数、人均国民收入和贫困差距指数

贫困指数是一个国家中，处于贫困线以下的人口占全国总人口的比例。贫困指数越大，说明贫困问题越严重，对应的贫困人口也就越多，反之亦然。澜湄合作国家贫困指数见表1。

表 1　澜湄合作国家贫困指数统计

国家	2010 年	2011 年	2012 年	2013 年	2014 年	2015 年
中国	3.8	10.2	10.2	8.5	—	8.5
越南	14.5	12.6	11.1	9.8	13.5	9.8
泰国	7.8	13.2	13.2	12.6	10.5	12.6
老挝	27.6	27.6	26	23.2	—	23.2
柬埔寨	30.1	30.1	25.9	18.9	—	18.9
缅甸	25.6	25.6	25.6	25.6	—	25.6

数据来源：根据 ADB 数据整理，http：//www. adb. org/countries/。

人均国民收入是指一个国家按人口平均的国民收入占有量，统计时间通常为一年，在一定程度上反映了一个国家的经济发展水平和人民的富裕程度。澜湄合作国家人均国民收入情况见表 2。

表 2　澜湄合作国家人均国民收入统计

单位：美元

国家	2009 年	2010 年	2011 年	2012 年	2013 年
中国	3650	4270	4940	5720	6560
越南	1000	1160	1270	1550	1740
泰国	3760	4150	4440	5210	5340
老挝	880	1040	1130	1270	1450
柬埔寨	650	750	820	880	950
缅甸	—	—	—	—	—

数据来源："Basic statistics 2010 – 2015"，ADB，http：//www. adb. org/publications/series/basic – statistics。

贫困差距指数是指贫困人口实际收入与国家贫困线的比例，比例越大说明该国的贫困差距越大，贫困人口就越多。世界银行通常按照每人每天收入 1.25 美元和 2 美元两个标准来衡量。本文以 1.25 美元的标准进行统计，澜湄合作国家贫困差距指数详见表 3。

表3　澜湄合作国家贫困差距指数统计

年份	项目	中国	越南	泰国	老挝	柬埔寨	缅甸
2005	1.25 美元/天人口占总人口比例	15.9	21.5	<2.0	44	25.8	—
	1.25 美元/天人口占贫困总人口比例	4.0	4.6	<0.5	12.1	6.1	—
2008	1.25 美元/天人口占总人口比例	15.9	13.1	<2.0	33.9	28.3	—
	1.25 美元/天人口占贫困总人口比例	4.0	2.3	<0.5	0.9	6.1	—
2010	1.25 美元/天人口占总人口比例	11.8	16.9	0.4	33.9	18.6	—
	1.25 美元/天人口占贫困总人口比例	2.8	3.8	0.0	9.0	3.5	—
2012	1.25 美元/天人口占总人口比例	6.3	2.4	0.3	30.3	10.1	—
	1.25 美元/天人口占贫困总人口比例	1.3	0.6	0.0	7.7	1.4	—

数据来源："Basic statistics 2010 – 2015", ADB, http://www.adb.org/publications/series/basic-statistics。缅甸无贫困差距统计数据。

从以上三组统计数据可以看出，不论是贫困指数，还是人均国民收入和贫困差距指数，缅甸、老挝、柬埔寨贫困程度明显均比较严重。从区域国家对比看，越南经过革新开放以来，经济长期保持较快发展，减贫措施得力，效果明显。泰国和中国从人均国民收入看，已经进入中等收入国家行列，但由于区域发展不平衡，贫困人口基数仍然较大。

（二）澜湄合作国家失业率

按照联合国可持续发展委员会的定义，劳动力人口又称经济活力人口，是社会失业人口和适龄就业人口的总和；而失业率则是失业人口占经济活力人口的比例。这里统计的总劳动力人口是指 15 ~ 64 岁的人口，失业率是总劳动力人口中未就业的人数比例。失业率是资本市场的重要指标，与经济增长率具有反向的对应变动关系，失业率增加是经济疲软的信号。澜湄合作国家人口和经济活力人口情况见表4，澜湄合作国家失业率见表5。

表4　澜湄合作国家人口和经济活力人口统计

年份	项目	中国	越南	泰国	老挝	柬埔寨	缅甸
2009	总人口（百万）	1334.74	87.71	66.88	6.13	15	58.84
	经济活力人口比例(%)	39	47	41	70	58	48
2010	总人口（百万）	1334.74	87.71	66.88	6.13	15	58.84
	经济活力人口比例(%)	38	42	42	62	56	44

续表

年份	项目	中国	越南	泰国	老挝	柬埔寨	缅甸
2011	总人口（百万）	1347.35	87.84	67.6	6.38	14.52	60.62
	经济活力人口比例（%）	38	41	41	60	54	44
2012	总人口（百万）	1354.04	88.78	67.04	6.52	14.74	61.12
	经济活力人口比例（%）	36	42	39	65	57	44
2013	总人口（百万）	1360.72	89.71	64.62	6.66	14.68	61.65
	经济活力人口比例（%）	37	41	39	64	57	43
2014	总人口（百万）	1367.82	90.73	67	6.77	15.18	51.42
	经济活力人口比例（%）	—					

数据来源："Basic statistics 2010 – 2015"，ADB，http：//www.adb.org/publications/series/basic-statistics。

表5 澜湄合作国家失业率统计

单位：%

国家	2007年	2008年	2009年	2011年	2012年
中国	27.5	29	—	—	32.1
越南	29	30.6	30.1	24.2	24.5
泰国	28	28.5	27.3	28.4	28.6
老挝	21.8	22.3	7.2	34.3	34.3
柬埔寨	21.1	25.4	35.2	12.7	15.9
缅甸	—	—	—	—	—

数据来源："Basic statistics 2010 – 2015"，ADB，http：//www.adb.org/publications/series/basic-statistics。

（三）澜湄合作国家基尼系数

基尼系数是指在全部居民收入中，用于进行不平均分配的那部分收入所占的比例。国际上通常把0.4作为贫富差距的警戒线，大于这一数值容易出现社会动荡。基尼系数越小则收入分配越平均，反之则越不平均。① 澜湄合作国家基尼系数见表6。

---

① 《基尼指数》，中国价值百科，2012年9月6日，http：//www.chinavalue.net/wiki/showcontent.aspx? titleid = 178011。

表6　澜湄合作国家基尼系数统计

国家	2010 年	2011 年	2012 年	2013 年	2014 年	2015 年
中国	0.421	0.477	0.474	0.473	0.469	0.462
越南	0.427	—	0.387	0.356	—	—
泰国	0.394	0.375	0.393	0.394	—	—
老挝	—	—	0.379	0.367	—	—
柬埔寨	0.3355	0.317	0.308	0.36	—	—
缅甸	—	—	—	—	—	—

资料来源："The Human Development Report Office as of 15 November, 2013", World Bank, http：//databank. worldbank. org/data/reports. aspx？source = poverty-and-equity-database。

二　澜湄地区开展的国际减贫活动

二战结束以来，澜湄地区一直是国际社会开展减贫工作的重点区域，不仅域外国家如日本、美国、韩国等国家纷纷对澜湄地区施以援手，一些国际组织如世界银行、联合国、亚洲开发银行等也以多种形式，为澜湄地区应对贫困问题付出了诸多的努力，取得了不同程度的效果。

（一）域外国家在澜湄地区开展的国际减贫活动

1. 日本

二战以来，日本已经成为湄公河地区最大的援助国和投资国，主要形式有官方发展援助（ODA）、大湄公河次区域经济合作、联合国经济合作等。早在1993年，日本首相宫泽喜一在曼谷提出针对柬老越三国的"共同合作式援助"，举办印度支那综合开发论坛（FCDI）。在此期间，越南和柬埔寨成为日本援助的重点对象国。1996年，日本设立"大湄公河开发计划协会"，专门制定和实施区域开发战略。2003年12月，日本与东盟10国领导人发表了《东京宣言》《日本－东盟行动计划》《湄公河地区开发的新观点》，承诺3年内提供15亿美元用于湄公河地区的开发和基础设施建设，扩展援助领域、充实援助内容。2004年，日本成立了"柬、老、越、缅四国产业合作援助研究会"（CLMV），按照各国国情制定了详细的援助计划，加快"东西走廊建设"。2008年举办"日本-湄公河国家外长会议"，承诺首批支付2000万美元建设东西走廊物联网。2009年11月，第一届"日本与湄公河流域国家各国首脑会议"在东京举办，发表了《东京宣言》和"63个项目的行动计划"，日本承诺出资50亿美元用于湄公河流域开发，3年内向GMS五国提供5000亿日元的官方发展援助。作为亚洲开发银行的最大出资国，日本还最大限度地利用亚洲开发银行的日本特别基金积极参与GMS合作，把经济合作旗舰项目作为日本援助湄公河地区的重心。[①]

2. 美国

随着美国"重返东南亚政策"的推进，美国和东盟于2009年召开"美国-湄公河下游部长会议"，紧接着国务卿希拉里在泰国会见越、老、柬、泰四国外长时提出"湄公河倡议"，并从2009年预算中专门拨款1.61亿美元用于湄公河流域开发，其中700万美元用于环保项目，1.38亿美元用于健康项目，1600万美元用于教育合作。美国总统奥巴马2010年9月在联合国千年发展目标会议上提出新的"全球发展战略"，呼吁各国改变以往只出钱或提供救助物资的做法，而是协助受援国实现经济增长，提高受援国自我发展能力，以新的手段推动全球除贫。此后，美国一直加大对湄公河地区的官方援助和投资。2016年2月，在美国加州安纳伯格庄园举行的东盟领导人峰会，加强了美国与东盟的战略伙伴关系，推动扩大双方经济交往议程，在东盟框架下美国进一步强化了同区域各国的合作。

3. 韩国

2009年，韩国加入对外援助俱乐部（Development Assistance Committee, DAC），并于2010年制定了《国际发展合作框架法》，根据国际社会对外援助及本国国情制定了为期五年的国际合作发展战略计划，韩国把自身的发展经验融入对外援助中，以帮助发展中国家实现经济和社会发展。援助主要集中在韩国的优势领域，如教育、卫生、通信等。在援助过程中，韩国以商业

---

① 赵姝岚：《日本对大湄公河次区域（GMS）五国援助评述》，《东南亚纵横》2012年第12期。

开发为主，通过企业、非政府组织在柬埔寨、越南和老挝开展卫生和教育项目的援助，重视与非政府组织、商业组织和学术机构的联系，组织志愿者和大学生到受援国参加调研和社会志愿服务。

日、美、韩三国对澜湄合作国家开展的双边援助净流量见表7。

表 7　日、美、韩三国对澜湄合作国家开展的双边援助净流量统计

单位：百万美元

受助国	捐助国	2006 年	2007 年	2008 年	2009 年	2010 年	2011 年	2012 年	2013 年	合计
老挝	日本	64.05	81.46	66.29	92.36	121.45	48.51	88.43	75.96	638.51
	韩国	13.55	17.9	11.57	25.14	27.75	33.48	23.52	27.07	179.98
	美国	4.27	1.4	3.15	7.44	12.84	11.67	8.65	9.41	58.83
中国	日本	561.08	435.66	278.25	141.96	−192.66	−481.32	−838.37	−792.64	−888.04
	韩国	10.15	6.31	15.69	0.63	3.09	−1.02	−1.61	−14.41	18.83
	美国	18.87	40.8	65.22	52.88	86.46	58.21	48.2	41.8	412.44
缅甸	日本	30.84	30.52	42.48	48.28	46.83	42.5	92.78	2528.32	2862.55
	韩国	8.53	0.5	4.37	1.95	3.25	4.81	6.04	11.72	41.17
	美国	10.94	15.35	71.59	35.22	31.28	29.04	33.05	81.20	307.67
越南	日本	562.73	640.04	619.04	1191.36	807.81	1013.05	1646.71	1306.89	7787.63
	韩国	10.08	24.67	53.22	57.53	96.04	139.49	200.32	234.56	815.91
	美国	45.23	40.58	62.63	78.14	93.05	92.73	83.88	107.65	603.89
泰国	日本	−453.51	−477.35	−748.48	−150.31	−143.54	−184.01	−242.51	−193.05	−2592.76
	韩国	2.22	2.15	1.85	2.32	2.49	4.47	2.89	3.34	21.73
	美国	24.97	44.53	39.56	23.6	47.15	16.35	53.19	56.84	306.19
柬埔寨	日本	106.25	113.56	114.77	127.49	147.46	130.93	182.44	141.49	1064.39
	韩国	13.83	35.28	34.66	17.05	37.33	62.23	56.15	60.54	317.07
	美国	57.87	87.22	69.78	68.56	84.7	73.78	87.48	76.92	606.31

资料来源：世界银行，http：//databank.shihang.org/data/reports.aspx? source = 2&country = LAO&series = &period = #，update to 2016 − 2 − 27。

（三）国际组织在澜湄地区开展的减贫工作

1. 世界银行

世界银行是全球最大的多边开发机构，下设 5 个成员组织：国际复兴开发银行（IBRD）、国际开发协会（IDA）、国际金融公司（IFC）、多边投资担

保机构（MIGA）和解决投资争端国际中心（ICSID）。世界银行的宗旨是通过担保或供给会员国长期贷款，促进会员国资源的开发和国民经济的发展，促进国际贸易长期均衡增长及维持国际收支平衡，"在一代人时间内终结极度贫困、促进共享繁荣"，最终实现"没有贫困的世界"。① 世界银行全部工作都是围绕这两大目标开展的：可持续地消除极端贫困——2030 年前将全球极端贫困人口降至 3%——促进共享繁荣——提高各国收入最低 40% 人口的收入。在 2015/2016 财年，世界银行在亚太地区批准了 57 个项目，共计 63 亿美元，其中 IBRD 贷款 45 亿美元，IDA 承诺资金 18 亿美元（见表 8）。IBRD 承诺向中国借款 18.22 亿美元，IDA 承诺向越南和缅甸分别借款 7.84 亿美元和 7 亿美元。通过世界银行的借款，越南十年城市升级项目改善了 750 万人的生活，包括生活在芹苴、海防、胡志明市和南定省 200 个低收入社区的 200 万人的生活，更好地连接了排水与污水管道，并改善了道路、下水道、湖泊和桥梁，帮助受影响的社区设计并实施地方项目；2006～2014 年，越南北部与中部超过 3200 公里的农村公路得以修建，生活在全天候公里 2 公里以内的人口比例由 76% 提高至 87%。缅甸实施的农业、水利、交通和灾害风险管理的 1 亿美元项目将使数百万依靠伊洛瓦底江生存的穷人受益。不仅如此，缅甸与世界银行共同制定了 2015～2017 年新的国家伙伴框架，根据这一战略，IDA 提供 16 亿美元优惠贷款和技术援助，IFC 提供 10 亿美元投资与 2000 万美元技术援助（见表 9），MIGA 为缅甸私营贷款与投资者提供了政治风险保障。30 多年来，中国利用世界银行贷款承诺额超过 498.09 亿美元，建设了 425 个项目。② 贷款规模在世界银行成员国中位居前列，覆盖了几乎所有省、自治区和直辖市，同时对中国的减贫事业提供了技术和设备支持，有效地促进了经济发展。中国和越南的减贫成效也被世界银行称为减贫典范。可以说，世界银行对包括澜沧江流域各国在内的世界减贫事业做出了积极贡献。但世界银行的管理由西方发达国家主导，在政策制定过程中发展中国家表决权有限，在消

---

① 世界银行中文网：http：//www.shihang.org/zh/about。
② 杨小玄：《我国利用世界银行贷款现状分析及对策研究》，《河南科技学院学报》2012 年第 5 期。

除世界贫困方面有不足之处，随着世界银行改革的推进，世界银行对非经济领域的介入有加深之势，存在着政治化倾向。

表8　2006～2016年IBRD和IDA对澜湄合作国家开展的工程项目及资金投入统计

单位：百万美元

国家	项目数（个）	承诺额	总金额
中国	108	10587.88	10432.13
越南	48	8549.72	8141.69
缅甸	9	1461.5	1062
柬埔寨	9	268.01	245.91
老挝	17	370.7	299.7
泰国	—	—	—
合计	191	21237.81	20181.43

注：统计截至2016年5月31日。

资料来源：世界银行，http：//maps. worldbank. org/p2e/mcmap/map. html？ code = EAP&level = region&indicatorcode = 0553&title = East% 20Asia% 20And% 20Pacific&org = ibrd。

表9　2000～2015年IFC对澜湄合作国家开展的项目数统计

单位：个

国家	中国	越南	缅甸	柬埔寨	老挝	泰国	合计
项目数	111	27	7	13	9	10	177

资料来源：世界银行，http：//maps. worldbank. org/p2e/mcmap/map. html？ code = CEA&level = region&indicatorcode = 0601&title = East% 20Asia% 20and% 20the% 20Pacific&org = ifc。

2. 联合国系统

联合国系统包括联合国自身以及被称为方案、基金和专门机构的多个附属组织。联合国各方案和基金通过自愿捐助而非分摊会费获得资金。各专门机构是独立的国际组织，并通过自愿捐助和分摊会费获得资金。这些方案和机构主要包括联合国开发计划署、联合国儿童基金会、世界粮食计划署、联合国妇女署、联合国人居署、联合国环境规划署等，与世界各个国家和地区直接开展工作，在维护国际和平与安全、促进可持续发展、保护人权、维护国际法和进行人道主义援助等国际议题方面扮演着不可替代的角色。2000

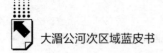

年以来，在联合国的推动下，有着八项核心目标的千年发展目标已经多数实现，被认为是历史上最成功的反贫推动力，改善了数十亿人的生活。随着千年发展目标 2015 目标年的结束，联合国计划在此倡议基础上继续 2015 年后发展议程，并把消除贫困和饥饿、促进经济增长、不断增加居民收入和提高居民生活水平作为重点领域和优先发展方向之一。①

3. 亚洲开发银行

亚洲开发银行作为亚洲和太平洋地区的区域性多边开发机构，旨在通过发展援助帮助亚太地区发展中国家消除贫困，促进本地区经济和社会发展，以实现"没有贫困的亚太地区"的目标。亚洲开发银行主要通过提供贷款、股本投资、联合融资担保、技术援助等多种形式支持成员国在能源、教育卫生、环境保护等领域的基础设施建设。② 1992 年，在亚洲开发银行的倡议和牵头下，大湄公河次区域六国共同发起了大湄公河次区域经济合作。③ 在减贫目标下优先发展重要的公共服务项目。④ 仅在 1992～2011 年的 20 年间，亚洲开发银行次区域总投资达到 140.56 亿美元，其中越南、老挝、柬埔寨和中国承担了 81 个项目的建设。通过这些项目的建设，形成了以中国昆明—泰国曼谷、中国昆明—越南河内、中国昆明—越南海防构成的南北经济走廊和以越南岘港—缅甸毛淡棉构成的东西经济走廊。⑤ 截至 2013 年年底，大湄公河次区域计划投资项目已动员 166 亿美元投资和 3.3080 亿美元技术援助，其中亚洲开发银行支持 60 亿美元的投资和 1.1510 亿美元的技术援助，重点投资项目包括农业、能源、环境保护、人力资源开发、交通运输、旅游和贸易。⑥ 可以说，在 GMS 合作进程中，亚洲开发银行既是出资方和融资方，又是协调人，同时作为中介和诚实的经纪人促使项目的参与国聚集

---

① http://www.un.org/zh/sections/about-un/overview/index.html.
② 亚洲开发银行官网：http://www.adb.org/about/our-work/。
③ 大湄公河次区域经济合作网站：http://www.adb.org/GMS/。
④ 付瑞红：《亚洲开发银行与大湄公河次区域经济合作》，《东南亚研究》2009 年第 3 期。
⑤ 刘闯、王晋年、曾澜：《大湄公河次区域经济合作框架下二十年投资及其地域分异研究》，《世界地理研究》2009 年第 3 期。
⑥ 亚洲开发银行官网：http://www.adb.org/countries/gms/sector-activities。

在一起并就关键问题达成协议。① GMS 在加快区域经济发展、消除贫困和改善民生等方面起到了显著作用，成为发展中国家经济整合和转型最成功的范例之一。虽然基础设施建设进展缓慢，但亚洲开发银行的工作毕竟为该次区域内的所有国家提供了一个较好的心理预期和现实手段。

三 澜湄次区域国际减贫合作存在的问题

外援是促进经济发展、减少贫困的有利外部条件，而国内改革、对外开放则是发展变化的根本内部原因。尽管澜湄地区的国际扶贫合作取得了一定成绩，但贫困问题仍然突出。究其原因，除了澜湄地区本身经济基础薄弱外，各种合作机制在本地区的相互竞争、域外大国在本地区的角力、各国政局复杂、项目合作面临环评压力以及合作缺乏系统规划和评估等因素也影响着澜湄次区域国际减贫合作的开展。

（一）多重机制相互竞争

大湄公河次区域优越的地缘优势和经济合作的开放性，加之人口和资源的独特优势，使该地区成为亚洲多种合作机制交叉重叠的热点地区，在次区域存在着湄公河委员会、东盟自由贸易区、中国－东盟自由贸易区、东盟与中日韩（10＋3）、东盟－湄公河流域开发合作、中老缅泰"黄金四角"、横河－湄公河合作、孟中印缅合作、中国－东盟合作等多种机制。贫困是一个复杂而多维的现象，常常是多种导致被剥夺感的因素叠加的结果。② 各种机制并存的状况客观上对参与国家本身的发展提供了便利条件和优势，但同时也存在各种机制的不同利益取向，在一定程度上会对普通民众造成剥离感，影响减贫合作的成效。

---

① ADB's Role in Regional Cooperation，http：//www. adb. rog/GMS/Program/adbs-role. asp.
② 彼得·乔德里（Peter Chaudhry）：《少数民族发展》，《2012 年"减贫与发展高层论坛——包容性发展与减贫"背景报告》之一，http：//www. iprcc. org. cn/Home/Index/skip/cid/2450. html。

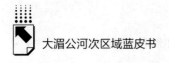

（二）域外大国的角力与竞争

由于区域发展潜力极大，各大国出于政治、经济、外交、军事的需要，争相将区域各国变成其外交的重要经营区和角力场，尤其是出于防范和遏制中国的"冷战思维"的现实需要，美国、日本等国相继推出了"亚太再平衡""价值观外交"等战略，提升了对外援助和经济合作水平。而对外援助作为国家海外利益的延伸，既是"国内政治的拓展"，又是"国家推行其外交政策的工具"[①]。区域各国在与中国加强减贫合作的过程中，难免会受到相关大国的干扰和利益诱惑。

（三）各国政治转型带来的困扰

贫困不仅是经济概念，更是一种权利关系的反映。其实质是一种权利和能力的贫困，很大程度上是基本能力缺失造成的。试图改变贫困和不平等现状的策略必须要考虑到权力关系和权利行使的需要。在政治转型的过程中，湄公河五国的政治现代化也面临着挑战。越南和老挝作为共产党执政的社会主义国家，长期存在着被和平演变的风险。最早实现民主化的泰国却陷入了政治转型的困境，自 2006 年 9 月以来泰国已发生了 3 次军人政变。在柬埔寨 2013 年的大选中，救国党异军突起，对人民党构成了严重威胁，不排除 2018 年以后柬埔寨出现政党轮替的可能。以昂山素季为首的民盟于 2016 年 3 月上台组建新一届政府，但缅甸的民主政体管理能力还比较低，未来走向还有待观察。[②]

（四）项目合作面临环境压力

贫困是一种状态，也是一种环境。[③] 在推进减贫合作和经济开发的同时，次区域地区也面临着日益严重的土地污染、土壤退化、生物多样性减少

---

① 周弘：《对外援助与国际关系》，中国社会科学出版社，2002，第 151 页。
② 李晨阳：《澜沧江－湄公河合作：机遇、挑战与对策》，《学术观察》2016 年第 1 期。
③ 周民良：《贫困、环境与可持续发展》，《中国地质大学学报》（社会科学版）2007 年第 5 期。

和自然资源消耗等环境压力，对依赖自然资源生存的地区而言，将增加贫困和农村人口在面对自然灾害、食物匮乏和社会分裂等危险时候的脆弱性，可持续发展问题也成为各国关注的重点。比如在缅甸大选前，中国在缅甸投资被指是"与军政府单方面签订合同""不透明""不公开"，以及"损害缅甸人民的利益"。[①] 在缅甸国内外势力不断炒作污染问题的背景下，中国在缅甸的三大标志性项目中的密松电站项目和莱比塘铜矿项目相继被叫停，硕果仅存的中缅油气管道，也备受一些 NGO 的指责，声称管道引发强制拆迁、破坏环境及侵犯人权等问题。[②]

（五）合作缺乏系统规划和评估

不论是西方发达国家对区域各国的发展援助，还是国际机构和各国自身的努力，相互之间缺乏配套的相关政策和制度，难免造成资源的相对浪费，缺乏效率。关于区域减贫的合作仅限于能源、基建、农业和经济领域，没有专门的合作机制和评估体系，更多的是国家之间的双向援助，没有形成专门的区域减贫合作制度。

（六）湄公河流域国家对于澜湄合作机制的认可和接受程度低

在过去的合作中，湄公河流域国家已经表现出既不希望全面倒向中国，又对西方国家在本地区的活动保持警惕的倾向。一方面，湄公河地区国家一直通过推行"大国平衡"策略获取利益并提高自身地位，通过积极参与各种机制来获得资金和技术的支持。今后，各国必然不会放弃这一策略去全力支持澜湄合作机制的建设。另一方面，次区域国家之间存在着多重矛盾以及利益之争。各参与方不可能同意让渡主权，更不愿意建立强制性的制度安排。[③]

---

① 卢光盛、黄德凯：《如何在缅甸大选之后维护中缅经济合作的势头》，《世界知识》2016 年第 3 期。

② 梁晨、杨祥章：《大湄公河次区域的环境 NGO 及其对我国的影响》，刘稚、卢光盛主编《大湄公河次区域合作的新发展（2012～2013）》，社会科学文献出版社，2013，第 59 页。

③ 毕世鸿：《机制拥堵还是大国协调——区域外大国与湄公河地区开发合作》，《国际安全研究》2013 年第 2 期。

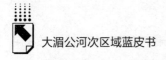

如何增强澜湄减贫合作机制对于下游湄公河国家的吸引力，切实让湄公河国家从合作中得到实惠，这是推进澜湄合作机制面临的一个突出问题。

四 澜湄合作机制下中方推进澜湄地区国际减贫合作的思考

约翰·梅纳德·凯恩斯提出了富裕中的贫困现象：尽管国民和社会在自由放任的资本主义条件下相当富裕，但由于投资不足和消费低迷，社会有效需求不足，就业不充分，经济增长的同时会导致贫困差距的不断扩大。一是会产生新的贫困，二是会加剧原本贫困人口的贫困状况。因此，经济的发展并不能自动解决贫困问题，贫困必须依靠人们的主动力量去解决。[①] 因此，消除贫困是一个长期的系统工程，需要齐心协力、综合治理；在时间上也不是一朝一夕就能达到的，需要参与各方持之以恒的努力。

（一）做好国际减贫合作的顶层设计

1. 合作定位和原则

以澜湄流域贫困人口脱贫为主要目标，将澜湄流域作为一个整体扶贫区域，成立统一的减贫协调机构，把流域开发、利用和改善人民生活结合起来，把生态环境的改善和重建放在重点位置，制定澜湄合作机制下的国际减贫合作的长远规划；根据各国贫困族群和区域，制定操作性强的长期减贫战略，以项目示范为中心，以机构能力建设为基础，以构建资金来源体系多元可持续为保障，提升组织服务和监督能力，消除贫困，缩小区域各国的发展差距，实现区域可持续发展和共同繁荣，为世界减贫事业做出贡献。

在合作原则上，要做到以下几点。第一，要尊重《联合国宪章》和国际法，坚持领土主权和领土完整的原则。"亲仁善邻，国之宝也"，在减贫合作中不能损害各国的核心利益，要尊重各国自身的政治制度和人民生活方

---

① 春花：《老挝经济发展与贫困的关系》，《东方企业文化》2011 年第 2 期。

式，尊重各国在自主发展和减贫方面所做的努力。第二，坚持睦邻友好、平等互利原则。参与合作的各国不论国家大小，经济强弱，都应被视为平等的一员。要在相互帮助的基础之上，推进双边和多边友好合作和互利共赢。第三，坚持协商一致、统筹规划原则。区域减贫涉及的国家众多，内容和范围十分复杂，在合作过程中应该根据事项的轻重缓急、难易程度、合作环境和条件成熟度循序渐进地推进，突出重点、量力而行。第四，坚持以人为本、优势互补、科学为先的原则。各国经济水平和发展差异巨大，都积累了各种经验和优势，在合作中要包容并蓄，积极借鉴国际经验和国际援助，切忌闭门造车；要尊重人民的首创精神，以贫困人民的福祉为出发点；要尊重自然规律、重视科学技术对减贫开发的推动作用，将援助与投资、贸易结合起来。

2. 合作目标

澜湄合作国家可以紧密结合成员国经济社会发展实际，从贫困人群最需要做的事情入手，制订切实可行的区域减贫合作路径和方式，以减贫项目整合资源，以点带面，点面结合，力争使各国贫困人口尽快脱贫。如近期可以在澜湄合作机制下建立和完善减贫合作机制（Poverty Reduction Mechanism），完成区域贫困信息调研，建立信息档案库，建立健全工作机制，建立减贫经验交流、减贫基金、人员培训等平台，成立澜湄减贫合作中心，拟定澜湄减贫合作规划行动纲要，制订相关的规章制度和操作规范，在区域和国际社会开展澜湄减贫合作宣传，确立区域减贫合作的重点地区、重点领域，选定并实施首批减贫合作项目，力争出示范、见成效。在中期，进一步完善相关减贫规章制度和操作规范，完善与国家机构和国际社会的减贫合作路径，确保资金的可持续投入，通过区域减贫开发和合作示范项目，培养本土 NGO、企业、政府等社会力量，力争使区域贫困人口基本脱贫，提高贫困地区和贫困人口的自身可持续发展能力。在远期，力争提前实现联合国 2030 年可持续发展议程，拓展区域公共服务领域，提升公共需求供给水平。作为减贫合作的配套，形成三个国际示范机制：生态环境保护和开发的成熟国际合作机制、运转高效的灾害救援机制、澜沧江－湄公河水资源共享和分配机制；建成中国－东盟合作的国际生态示范区和国际经济新的增长极，形成经济繁荣、政治稳定、社会和谐、民族和睦的"国际范儿"，为世界可持续发展做出应有的贡献。

3. 合作重点与重点合作国别地区、对象

就国别而言，泰国和越南经济发展较快，地理位置优越，贫困程度较低，贫困面相对较小。为了缩小贫富差距，合作重点应该放在缅甸、老挝、柬埔寨、中国云南。从重点扶贫地区来说，各国的边境地区都距离各国经济中心较远，而且地处山区，基础设施落后，民族众多，社会矛盾突出，因此应该把重点放在各国交界的边境结合部，如"四北"地区，即老北、缅北、越北、泰北四地。重点合作领域：一是加强基础设施建设合作，"要致富，先修路"，完善的基础设施建设是减贫工作的前提，可以考虑在贫困地区优先实施水、电、路"三通"。二是推进产业合作，重点开展农业合作，注重农业技术和农业器械的推广运用；大力推进劳动密集型制造业的发展，增加劳动力就业机会；区域民族风情各异，自然和人文资源多样，气候多样，可以规划扶持旅游业的发展。三是重视和加强区域环境监测、保护和治理，减少环境引发的灾害致贫，增强贫困人口和地区应对自然灾害的能力。四是强化制度建设，促进贸易和投资便利化，为跨国劳工和劳务合作提供便利。五是加大减贫资金和政策投入，提升人力资源开发水平。重点合作对象：加强和减贫国际组织、NGO 和各级地方政府的合作，做好政策协调和舆论宣传，提高项目实施的效率。

（二）完善国际减贫合作机制

1. 开展贫困信息调研，交流减贫经验

作为减贫合作的前提，构筑减贫合作平台至关重要。可以先开展贫困信息调研，建立统一的减贫数据库和项目库，找出贫困人口和致贫原因，动态监测贫困状况，仔细甄别扶贫目标群体，综合分析贫困群体的社会经济等状况，并在此基础上制定项目指导手册，规范减贫项目的前期准备工作，为后期用好扶贫资金、科学决策和项目合作打好基础。

区域各国可以立足本国国情，积极学习借鉴世界其他国家和地区减贫经验和措施，积极开展扶贫案例研究，追踪探讨发展和扶贫领域的热点问题，在政策领域形成一种反贫困合作机制。作为澜湄合作的倡导者，中国在减贫方面积累了丰富的经验，在减贫合作过程中，可因地制宜地推介中国减贫经验。加强与当地政府、社区和 NGO 的合作，为中国扶贫经验的植入营造良好的外部环境。在条件成熟的情况下，可以依托中国国际扶贫交流中心成立澜湄减贫论坛，开展扶贫研究和经验交流，贡献减贫领域的"中国智慧"和"中国方案"。

2. 开展减贫项目规划，加强对国际项目的监督和评估

项目作为合作的载体，承载着各方的利益，是各方利益连接的纽带。为此，在项目合作中一是要做好减贫项目的战略性规划，确定可行性和主次性，条件成熟的先走，推进有难度的后做；二是要实现利益的共享性，建立风险补偿机制，做到风险共担、利益共享、均衡发展。

在对外援助管理方面，发达国家越来越注重发展援助政策的制定、执行和产出的评估。[1] 澜湄减贫合作要根据区域现状和特点，积极引进发达国家和国际组织的成功经验，建立统一的减贫项目检测评估体系和情况通报制度。首先，可以引入专业评估机构，制定和完善减贫项目评价标准和指标，评价体系的构建要符合效率性、综合性、动态性、地域性、民族性、人文关怀、可行性等方面的要求，对减贫项目的立项、管理、财务支出、效果等方面实行全过程管理，增强减贫资金的使用效果，提高减贫的工作效率。其次，可以建立减贫合作日常机构，统一协调各国政策，适时处理减贫项目中出现的各种问题。

（三）加强减贫行动与政策的协调

1. 加强与区域内部经济政策领域和区域其他机制的沟通协调

消除贫穷和实现可持续发展需要通过各级政府建立有效机制来促进政策

---

[1]　周强、鲁新：《发达国家官方发展援助新趋势》，《国际经济合作》2011 年第 11 期。

整合。只有加强各方在经济和社会领域的协调，强化同当地政府、社区和民众的合作，才能形成消除贫困的共识。通过减贫目标群众的广泛参与，全程强化贫困人口的主体意识，不断提高贫困人口的自我发展能力。在西南沿边地区，仅靠农业替代种植无法从根本上取代长期以来获利极大的毒品种植，也无法解决一系列社会经济问题。只有通过国际产业合作，开发优势资源，延伸资源开发产业链，提升资源产品的附加值，才能增加这些地区人民的收入，减轻当地的贫困程度。在减贫议题上，启动区域相关法律、法规和政策建设，强化组织建设，启动相关减贫项目计划、设计、科研、评估、实施工作，启动相关的减贫实验项目，在环境保护、民族文化、劳工出入境等各方面采取建设性举措，可以更好地支援和服务于减贫工作。

在澜湄合作区域，已经形成了多层次的合作格局，大致可以分为以下四种类型：（1）国际组织推动的合作，如亚洲开发银行主导的大湄公河次区域合作机制；（2）次区域国家间的合作，如湄公河委员会（MRC）、东盟－湄公河流域开发合作（AMBDC）、中老缅泰毗邻地区黄金四角机制（QEC）；（3）区域外国家主导和参与的合作，如美国的湄公河下游计划等；（4）国际非政府组织参与的合作，如东南亚河流网络。[①] 在减贫议题上，要充分利用现有机制，处理好中国－东盟"10＋1"合作机制、云南－老北合作机制、云南－越北合作机制、云南－泰北合作机制等双边合作机制，在澜湄合作机制下建立和完善减贫相关议题的联系制度，强化协调沟通，提高效率，减少各种机制的相互碰撞和干扰。

2. 加强区域各国在国际政经组织中的协调合作及与相关大国的沟通协调

从维护世界和平、促进发展，到为国际社会提供大量的"公共物品"，以联合国为核心的国际组织网络在国际事务中发挥着不可替代的作用。[②] 但全球性的国际组织几乎都是由西方发达国家建立和主导的，反映了主权国家参与制度创建时的权利关系。区域国家有必要在减贫合作的前提下，强化在

---

① 任娜、郭延军：《大湄公河次区域合作机制：问题与对策》，《区域发展战略》2012 年第 2 期。
② 倪建芳：《中国的减贫经验与全球治理》，首都师范大学硕士学位论文，2008 年。

国际政治经济合作组织中的政策协同合作，比如在联合国、世界贸易组织、国际货币基金组织、世界银行等国际机构开展政治、经济战略合作，争取对区域有利的经济社会发展话语权，从国际机构获取减贫资金和贸易便利。

在澜湄次区域，美日等国相继加大在湄公河次区域的投入，一方面表明了次区域日益成为各国投资的热土，另一方面也有利用次区域国家限制中国发展和制衡中国的考虑。这也导致了相关国家间相互猜忌和各自主导机制下的不良竞争，对区域合作产生了消极影响。而区域五国（越、泰、柬、缅、老）为了使自己的利益最大化，在各大国之间左右逢源；出于对中国崛起的疑虑，也开始相互协调外交战略，强化对中国的防范，增加了减贫合作的政治复杂性。澜湄合作机制本身就是开放和包容的，加强与区域相关大国的沟通协调，有利于以政治互信和经济合作促进减贫工作的开展，增加协调各国外交的机会。

3. 加强人才队伍建设，拓宽资金来源

授人以鱼，不如授人以渔。国际实践表明，培育区域内生发展能力不但需要创造有利于区域参与市场竞争所需要的软硬件环境，而且需要提高区域内居民的素质，促进当地中小企业内生发展，在当地政府引导和支持下，形成创新能力与持续发展的竞争能力。[①] 这就需要在贫困地区建立一支业务熟练、擅长管理的减贫工作队伍和专业人士，培养本土化减贫人才，增强、提高他们的业务能力和水平，确保脱贫区域能够维持长期可持续发展。在人才培养的方式上，可以鼓励和吸收发达国家和国际组织的相关人力资源参与减贫开发，同时也可以根据各国贫困地区的特点有针对性地培养紧缺人才。在国际合作项目中只有注重人力资源开发，鼓励目标人群广泛参与，强化贫困人口的主体意识，才能直接提高贫困人口和贫困社区的自身发展能力。

反贫困作为一项改善低收入群体生活状态的社会政策，离不开一定的经济基础，而扶贫资金的投入，直接决定着反贫困目标的实现程度。[②] 由坦桑

---

① 向延平：《区域协调发展的国际经验及启示》，《宏观经济管理》2013 年第 4 期。
② 白维军：《"金砖国家"反贫困合作机制研究》，《经济体制改革》2013 年第 1 期。

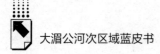
尼亚前总统尼雷尔任主席的专门研究南方发展问题的南方委员会在 1990 年发布的《对南方的挑战》报告中指出，"资金资源被证明是整个南南合作范围内最关键的短缺环节"。由于区域长期贫困落后，基础设施落后，资金短缺是一个长期存在的突出问题。而主要国际机构均把减贫作为优先工作重点，可以争取的资源比较充足，比如世界银行、亚洲开发银行等每年都有相应的减贫项目。在澜湄减贫合作中，区域各国财力的增长还难以满足贫困地区对资金的需求，可以认真研究贫困地区的项目需求和国际机构贷款政策，寻找合作基本点，充分研究对方的长期、中期和短期利益，积极争取世界银行、亚洲开发银行、亚投行等国际金融机构的资金支持和国家援助，实现扶贫资金渠道的多元化。

B.5
大湄公河次区域自然资本的利用现状与前景分析[*]

陈松涛^{**}

摘　要：　自然资本是人类生存与发展的基础，对于大湄公河次区域国家而言也是极其重要的资本，支撑着这些国家关键经济部门的发展。多年来，次区域以资源型经济为主导的发展模式导致自然资本不断损耗，表现为森林湿地面积的萎缩、水质退化与空气污染和生物多样性的丧失等，而现有的环境保护措施不足以应对自然资本的损耗。为确保次区域的可持续发展，需积极促进对自然资本的投资，维持、促进其存量和质量。

关键词：　大湄公河次区域　自然资本　可持续发展

一　自然资本对次区域经济发展的重要性

（一）自然资本：一种极其重要的资本

自然资本（natural capital）的概念出现于20世纪早期，80年代后期以来引

---

* 本文为2015年国家社科基金年度项目"中国参与大湄公河次区域合作中的环境政治问题研究"（批准号：15BGJ053）的阶段性研究成果。
** 陈松涛，云南大学周边外交研究中心、云南大学国际关系研究院讲师，博士。

起了社会广泛关注，指的是在一定时空条件下，自然资源及其所处的环境在可预见的未来能够产生自然资源流和服务流的存量。① 自然资本由自然资源（如空气、土壤、水和森林等）及生态系统两部分构成，既产生木材、鱼类和矿产等物品，还具有重要的生态服务功能，如森林的空气净化和水土保持等，这一资本为人类提供了经济上有价值的商品和服务，是人类社会生存与发展的基础。一个健康运行的经济系统同时需要四种资本的综合投入和平衡协调，即物质资本、人力资本、自然资本和社会资本，传统资本理论只关注物质资本、人力资本和社会资本，经济发展以牺牲环境为代价。近两个世纪以来，主流经济发展模式在创造大量财富的同时也耗竭了地球资源，自然资本的存量及质量均呈下降趋势，支撑经济可持续发展及人类福利的能力也在减弱。衡量经济发展的传统指标（如 GDP）低估、忽略了自然资本和经济发展之间的相互联系，水资源短缺、水土流失、森林和湿地生态系统的退化等严重问题使生态保护成为一个优先事项，人们逐渐意识到自然资本的重要性。自然资本这一概念揭示了人与自然之间的共生关系和互动平衡机制，其核心是人类的生存与发展离不开自然资本，作为一种新的资本观，体现了经济学中稀缺资源的经济价值，使人们对经济发展目标的追求从单一经济效益转变为同时追求经济效益与生态效益。

与其他三类资本相比，自然资本的重要性还没有得到足够的认识，主要原因在于生态系统提供的产品和服务通常被认为是公共产品，可免费使用，看不到其明显的价值，市场机制不反映自然资本所提供产品和服务的全部收益，也不反映其损耗所产生的经济及非经济成本。自然资本重要性的体现是通过对它所提供的产品和服务进行量化，以数据来证明经济增长对自然资本的依赖程度。世界银行 2010 年发起了"财富核算和生态系统服务价值评估机制"（Wealth Accounting and Valuation of Ecosystem Services，WAVES），提出要进行包括自然资本在内的财富核算，涉及每年生态系统服务产生的实物量、货币价值及生态系统退化的成本等。2012 年 6 月召开的联合国可持续发

---

① 曹宝、秦其明、王秀波、罗宏：《自然资本：内涵及其特点辨析》，《中国集体经济》2009年第 12 期，第 89 页。

展大会（"里约+20"峰会），主张将包括空气、清洁水资源、森林和其他生态系统在内的自然资本价值纳入商业决策和国家的国民核算体系。[①] 人类继承了一个38亿年的自然资本储备，但并非是用之不竭的，有其"临界点"，进行开发和利用不能超过这个"点"。根据核算，1997年全球生态服务的价值为33万亿美元（按1995年美元价格计算），这一数字大于当年的全球GDP，1997~2011年全球土地退化导致年均损失达4.3万亿~20.2万亿美元。[②]

（二）自然资本支撑着次区域国家的关键经济部门

大湄公河次区域是因澜沧江-湄公河而连接起来的一个自然经济区域，其地理、气候条件的多样性造就了一个生物和基因宝库，集中了从热带到高寒雪山地带的多种生物资源，流域内还具有丰富的水能、矿产和旅游资源等，拥有巨大的经济潜能。

大湄公河地表水资源丰富，雨季径流量大约4750亿立方米，旱季为788亿立方米。[③] 次区域蕴藏着丰富的矿产资源，已发现100多个有用矿种，包括有色金属（锡、钨、铜、铅、锌、锑，稀有金属和稀土资源）、黑色金属（铁、铬、钛和锰等）、贵金属（金、银、铂等）、宝石、煤、化工和建材类等矿产。

森林是生态基础设施（ecological infrastructure）的重要组成部分，《京都议定书》将发展林业列为应对气候变化的重要途径，林业除直接生产森林产品外，还具有减少温室气体的排放量、维持生态系统服务和生物多样性等功能，并有助于农村减贫。次区域拥有世界生物多样性最丰富的森林资源，2012年森林面积120.7万平方公里，占整个次区域面积（257万平方公

[①] 李玉敏：《自然资本核算将成为全球经济决策主流工具》，中国林业新闻网，http://www.greentimes.com/green/news/hqxc/gwjj/content/2013-07/02/content_224481.htm。

[②] Robert Costanza, Rudolf de Groot, Paul Sutton, Sander van der Ploeg et, "Changes in the global value of ecosystem services", *Global Environmental Change*, Volume 26, May 2014, pages: 152-158, p. 157.

[③] Louis Lebel, Chu Thai Hoanh, Chayanis Krittasudthacheewa, and Rajesh Daniel Climate Risks, *Regional Integration and Sustainability in the Mekong Region*, SUMERNET, SEI, SIRD, 2014, p. 30. https://www.sei-international.org/mediamanager/documents/Publications/sumernet_book_climate_risks_regional_integration_sustainability_mekong_region.pdf.

里）的 47%，下湄公河盆地森林生态系统服务价值估计高达 641.9 亿美元，[①] 同时为当地居民提供了重要的生计来源。

湄公河盆地是全球生物多样性最丰富、最丰产的淡水生态系统，每年提供的产品及生态服务价值估计达 45.7 亿美元，是全球重要的大米产区、亚洲的"米碗"，水稻种植为 6000 万人提供了生计保障，每年大米产量约 6200 万吨，占全球总量的 13%。[②] 据美国农业部（USDA）的统计，2015 年泰国出口大米 977.9 万吨，越南出口 660.6 万吨，在全球大米出口国中分别居第二位、第三位。[③] 湄公河还是全球规模最大、产量最高的内陆渔业区，鱼类多样性仅次于亚马逊河，至少有 1200 种，为该地区提供了 80% 的动物蛋白质来源，渔业支撑着当地 280 万～320 万户家庭的生计；年均捕鱼量 300 万吨，首次销售价值（first sale value）为 39 亿～70 亿美元。[④] 湄公河盆地的湿地对当地人的生计和社会经济发展具有重要作用，栖息着 220 种特有的鸟类，有着巨大的水稻种植和淡水渔业发展潜力，并具有调节洪水的功能。滨海地区的红树林具有调节盐水和淡水系统混合、抵御暴风的功能，珊瑚礁可保护海岸生态并维持近海渔业的良性发展。根据测算，湄公河地区四种类型的生态系统服务价值分别为：森林 1281 美元/公顷/年，淡水湿地 1634 美元/公顷/年，红树林 2670 美元/公顷/年，珊瑚礁 326 美元/公顷/年。[⑤]

---

① WWF-Greater Mekong, The Economic Value of Ecosystem Services in the Mekong Basin: What We Know, and What We Need to Know, Gland, Switzerland, October 2013, p. 10, http://d2ouvy59p0dg6k. cloudfront. net/downloads/report_ economic_ analysis_ of_ ecosystemservicesnov2013. pdf.

② WWF-Greater Mekong, Ecosystems in the Greater Mekong: Past trends, current status, possible futures, May 2013, p. 36, http://d2ouvy59p0dg6k. cloudfront. net/downloads/greater_ mekong_ ecosystems_ report_ 020513. pdf.

③ "World rice trade (milled basis): exports and imports of selected countries or regions", 2001 to present, 3/31/2016, http://www. ers. usda. gov/data-products/rice-yearbook. aspx.

④ 《美媒：湄公河下游建坝有"严重负面影响" 上游同样严峻》，新华网，http://news. xinhuanet. com/world/2016 - 04/15/c_ 128899757. html。

⑤ WWF - Greater Mekong, The Economic Value of Ecosystem Services in the Mekong Basin: What We Know, and What We Need to Know, Gland, Switzerland, October 2013, p. 16, http://d2ouvy59p0dg6k. cloudfront. net/downloads/report_ economic_ analysis_ of_ ecosystemservicesnov2013. pdf.

自然资本构成了次区域国家所有经济财富的重要部分，在中国和泰国经济财富中的比例为 20%，这一比例在老挝则高达 55%，支撑着各国农业、渔业、林业和矿业等关键经济部门的发展，次区域 3.2 亿人口中有 80% 的生计直接依赖自然资本提供的产品及服务。尽管工业和服务业发展快速，但农业仍是次区域国家的重要经济部门，2014 年占各国 GDP 的比重分别为：柬埔寨 30.5%，缅甸 27.9%，老挝 24.8%，泰国 18.1%；农业是次区域国家人民主要的就业领域，柬埔寨农业劳动力占所有就业人数的 45%，泰国占 33.4%，越南占 46.3%，老挝的比例高达 72%（2010 年）。[①] 自然资本也为次区域国家的旅游业提供了基础资本（自然景观），已成为中国云南省的支柱产业之一，2015 年占该省 GDP 的 6.6%。[②]

二 资源型发展模式导致次区域的自然资本不断损耗

德稻环境金融研究院（IGI）根据自然资本与 GDP 的增长速度将不同国家和地区划分为四类：第一类是自然资本和 GDP 均快速增长的地区，主要是西方发达国家；第二类是自然资本很高但 GDP 低速增长的地区，如不丹；第三类是自然资本低速增长但 GDP 快速增长的地区，如中国和印度，经济快速发展的同时生态环境遭到破坏；第四类是自然资本和 GDP 均低速增长的地区，主要是欠发达国家和地区，如孟加拉国、阿富汗和非洲一些国家。[③] 次区域国家数十年来经济的发展依赖对自然资本的密集开发和利用，自然资本与 GDP 的关系可归属到上述的第三类。人类福利与自然资本紧密相关，人类活动直接对自然资本产生影响，包括传统发展模式对自然资源的

---

① ADB, Key Indicators for Asia and the Pacific 2015, Country Profiles, http：//www. adb. org/publications/key-indicators-asia-and-pacific-2015.

② 《2015 年云南旅游业总收入 3281.79 亿元 同比增长 23.09%》，新华网云南频道，http：//www. yn. xinhuanet. com/travel/2016 – 02/16/c_ 135103150. htm。

③ 《投资"自然" 发掘绿水青山的价值》，和讯网，http：//news. hexun. com/2015 – 07 – 13/177495422. html。

过度开发和利用，人口增长、城镇化进程对资源需求的压力，国家不合理的基础设施建设（修筑大坝等）和对环境问题的弱治理等。自然资本在过去数十年是次区域国家经济快速发展的一个核心促进因素，但是快速的经济发展和不断增加的人口压力导致这一资本不断损耗，主要表现为水土流失、森林退化、淡水资源短缺及污染、生物多样性减少等，这些也是当前所有次区域国家面临的主要环境问题。

（一）森林、湿地面积萎缩

在人类活动中，农业是造成自然资本损耗的一个全球性主要因素。次区域广泛开展的农业活动包括种植业、渔业和畜牧业，为满足当地及全球市场对农产品的需求，农业从传统生计型转向现代商业型，集约化程度不断提高。近年来粮食产量的增加主要归功于高产品种及大量农业化学品（化肥、杀虫剂等）的使用，致使土壤退化、地下水质受到污染，也影响到农户和消费者的健康。

迅速扩展的种植业不断吞噬着森林资源，大片低地森林被开辟用于种植水稻、橡胶、咖啡、可可、腰果和茶等经济作物。除了中国广西和云南外，次区域国家的森林面积在 1973～2009 年消失了 1/3（柬埔寨消失了 22%，缅甸和老挝消失了 24%，越南和泰国消失了 43%），仅在 1990～2010 年 20 年间就消失了 800 万公顷；柬埔寨的毁林程度最严重，平均每年消失 68.5 万公顷。天然林消失的速度最快，2010 年柬埔寨森林面积为 1009.4 万公顷，天然林只有 32.2 万公顷，占 3.2%；越南森林面积为 1319.7 万公顷，天然林仅剩 8 万公顷，占 0.6%。[1] 世界自然基金会（WWF）2015 年 4 月发布的《森林生命力报告》确定的 11 个"毁林热点地区"包括了大湄公河流域，2001～2014 年，该流域森林消失的平均速度是其他热带地区的 5 倍。[2] 周边国家木材市场

---

[1] FAO, *Forests and Forestry in the Greater Mekong Subregion to 2020*, Bangkok, 2011, pp. 8 - 10, http：//www. fao. org/docrep/014/i2093e/i2093e00. pdf.

[2] 《2014 年全球林木流失新出现的 4 个主要热点地区》，亚太森林组织网站，http：//zh. apfnet. cn/index. php? option = com_ content&view = article&id = 2143：2014 - 4&catid = 40：world - forest-information&Itemid = 159。

对特定树种（如柚木和红木）的需求导致缅甸、老挝和柬埔寨森林遭到大规模的乱砍滥伐，出于经济原因种植的树种取代了一些天然林。

森林大面积消失的直接后果是森林产品减少、生态服务功能退化，后者表现为水土流失、生物多样性丧失及温室气体排放量增加等。以温室气体排放量为例，1990～2005年柬埔寨因毁林导致的年均排放量达8400万吨，缅甸是1.58亿吨。2011年缅甸因森林消失导致的温室气体排放量占了所有排放量的32%，这一比例在柬埔寨和老挝分别为46%和55%。湿地面积也在快速减少，柬埔寨消失了45%，老挝消失了30%，泰国消失的多达96%，湄公河三角洲只剩不到2%的原生天然内陆湿地，湿地的退化威胁到一些物种的生存。"国际自然保护联盟濒危物种红色名录"（IUCN Red List）中，包括了湄公河流域的伊洛瓦底海豚、巨鲇和暹罗鳄3个主要物种。① 沿海地区的红树林因水稻种植和鱼虾养殖的扩展而遭到破坏，1980～2005年，下湄公河国家的红树林面积缩减了22.27万公顷，② 使沿海地区发生洪水和暴风等自然灾害的频率增加。

（二）淡水资源退化，鱼类多样性减少

湄公河委员会1985年以来的监测表明次区域的水质相对稳定，能为流域的居民、水产业及农业提供安全水源，但是人类的生产生活给水环境带来了巨大的压力。湄公河水质监测网络2010年的报告指出，2000～2008年湄公河大部分地区因人类活动的影响水质下降，不少地方受到很严重的影响，并呈现不断恶化的趋势。③ 次区域的用水安全形势面临巨大挑战，一方面用

---

① ADB, Investing in Natural Capital for a Sustainable Future in the Greater Mekong Subregion, September 2015, pp. 19 – 21, http://www.adb.org/sites/default/files/publication/176534/investing-natural-capital-gms.pdf.

② WWF-Greater Mekong, Ecosystems in the Greater Mekong: Past trends, current status, possible futures, May 2013, p. 15, http://d2ouvy59p0dg6k.cloudfront.net/downloads/greater_mekong_ecosystems_report_020513.pdf.

③ 李霞、周晔：《湄公河下游国家水质管理状况与区域合作前景》，《环境与可持续发展》2013年第6期，第16页。

水需求呈指数增长，另一方面地下和地表水资源却在日渐减少，如在水安全指数方面。除老挝和缅甸外，其余四国的状况并不乐观（见表1）。农业是次区域国家最大的用水部门，占了所有取水量的68%~98%，[1] 在干旱时期农业用水问题最突出。湄公河三角洲是湄公河盆地污水排放的目的地，工业及集约化农业的发展、快速的城镇化进程、相关国家对工业废水和生活污水的管理和处置不当等加剧了水资源的污染，城市地区的地表水污染最为严重，如金边、万象及越南的芹苴市。

表1　次区域国家的水安全指数

国家	水安全指数	国家	水安全指数
柬埔寨	2	缅甸	3
中国	2	泰国	1
老挝	3	越南	2

注：水安全指数为1~5，分数越低表明水安全状况越差。

资料来源：ADB，*Asian Water Development Outlook 2013：Measuring Water Security in Asia and the Pacific*，p.92，http://www.adb.org/sites/default/files/publication/30190/asian-water-development-outlook-2013.pdf。

大湄公河流域已修建了数十个水坝，在发挥水电开发、灌溉和洪水控制用途的同时，也带来负面作用，一定程度上影响了河流的自然水文条件，阻碍了600多种野生鱼类的季节性洄游，也破坏了当地生物多样性的生存环境。鱼类的洄游受阻，加之过度捕捞和使用破坏性捕鱼设备使流域的一些主要野生鱼类减少，鱼类多样性的丧失是生态系统受损的最显著标志。筑坝、为各种目的进行的大规模采砂活动使下游的营养物质和沉积物减少，对当地的农业和渔业产生影响。

（三）传统能源消费方式导致空气污染

能源是经济活动的基础，次区域国家的电力主要通过煤和水电来提供，

① IWMI and World Fish Center，*Rethinking Agriculture in the Greater Mekong Subregion：How to Sustainably Meet Food Needs，Enhance Ecosystem Services and Cope with Climate Change*，2010，p.3. http://www.iwmi.cgiar.org/Publications/Other/PDF/Summary-Rethinking_Agriculture_in_the_Greater_Mekong_Subregion.pdf。

运输和工业部门依赖柴油和汽油，石化燃料在能源结构中占了最大份额。次区域国家的能源消费超过了能源生产，依赖能源进口，而且对能源的需求在不断增长。以运输部门为例，2000~2009年次区域国家消费的石油从2000万吨增加到3000万吨，增长50%，2006年以来年均能源消费需求增加了7%~16%，远远高于预期的经济发展速度。① 次区域大规模使用石化燃料导致了温室气体排放量的增加，2007年占了所有排放量的21%（中国除外），城市及周边地区因汽车尾气导致空气污染，同时带来了环境和健康问题。

（四）不可逆转的气候变化影响

全球气候变化使不同国家和地区受到不同程度的影响，2015年12月，德国观察（German Watch）发布了《全球气候风险指数2016》（*Global Climate Risk Index 2016*），指出在1995~2014年的20年间，受气候影响最大的10个国家中包括了湄公河流域的缅甸、越南和泰国，② 气候变化的趋势已不可逆转，影响将继续存在并可能恶化。气候变化对次区域自然资本的影响广泛存在，基本上也是负面的，极端天气增多、降雨量的变化导致生物多样性减少和生态系统功能减弱。早在2009年9月，世界自然基金会的一份报告就指出湄公河流域163个珍稀物种面临着温度和降雨变化带来的威胁，尤其是那些生理忍受力最差的物种。③

次区域经济对水、森林和土地资源的严重依赖使该地区更易受气候变化的影响。以农作物为例，其对气候变化具有高度敏感性，气温升高、降雨量减少将破坏下湄公河盆地的老挝、泰国、柬埔寨和越南很多作物的生长，如传

---

① Pradeep Tharakan, Naeeda Crishna, Jane Romero and David Morgado, Biofuels in the Greater Mekong Subregion: Energy Sufficiency, Food Security, and Environmental Management, ADB, Southeast Asia Working Paper Series NO. 8, January 2012, pp. 2 – 3. https://openaccess. adb. org/bitstream/handle/11540/1306/biofuels-gms. pdf? sequence = 1.

② Sönke Kreft, David Eckstein, Lukas Dorsch & Livia Fischer, Global Climate Risk Index 2016, Briefing Paper, German Watch, November 2015, p. 5, https://germanwatch. org/en/download/13503. pdf.

③ 《WWF：气候变化威胁湄公河流域珍稀物种》，中国天气网，http://www. weather. com. cn/static/html/article/20090927/89307. shtml。

统雨养水稻在气温超过 35 摄氏度后将大大减产，如果没有适当的应对措施，到 2050 年可能使越南中部加莱省的水稻产量下降 12.6%。[1] 气温上升也使得下湄公河盆地不再适宜种植橡胶、咖啡等经济作物，这对柬埔寨东部、老挝南部和越南中部的很多大型橡胶种植园是致命的威胁。海平面上升将威胁到湄公河三角洲漫长的海岸线（约 650 公里）和低海拔沿海地区，会发生海水倒灌和严重暴风等灾害。2014 年年底开始的厄尔尼诺现象使湄公河下游出现近一个世纪以来的最低水位，越南遭受近百年来最严重的干旱，2016 年 3 月中旬，该国中部和南部近 100 万人缺乏新鲜饮用水。河流水量减少加剧了一些沿海地区海水倒灌现象，至 4 月中旬，海水倒灌波及湄公河三角洲 15.9 万公顷的稻田[2]，2016 年第一季度三角洲的大米产量较 2015 年同期减少 6.2%。[3] 泰国大米产量也因干旱影响而减产，政府呼吁农民减少水稻种植，改种一些耗水量较少的经济作物。

次区域国家仍处于资源型经济发展阶段，不可持续的资源利用、地区人口增长对资源的需求压力及气候变化等因素导致自然资本损耗、自然生态系统破坏，从而危及次区域社会经济的可持续发展。2007 年联合国发布的《大湄公河流域环境展望》（Greater Mekong Environmental Outlook），是首次针对该流域发布的联合评估报告，该报告指出，如果不采取及时有效的应对措施，2015～2040 年，用于弥补自然资本退化的支出将达到 550 亿美元。[4]

三 次区域应对自然资本损耗的相关措施

自然资本损耗对人类的影响尤其对那些以农业人口和农业经济为主的国

---

[1] USAID, Mekong Adaptation and Resilience to Climate Change: Main Report, Climate Change Impact and Adaptation Study, Interim Report, November 2012, p. 47, http://pdf.usaid.gov/pdf_docs/PA00JN32.pdf.

[2] 《湄公河流域百年大旱威胁粮食安全》，《中国科学报》2016 年 4 月 13 日第 3 版。

[3] 《越南南部严重干旱 水粮告急冲击大米出口》，联合早报网，http://www.zaobao.com/news/sea/story20160421-607629。

[4] 孙芙蓉：《大湄公河次区域国家继续推进自然资产投资》，中国金融网，http://www.cnfinance.cn/articles/2015-02/04-20880.html。

家影响最大，为解决经济发展对生态环境所造成的破坏性影响，GMS 合作机制及次区域国家采取了一些应对措施。

（一）倡导可持续发展，自然资本的重要性逐渐引起重视

可持续发展概念出现于 20 世纪 80 年代，是一种新的发展观，核心是发展，前提是保持资源和环境的永续利用，强调人类系统与自然系统的相互依赖、环境与资源的可持续利用、环境与发展的一体化，是"一种具有经济含义的生态概念"。[①] 可持续的经济发展依赖于优良的自然资本，存量越大，经济的安全系数就越高、发展前景也就越好。近年来，次区域大力倡导可持续发展，2008 年 1 月召开的第二次 GMS 环境部长会议重申了加强次区域环境保护与可持续发展的政治意愿，提出需要采取适当可行的方式来取得可持续和全面的经济增长。2011 年 12 月第四次 GMS 领导人峰会签署了新 10 年（2012～2022）战略框架，为促进次区域的可持续发展，将有效利用环境和自然资源摆在了核心位置。2012 年召开的"大湄公河次区域 2020：平衡经济增长和环境可持续性国际会议"（International Conference on GMS 2020：Balancing Economic Growth and Environmental Sustainability），中心主题是粮食—水—能源关系，探讨如何更好地将经济发展和环境的可持续性结合起来。"实现包容和可持续发展是大湄公河次区域发展新阶段的新目标"，2014 年 12 月召开的第五次 GMS 领导人峰会以"致力于实现大湄公河次区域包容、可持续发展"为主题，讨论"包容和可持续次区域发展"等议题。2015 年 1 月，第四次 GMS 环境部长会议以"增加次区域自然资本投资"为主题，会上提出自然资本是经济发展的核心，强调了这一资本对次区域包容性和可持续发展的重要性，GMS 未来的繁荣将依赖于对自然资本进行及时和有效的投资。次区域经济发展对自然资本的依赖使各国政府、合作伙伴及私人部门逐渐意识到自然资本的重要性，实现次区域的可持续发展是各国共同的利益与责任。

[①] 《可持续发展战略》，中国可持续发展网，http：//www. rcsds. org/h－nd－122－2_382. html。

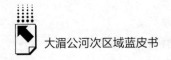

（二）GMS 合作机制开展的主要环境项目

环境合作是 GMS 合作机制下的重点领域之一，1995 年建立了环境合作机制，先后开展了"次区域环境监测和信息系统""次区域环境培训和机构加强""次区域边远地区扶贫与环境管理""次区域国家环境战略框架"及"下湄公河流域重点湿地的管理和保护"等项目，次区域国家共同参与的两个重大环境项目是核心环境项目（Core Environmental Program，CEP）及生物多样性保护规划（Biodiversity Conservation Corridors Initiative，BCI），以实现包容性发展和可持续的自然资源利用为目标。

CEP 是 GMS 合作自 1995 年以来最大规模的环境合作项目，也是首次吸收大规模捐助资金的合作项目，资助方包括亚洲开发银行、芬兰和瑞典政府、全球环境基金（Global Environment Fund，GEF）、中国减贫与区域合作基金（PRC'S Poverty Reduction and Regional Cooperation Fund）和北欧发展基金（Nordic Development Fund）。CEP 的目的是为次区域的经济发展提供友好型环境支持，促进地区合作，改善发展计划，保护生物多样性并提高适应气候变化的能力，该项目包括 5 个子项目：GMS 经济部门战略与经济走廊的环境影响评价、生物多样性保护与生物多样性走廊规划、环境绩效评估和可持续发展计划、GMS 环境管理能力建设的发展与制度化以及项目发展与可持续财政项目。该项目受到次区域六国环境部长的监督，由亚行管理的环境运营中心（Environment Operations Centrer）具体实施，与各国政府、当地社区及 NGO 的研究网络共同工作。2006 年 CEP 首先从泰国开始实施，将环境问题融合到运输、旅游、能源和农业项目领域中。

BCI 项目于 2006 年开始实施，是 CEP 的一个旗舰项目，目的是防止生态系统的退化，关注环境评估、规划、革新试验及监督，组建了环境工作组，主要通过选定试点区域建立生物多样性保护走廊，恢复和维持现有自然保护区和野生生物保护区之间的联系，将被分割的野生动物栖息地重新连通起来，并在走廊区域内进行生态扶贫开发。BCI 是 GMS 合作在生物多样性保护方面进行国际合作迈出的第一步，先后实施了两期，一期项目已经完成

（2005 年 ~ 2011 年下半年），2011 年年底二期项目（2012 ~ 2016）获得批准，投资总额 2840 万美元，包含了几十个不同专题的子项，是亚行史上最大的区域项目。[①] 二期项目的重点是改善跨境生物多样性保护区管理及当地民生，加强应对气候变化的能力建设，推广低碳发展并推动可持续环境管理的融资力度。次区域六国共同实施了为期 10 年（2005 ~ 2014 年）的三条生物多样性保护走廊项目，[②] 分三个阶段进行：2005 ~ 2008 年为第一阶段，分别在次区域六国选择重点区域建立保护走廊，以恢复和维持现有国家公园和野生生物保护区之间的联系，中国的西双版纳和香格里拉德钦地区位列其中；2009 ~ 2011 年是第二阶段，在重点地区建立更多的保护走廊；2012 ~ 2014 年为第三阶段，重点是巩固可持续的自然资源使用和环境保护带来的收益。[③] 2009 年，开展了南北经济走廊战略及行动计划的战略环境评估（Strategic Environmental Assessment）。三条生物多样性保护走廊的总面积达 233.84 万公顷，每年提供的非木材产品、碳存储、水质调节及水土流失控制等生态系统服务价值高达 92.85 亿美元，平均每公顷 3970.66 美元。[④]

除 CEP 和 BCI 两个重点项目外，近年来亚洲开发银行主导的项目主要有：从 2010 年开始的"促进次区域可再生能源、清洁燃料和能源有效性"项目，通过提供技术援助，以环境友好型和共同合作的方式帮助湄公河五国改善能源供应及安全；2013 年，亚行战略气候基金（The Strategic Climate Fund）出资 980 万美元（赠款 580 万美元、贷款 400 万美元）用于次区域洪水和干旱风险管理与缓解项目（Flood and Drought Risk Management

① 叶焱焱：《大湄公河次区域核心环境项目第二期在广西启动》，广西新闻网，http://news. gxnews. com. cn/staticpages/20140313/newgx5321ae1b - 9858666. shtml。

② 三条生物多样性保护走廊的范围北起中国西双版纳，南至柬埔寨洞里萨湖，分别是中国西双版纳、中越交界黄连山—老挝丰沙里地区、老挝南部山地国家自然保护区；缅甸德林达伊西部森林—泰国岗卡章国家公园地区；柬埔寨豆蔻山脉。

③ 李霞：《中国参与的大湄公河次区域环境合作》，《东南亚纵横》2008 年第 6 期，第 30 页。

④ ADB, Investing In Natural Capital for a Sustainable Future in the Greater Mekong Subregion, September 2015, p. 17, http://www. adb. org/sites/default/files/publication/176534/investing-natural-capital-gms. pdf.

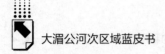

and Mitigation Project),① 主要在柬埔寨、老挝和越南实施，目的是提高这些国家应对灾害并从灾害中恢复的能力。

（三）各国的相关措施

为应对自然资本损耗、解决生态环境问题，次区域国家采取了一定的措施，各国均许诺支持绿色、包容及可持续的经济发展，制定了应对气候变化、保护生物多样性和水资源等方面的战略及相关的环境法律、法规和标准，参与了一些主要的多边国际环境协定，如《联合国生物多样性公约》（1992）、《联合国气候变化框架公约》（1992）、《联合国防治沙漠化公约》（1994）、《濒危野生动植物种国际贸易公约》（1973）、《拉姆萨尔公约》（《湿地公约》，1971）等。中国在主要的国家计划及减贫战略文件中均强调自然资本和生物多样性，2015 年 1 月开始实施史上最严格的环保法，开启了强调可持续利用自然资本的中国绿色经济之路。柬埔寨第三个五年计划（2012~2017 年）把可持续管理和适应环境、自然资本置于优先地位，组建了国家绿色发展理事会。越南从 2012 年开始实施《环境保护税法》，主要针对不同的污染源。缅甸 2012 年通过了《环境保护法》，2016 年新政府为保护森林资源下令全面禁止伐木。老挝对《环境保护法》进行修订，增加条款，加强对土地和水资源的可持续管理。泰国于 2013 年 3 月公布了《国家绿色发展政策》和《2013~2030 年绿色发展国家战略》，成立了国家绿色发展理事会及秘书处。

中国（广西和云南）、越南开展了大规模的植树造林，1990~2010 年森林面积增加了 810 万公顷。② 中国造林包括防护林、经济树种和果园。越南

---

① ADB, Loan Agreement（ADB Strategic Climate Fund）for Greater Mekong Subregion - Flood and Drought Risk Management and Mitigation Project（Cambodia Component），January 2013, pp. 1 - 2, http：//www. adb. org/sites/default/files/project-document/75637/40190 - 013 - cam - sfj1. pdf.

② WWF-greater Mekong, Ecosystems in the Greater Mekong: Past trends, current status, possible futures, May 2013, p. 16, http：//d2ouvy59p0dg6k. cloudfront. net/downloads/greater_ mekong_ ecosystems_ report_ 020513. pdf.

主要栽种一些外来的单一树种，尤其是相思树和桉树，人造林能稳定当地的农业系统，但不具有天然林的全部功能。沿海地区大面积种植红树林有助于水产养殖业的可持续发展，并改善沿海地区的保护措施，如越南北部 110 万美元的红树林恢复项目每年可节约海堤维护费 730 万美元，并能有效抵御暴风。① 在植树造林的同时，各国设立的保护区自 20 世纪 70 年代以来快速扩展，主要保护现存的天然林和一些重要的次生林，2012 年保护区的面积达3162 万公顷，分别占次区域土地面积和森林面积的 12.3% 和 26%，覆盖比例最高的是柬埔寨和泰国，分别占国土面积的 28% 和 22%。② 老挝政府2012 年 3 月批准在 16 个省份新建 49 个森林保护区，这一项目还为当地居民提供了就业机会，南尔—普雷（Nam Et-Phou Louey）国家生物多样性保护区（5959 平方公里）每年可为当地的 81 个村庄提供价值 188 万美元的收益，其中 70% 为生活物资，其余 30% 为现金收入。③ 柬埔寨于 2016 年 4 月底将总面积 100 万公顷的 5 个森林区划为保护区。次区域国家之间还开展跨境合作，云南西双版纳州 2010 年与老挝在边境线上建立了 65 万亩的那木哈自然森林保护区。④ 保护区体系对保护一些重要的森林资源和物种是必要的，但在保护区之外还有很多生存受到威胁的物种，有一部分保护区也只是名义上存在，并无实质效果。

湄公河五国同时是东盟成员国，柬埔寨、缅甸、泰国和越南还参与了东盟遗产公园项目（ASEAN Heritage Parks Programme），目标是有效保护生物

① Oli Brown, Alec Crawford and Anne Hammill, Natural Disasters and Resource Rights：Building resilience, rebuilding lives. International Institute for Sustainable Development, Manitoba, Canada, March 2006, p. 10, https：//www.iisd.org/sites/default/files/publications/tas_natres_disasters.pdf.

② ADB, Asian Water Development Outlook 2013：Measuring Water Security in Asia and the Pacific, p. 40, http：//www.adb.org/sites/default/files/publication/30190/asian-water-development-outlook‐2013.pdf.

③ ICEM, Lessons learned in Cambodia, Lao PDR, Thailand and Vietnam：Review of Protected Areas and Development in the Lower Mekong River Region, 2003, p. 56, http：//www.mekong-protected-areas.org/lao_pdr/docs/lao_lessons.pdf.

④ 王艳龙：《中国老挝今年将合建森林保护区 150 万亩》，中新网，http：//www.chinanews.com/df/2012/02‐13/3665459.shtml.

多样性。下湄公河国家通过湄公河委员会（MRC）对水资源进行管理，1995 年泰国、老挝、柬埔寨和越南四国签署了《湄公河流域可持续发展合作协定》，这是世界上第一个河流协定，在流域生物多样性保护合作机制中发挥着重要的作用。

（四）现有措施的效果评估

总体上，次区域应对自然资本损耗的努力不够、成效不显著，根源在于次区域合作机制、国家体制方面。1995 年以来，GMS 环境合作机制由 GMS 领导人峰会、GMS 环境部长会议及环境工作组会议三个层次构成，以正式和非正式的高层对话形式为主，缺乏一个权威的、专门的环境合作机构来协调和约束各国的环境行为，也没有解决环境问题的监督机制和解决争端机制，这已成为次区域环境合作进一步深化的重大障碍。[①] GMS 环境合作主要以项目为基础，缺乏制度保障，六国在环境合作基本规则方面还没有达成共识，环境领域的合作还很松散，很大程度上受各国政治意愿的左右。[②] 环境合作深化还存在另外两个制约因素，一是环境合作在次区域合作中的战略地位不高，二是资金缺乏，[③] 国家之间在信息、成果方面的交流和共享不足，民众还普遍缺乏生态知识，存在破坏生态环境的行为。

在国家层面，政府缺乏保护自然资源的意愿和能力，导致已有法律、政策的实施不具有强制性和连贯性，政府不同机构对相关的自然资本有不同的管辖，如生物多样性、森林、土地和水等，导致责任和权限的碎化、重叠，跨部门合作存在一定的困难，在实施过程中也没有有效的监管程序，很难评估实际效果。自然资本对次区域六国的经济发展是必要的，所有国家也都认为环境退化是个必须要面对的难题，但是其优先性排在经济发展之后，投资主要集中在基础设施建设和能源部门。

---

① 周江：《论大湄公河次区域环境安全问题》，《理论与现代化》2012 年第 6 期，第 67 页。
② 边永明：《大湄公河次区域环境合作的法律制度评论》，《政法论坛》2010 年第 4 期，第 148 页。
③ 李霞：《中国参与的大湄公河次区域环境合作》，《东南亚纵横》2008 年第 6 期，第 31 页。

四 前景展望：促进自然资本投资，确保次区域可持续发展

当前，次区域国家共同面临经济发展与发展模式的转型挑战，第一要务是通过发展来改善民生，即如何改善那些严重依赖自然资本的人口的生计问题，同时还需要采取相匹配的努力去扭转对自然资本造成的负面影响，提高应对气候变化的适应能力，实现可持续发展。优良的自然资本在创造新财富的同时确保对生态环境的负面影响最小化，这就必须要进行投资，以维持、促进自然资本的存量和质量。

（一）构建GMS环境合作新机制

生态环境问题对人们的日常生活及更广泛的国家利益产生影响，次区域很多自然资源的管理超越了国家边界，如水资源、森林资源和生物多样性保护等，需要在地区层面进行合作治理，深化环境合作是次区域可持续发展的一个关键推动力量。GMS合作需要构建一个完整、可靠和有效的环境合作机制，充分发挥地区机制的作用，保持经济发展与生态环境之间的平衡。制定各国都应遵循的生态环境保护法规，各国在政治制度、经济形态和法律制度方面的差异导致很难在短期内构建一个统一的框架，在环境合作中最迫切需要讨论的不是最佳行为标准，而是各国都能够接受和遵守的最低规则和标准。[1] 环境项目是为了维持自然资本的良性运行，需整体规划次区域的环境项目，建立管理和监督机制。可重点开展以解决次区域各国面临的核心环境问题与替代生计为主体的能力建设合作，推动自然资本与生物多样性保护走廊建设。[2] 在GMS合作机制下，实施教育战略，填补国家和地区层

---

[1] 边永民：《大湄公河次区域环境合作的法律制度评论》，《政法论坛》2010年第4期，第147~148页。

[2] 《第四次大湄公河次区域环境部长会议在缅甸举行》，中国环保新闻网，http://www.cepnews.com.cn/news/406435。

面对自然资本认知的鸿沟，加强技术和制度能力建设，对各国实施"共同但有区别"的责任原则。促进现有的双边和多边合作更加有效，争取不同领域的多方行为体参与（国家、NGO、当地社区及全球组织），有必要加强国际、地区和国家间的合作，发挥不同利益主体和责任主体的作用。

（二）进行价值核算，建立次区域自然资本负债表

次区域实现对自然资本投资的首要前提是决策者承认自然资本的重要性并将其纳入国家的发展规划。自然资本的重要性通过经济价值的核算来体现。越来越多的国家开始对本国的自然资本进行核算，并将之成为一个重要的做出明智经济决策的工具，如英国成立了自然资本委员会（Natural Capital Committee），加拿大、荷兰和挪威每年开展能源核算，澳大利亚和博茨瓦纳进行了水资源核算，肯尼亚设立了森林核算账户等。

次区域的自然资本已进行了一些核算，其中森林资源核算的次数最多，在次区域、国家和当地层面共进行了 300 多次，其次是海岸生态系统（130次）、湿地（100 次）、红树林（80 次）。[①] 已进行的核算规模小，覆盖面不大，对生态服务价值（如调节洪水和抵御暴风等）的核算较少，所用的方法和标准不同，难以为次区域自然资本的宏观经济作用提供令人信服的证据。因此，需要对次区域的自然资本的整体社会和经济贡献进行正确评估。除中国外，次区域其余五国还没有建立对自然资本进行核算的国家框架，中国从 2004 年开始进行绿色 GDP 研究并发布了《中国绿色国民经济核算研究报告 2004》，把经济活动过程中的资源环境因素反映在国民经济核算体系中；2015 年 3 月出版的《生态文明制度构建中的中国森林资源核算研究》是中国第一份森林资源"资产负债表"，每年森林生态系统提供的生态服务

[①] Luke Brander and Florian Eppink, The Economics of Ecosystems and Biodiversity for Southeast Asia（ASEAN TEEB）: Scoping Study, ASEAN Centre for Biodiversity, Los Bannõs, Laguna, Philippines, 9 November 2012, p. 17. http://lukebrander. com/wp-content/uploads/2013/07/ASEAN-TEEB-Scoping-Study-Report. pdf.

总价值达 12.68 万亿元，相当于 2013 年 GDP 的 22.3%，平均每位国民可享受价值 9400 元的生态服务。[1]

次区域需要开展系统性的、大规模的及可相容的自然资本核算，尤其需要核算资本损耗所造成的成本，建立次区域层面及各国的自然资本负债表，以数据为依据提升民众、决策者对自然资本重要性的认识，明确各国的责任，在 GMS 合作及政府发展规划中需要制定自然资本与经济资本双赢的发展目标。

（三）保护和促进自然资本存量，发展可再生能源

在气候变化与人类活动影响的巨大压力下，促进对次区域自然资本的投资具有重要性和紧迫性，对自然资本的适当管理有助于缓解气候变化带来的威胁并保障生计，确保自然资本继续提供良好生态系统服务的前提是对这一资本的投资获得与物质资本、人力资本和社会资本同样的优先地位。广义的自然资本投资包括保护和增加自然资本的存量、改善资源利用的有效性两部分，既涉及传统的环境治理，同时又超越了传统的环境治理。因环境治理是被动地解决经济增长导致的负外部性问题，而对自然资本进行投资则是主动的，可同时产生经济和非经济方面的收益，既增加自然资本的资源供给能力，又能改善生态系统的服务功能，[2] 从而实现生态系统生产总值（Gross Ecosystem Product，GEP）和 GDP 的同步增长。国际著名生态经济学家康世坦（Robert Costanza）2011 年的一项研究表明，投资自然资本带来的商业、社会和生态综合效益的回报率超过 100 倍。[3] 对于次区域而言，保护和促进自然资本存量、改善资源的使用效率同等重要。增加自然资本投资的第一步是进行可持续的自然资源管理，包括制止不合理的资源利用、维持健康的森

---

① 齐中熙、于文静：《我国人均"绿色 GDP"0.94 万元》，新华网，http：//news. xinhuanet. com/politics/2015 – 03/04/c_ 1114515114. htm。

② 诸大建：《自然资本能否托起未来新经济》，新浪财经网，http：//finance. sina. com. cn/leadership/mroll/20150302/170021624748. shtml。

③ 《绿水青山如何变作金山银山》，德稻官网，http：//www. detaoma. com/news/show/3861371。

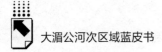
林和水文系统、对采矿业进行严格监管及恢复生物多样性等，森林资源在次区域的气候变化适应中发挥着重要作用，有必要进一步加强保护。

中国计划成立的德稻自然资本投资基金确定了将从基础资源、清洁能源及通过保护濒危物种来促进生态系统的恢复三个方面进行投资，① 2016 年将资源消耗、环境损害和生态效益等指标纳入部分地区的经济社会发展评价体系中。越南《国家绿色增长战略（2011～2020）》强调要恢复和发展自然资本，鼓励所有经济部门对生态服务基础设施进行投资，设定了三个目标：按绿色化方向重组和完善现有行业经济体制，鼓励发展可有效利用能源资源和附加值高的经济部门，广泛研究应用有助于提高自然资源利用效能、减少温室气体排放、有效应对气候变化和建立环境友好型生活方式的先进技术。②

次区域国家的能源主要依赖水电、石油、天然气和煤。很多行业均面临能源需求不断增长的趋势，特别是工业和运输业，缺乏可持续、清洁能源是制约该地区发展的一个主要因素，需改善能源的使用效能，控制碳排放量，大力投资环境友好型产业如生态旅游，投资当地能获得的再生清洁能源如太阳能、水能、风能和生物质能等。清洁能源的开发利用有助于保障能源供应安全、应对气候变化及改善环境质量，是实现可持续发展目标的必要条件，已成为世界经济发展的一个重要方向。次区域国家的可再生清洁能源仍以水电为主，风能、太阳能及生物质能等有着巨大的潜力，尤其适合远离国家电网系统的农村贫困人口。次区域各国制定了再生能源的战略目标，如 2011 年老挝政府发布了《可再生能源发展战略》，至 2025 年该国 30% 的能源消耗来自可再生能源；越南的目标是至 2020 年建立 20 兆瓦的可再生能源容量。根据德国拉美尔国际咨询公司的测算，五国太阳能的发展潜力达 79975 兆峰瓦（MWP），风能在理论上和技术上的潜能是

---

① 《中国首家自然资本投资基金将成立》，新浪新闻网，http：//news. sina. com. cn/o/2015 - 09 - 16/doc - ifxhxzxp4396384. shtml。

② 《越南发布〈国家绿色增长战略〉》，中国商务部网站，http：//www. mofcom. gov. cn/aarticle/i/jyjl/j/201210/20121008411375. htm。

3371~13483 兆瓦。[1] 对太阳能的开发和利用获得广泛促进，但是相对于传统能源而言其成本依然较高，需研发并推广更新的、成本更低的技术。

（四）多方合作，拓展融资

当前，自然资本的融资工具包括生态系统服务付费项目（Payments for Ecosystem Services，PES）、减少毁林及森林退化造成的碳排放（Reducing Emissions from Deforestation and Forest Degradation，REDD）、公共资源、私人投资及国际气候资助。PES 和 REDD 机制是以市场为基础的融资工具，PES 以保护和可持续利用生态系统所提供的服务为目标，以经济手段为主要方式，调节生态保护利益相关者之间的权利义务关系的一种制度安排。[2] 次区域存在不同的 PES 项目，如越南于 2011 年在林同省南部同奈河水源地和山萝省北部达河水源地开展试点是东南亚地区最大的 PES 项目，保护了 400 万公顷的国家森林，为当地农村家庭带来 1.4 亿美元的收入。[3] REDD 机制以 PES 为基础，对愿意且能够减少因毁林造成的温室气体排放的国家给予财政补偿，核心是为减少因毁林和森林退化产生的温室气体排放提供补偿资金，已成为全球应对气候变化的一个重要选择。REDD 之后出现了 REDD +，指的是在毁林和林地退化的基础上增加森林的碳储量（REDD +），柬埔寨、老挝和泰国近年来发展了 REDD + 战略并获得了国际资助。

次区域环境项目和自然资本投资的主要来源是官方发展援助（ODA）及国家预算，2011 年和 2012 年所有 ODA 承诺款项中有 35% 用于环境可持续性项目。2014 年，日本政府承诺资助湄公河委员会 344 万美元，其中 154 万美元用于干旱管理项目，190 万美元用于洪水管理及缓解项目。德国开发

---

① ADB, *Renewable energy developments and potential in the Greater Mekong Subregion*, Mandaluyong City, Philippines, 2015, p. 10, http：//www. adb. org/sites/default/files/publication/161898/renewable-energy-developments-gms. pdf.

② 丁敏：《哥斯达黎加的森林补偿制度》，《世界环境杂志》2007 年第 6 期，第 66 页。

③ ADB, *Investing in Natural Capital for a Sustainable Future in the Greater Mekong Subregion*, September 2015, p. 63, http：//www. adb. org/sites/default/files/publication/176534/investing-natural-capital-gms. pdf.

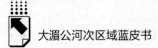

银行（GDB）资助212万美元用于湄公河湿地管理及保护，德国政府承诺拨付400万欧元（452.5万美元）用于"湄公河委员会水电可持续发展倡议"二期项目。[①] 泰国和越南2005年以来每年环境项目投入占国家预算的近1%。[②] 次区域私人部门的投资开始出现，如霍尔希姆（Holcim）越南公司在宏中（Hong Chong）建立水泥厂，该地是石灰岩多样性地区及受到威胁的水鸟栖息地，该公司与国际鹤类基金会（International Crane Foundation）共同合作保护当地的鹤类。次区域国家私人部门对自然资本的投资程度较低，该地区很多商业规模较小，大部分属于非正规部门。

次区域自然资本存在巨大的投资空间，应开展面向自然资本的公私合作伙伴关系（public-private partnerships，PPP）机制模式，动员基础广泛的合作伙伴，促进公共及私人部门对自然资本的投资，可争取更多的ODA资助环境项目，维持和增加自然资本投资的规模，在市场机制下探索资源配置，引导基金、众筹等社会资本进入环保产业，发展完善的商业投资体系。[③] 国家层面需增加环境预算，促进环境税收改革，设计合理的改革方案不仅能缓解空气、水污染等问题，还能提供稳定的就业机会，是有效促进公共融资的方式。

① Mekong River Commission（MRC），*Annual Report 2014*，p. 38，http：//www. mrcmekong. org/assets/Publications/governance/MRC-Annual-Report-2014. pdf.

② ADB，*Investing in Natural Capital for a Sustainable Future in the Greater Mekong Subregion*，September 2015，p. 43，http：//www. adb. org/sites/default/files/publication/176534/investing-natural-capital-gms. pdf.

③ 刘鹏、谢高攀：《中外专家：自然资本存在大量投资空间》，中新网，http：//www. chinanews. com/cj/2015/06 - 28/7370813. shtml。

B.6
缅甸非政府组织的发展
及其涉华活动的影响*

梁 晨 徐秀良 黄德凯**

摘　要：　近年来缅甸非政府组织不断发展壮大，成为缅甸政治生活中
　　　　　一股不可忽视的力量。伴随着中国企业在缅投资力度的加大，
　　　　　缅甸非政府组织的涉华活动也日趋活跃，对中国在缅投资项
　　　　　目的正常建设和中缅两国友好关系的发展产生了一定影响，
　　　　　对此应给予重视，并进一步提升中方企业的应对能力。

关键词：　缅甸　非政府组织　涉华活动

进入 21 世纪以来，中国积极实施"走出去"战略，加大对外投资力
度。缅甸虽然自身经济水平落后，但发展潜力巨大，成为中国对外投资主
要的周边国家之一。中国在缅投资的很多重大战略项目，由于投入资金较
大、涉及利益面广和影响较大等，常常成为缅甸非政府组织关注和攻击的
焦点。一些非政府组织通过发布片面性文字鼓动群众对中国投资的项目进
行抗议，使当地民众产生对华排斥心理，阻碍了中国在缅投资项目的正常
建设，也不利于中缅两国友好关系的发展。本文从缅甸非政府组织的发展

＊　本文是云南省哲学社会科学研究基地课题"缅甸非政府组织的涉华活动及对策研究"（项目
　　编号：JD2014ZD27）的阶段性成果。
＊＊　梁晨，云南大学国际关系研究院讲师、云南大学周边外交研究中心研究人员；徐秀良，云南
　　大学国际关系研究院 2014 级硕士研究生；黄德凯，云南大学国际关系研究院 2015 级博士研
　　究生。

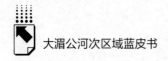
历程、涉华活动的表现、影响及发展趋势等方面进行分析，为相关部门和企业提供参考。

一 缅甸非政府组织的发展历程

缅甸非政府组织的出现始于其殖民地时期，因此，其以后的发展也与西方国家联系紧密。缅甸独立后，由于长期自我封闭与西方封锁，非政府组织成为西方反对缅甸威权政府的工具；1988 年缅甸实行对外开放政策后，非政府组织在西方资金的支持下获得快速发展，成为影响缅甸政治转型和经济发展的重要力量。

（一）缅甸非政府组织产生的背景

缅甸非政府组织的出现，最早可以追溯到殖民地时期。1824 年起，英国发动三次侵缅战争，开始了在缅甸长达 120 年的殖民统治。随着工业化的发展，英国乃至周边资本主义国家的非政府组织开始出现并不断壮大，而随着英国在缅甸势力的扩张，这些非政府组织也开始在缅甸活动。19 世纪下半期，缅甸的非政府组织正式出现，其时，大多数的非政府组织具有浓厚的宗教色彩，影响较大的有克伦浸信会国内传教会联盟（Kayin Baptist Home Mission Churches Association）。在其庇护下，1857 年克伦浸信会妇女组织在仰光成立，1860 年缅甸浸信教堂联盟在勃固省成立。此后，宗教性质的非政府组织在缅甸大量出现。1865 年成立的缅甸浸信会（Myanmar Baptist Convention），其最初的活动主要是传教，后来逐渐发展成为一个致力于缅甸民众经济、技术、物质等方面的援助和健康意识、知识能力培养的组织[1]；1914 年，外国传教士成立了缅甸教会委员会（Myanmar Council of Churches），这一组织的目标是团结缅甸境内的所有基督教会。直到今天，

---

[1] 段然、梁晨：《非政府组织在缅甸政治转型与对外关系中的作用》，《缅甸国情报告（2012～2013）》，社会科学文献出版社，2014，第 41 页。

这一组织还积极传教并参与到教育等各种社会活动中，也罕见地成为获得缅甸政府嘉奖的正式注册的非政府组织。[①]

与此同时，缅甸本土的公民社会组织也开始出现。越来越多的缅甸青年受到西方科学技术和资产阶级自由、平等思想的影响，开始将西方的平等观念与本土的佛教思想融合在一起，以复兴佛教为旗帜，为缅甸人争取在社会和教育等方面与英国人享有同等的权利。为了反抗英国的殖民统治，一些群众性的组织也应运而生。1906 年，缅甸佛教青年会成立，1920 年扩大并更名为缅甸人民团体总会，成为广泛的反帝政治力量，发起了史称"温达努"的爱国运动，[②] 号召全国抵制外国货，提倡国货，提倡国民教育等，把爱国运动推向了高潮。由于殖民政府对政治活动有严格的限制，爱国运动往往也需要宗教活动和慈善行为的掩护，所以这一时期的宗教非政府组织所从事的社会福利工作远远超出了宗教组织本身的职责。

缅甸独立后，受英国殖民当局允许独立组织存在的影响，一段时间内，缅甸政府给予 NGO 一定的发展空间，一些宗教、文化及社会福利组织可以在体制外运作，公民社会组织在诸如仰光和曼德勒这样的中心城市激增，但也仅限于地方性的、以社区为基础的非正式组织。因为刚刚独立的缅甸，还带有十分强烈的民族主义情绪，这一情绪也影响着缅甸人对国际 NGO 与外来援助组织的看法。[③] 1962 年，奈温发动政变建立军人政权，不仅解散了国会和最高法院，废除了宪法，一些构成公民社会支柱的组织如缅甸作家协会、缅甸新闻工作者协会等独立组织也被政府控制和掌握，全国工会和农会则直接由军人来领导。可以说，这一时期，缅甸 NGO 的发展受到严重削弱，几乎没有成立任何相关组织。

---

① To unify all the Christian Churches in Myanmar.

② 1907 年，缅甸民族运动的领袖、爱国僧侣吴欧德马为寻求革命真理东渡日本并结识了孙中山，受孙中山三民主义思想的启迪，回国后，组织了佛教僧侣的政治组织——佛教团体总会，提出反帝口号，并与缅甸人民团体总会共同发起"温达努"（爱国的民族精神）运动，提倡爱国的民族教育。

③ 段然、梁晨：《非政府组织在缅甸政治转型与对外关系中的作用》，第 42 页。

（二）近年来缅甸非政府组织的迅速发展及其原因

1988 年，缅甸军政府开始实行对外开放的政策，缅甸国内出现了国际非政府组织。2011 年，缅甸新政府成立后，许多国际非政府组织纷纷到缅甸开展工作。截至 2012 年 8 月，在缅甸登记注册的国际非政府组织达到270 个。但实际上在缅的国际非政府组织的数量远不止于此，据估计，大约有 1000 个国际非政府组织在缅甸开展相关活动。[①] 在缅活动的非政府组织不仅数量众多，而且背景复杂，发展迅速，活动范围较广。这些非政府组织的背景复杂，或者产生于缅甸本土，或者有西方国家不同背景的资金支持。本土 NGO 在这一时期也开始崛起，集中表现在两个时间点上：一是 1990 年的选举，昂山素季领导的全国民主联盟在 1990 年的大选中获胜却未能掌握政权，军政府为了表示其转变以及安抚国际国内社会，在结社方面放宽了限制；二是 2008 年的纳尔吉斯风灾给缅甸本土 NGO 提供了一个发展契机，风灾后出现的本土 NGO 的数量占 2001～2010 年成立的本土 NGO 总数的大半。[②] 究其原因，缅甸非政府组织在这一时期能够得到长足发展，离不开以下几个因素。

1. 缅甸政府放宽了对 NGO 的限制

威权主义政府主导的、追求单纯的经济增长的发展模式本身潜在的各种矛盾日益暴露，是导致这一时期 NGO 大量产生的深层次原因。[③] 缅甸是世界上最不发达的国家之一，对外开放迫切需要海外资金支持，尤其是一些少数民族地区，迫切需要国际 NGO 提供医疗卫生、教育、灾后重建等服务。缅甸政府开始放宽甚至邀请一些国际 NGO 到缅甸活动；同时，缅甸政府为了改善国际形象，主动融入国际社会，对国际非政府组织也表现出一定程度的容忍态度，尤其是 2010 年大选后，缅甸民主化进程快速推进，非政府组

---

① Nyein Nyein, "NGO Registration Law to be Drafted", http：//www. irrawaddy. org/archives/ 11784.

② 段然、梁晨：《非政府组织在缅甸政治转型与对外关系中的作用》，第 47 页。

③ 李文：《东南亚：政治变革与社会转型》，中国社会科学出版社，2006，第 128 页。

织发展环境得到改善。

2. 纳尔吉斯风灾的影响加快了非政府组织崛起的进程

2008 年 5 月,强热带风暴"纳尔吉斯"袭击缅甸 5 个省(邦),造成重大人员伤亡。据新华社报道,此次风灾造成约 8.45 万人丧生,5.38 万人失踪,1.94 万人受伤,735 万人受灾,经济损失高达 40 亿美元。风灾发生后,缅政府和国际 NGO 无法在第一时间对受灾地区给予帮助,缅甸本土原有的一些公民社会组织迅速开展自救活动,取得了较好的成效,社会组织的力量也因此得以激发,本土 NGO 的重要性得到体现。以此为契机,一批新的 NGO 开始登上政治舞台。

3. 通信技术的改进推动了非政府组织的发展

从 2011 年 12 月起,缅甸正式解除对 Facebook、Twitter、BBC、YouTube 等网站的封锁,缅甸进入网络自由时代;截至 2015 年,缅甸 6000 万人中近一半人使用手机。通信手段及网络的发展,使得越来越多的信息能够共享和得到运用,为缅甸 NGO 的发展提供了对内、对外的交流合作平台。[1]

二 缅甸非政府组织的涉华活动及影响

目前,中国是缅甸最大的经济伙伴,不仅是缅甸最大的对外贸易国,也是缅甸外资的最主要来源国。截至 2016 年 2 月,中国在缅一共实施了 126 个项目,虽然低于新加坡的 199 个项目,但在项目实施的金额方面,中国以 190 亿美元的对缅投资金额远超过新加坡的 120 亿美元。[2] 中国作为缅甸主要投资国之一,不仅投资项目较多、数额较大,而且投资领域也十分广泛;水电、油气和矿产等是中国对缅投资的主要领域,缅甸在这些领域也主要依靠中国的投资。这些领域的投资项目便成为缅甸非政府组织关注的重点和开展涉华运动的主要目标,其中密松大坝、莱比塘

---

① 段然、梁晨:《非政府组织在缅甸政治转型与对外关系中的作用》,第 62 页。

② 中国驻缅甸大使馆经济商务参赞处:《中国仍是缅甸外资最大来源国》,2016 年 3 月 18 日,http://mm.mofcom.gov.cn/article/ztdy/201603/20160301277872.shtml。

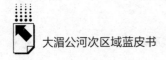

铜矿、中缅油气管道等就是受非政府组织活动影响较突出的中方投资项目。

（一）非政府组织对中资项目的干涉活动

1.密松大坝事件

缅甸具有水能资源丰富、水电发展落后的特点，缅甸自身需要加大国内水电的开发力度，同时也希望中国积极参与到缅甸的水电建设中来。2001年缅甸制定了"30年电力发展规划"，提出要建设64座水电站、3座燃煤电厂，总装机容量为4000万千瓦，其中汇流区水电计划就占了41%的装机容量。[①] 2006年10月，缅甸政府在第三届中国－东盟投资峰会上邀请中国电力投资集团投资参与开发缅甸水电。同年12月，缅甸政府与中国电力投资集团签订备忘录，建设600万千瓦的密松水电站。随后中企在密松坝址地区进行了一系列的测绘、勘探和设计工作，为密松大坝的建设做前期工作。中缅于2009年6月21日签署了《恩梅开江、迈立开江与伊洛瓦底江—密松上游流域水电项目开发、运营和输配协议备忘录》，其中包括密松大坝项目。在所有密松大坝的技术、法律相关文件均已完备的前提下，密松大坝于2009年12月21日正式开工。

密松大坝项目在开工建设前就遭到了缅甸非政府组织的干涉。2007年以克钦网络发展组织（KDNG）为首的非政府组织以密松水电项目的环评报告缺少科学性为借口发难。KDNG先是发表长篇反坝报告"Damming the Irrawaddy"，误导民众；并对第三方机构——国际大坝委员会做出的环评报告持否定态度。如果说非政府组织对密松大坝在筹备建设期间的活动还只是"小打小闹"的话，那么在密松大坝建设期间的活动则更为激烈。2011年，克钦网络发展组织又发表反坝调研报告兼抗议书"Resisting the flood"，报告言辞非常激烈，呼吁缅甸国内行动起来抵制密松大坝。同时，克钦网络发展组织还搜集缅甸国内和克钦地区所有的抗议书、反坝言论、宣传海报和非政

---

① 李晨阳：《缅甸政府为何搁置密松水电站建设》，《世界知识》2011年第21期，第24页。

府组织的反坝活动，力图渲染密松大坝建设不得人心，反坝运动拥有广泛的群众基础，已得到社会和政府的重视。此外，该非政府组织还公布了写给中国相关企业和政府部门的公开信，指责中国建设密松大坝未遵守相关标准和协议。在国际上，克钦网络发展组织不仅联合在泰缅边境的欧美环保非政府组织营造不利于密松大坝建设的国际舆论，还得到与之关系密切的美国亚洲协会的支持。这一系列活动对 2010 年大选上台的民选缅甸政府构成巨大压力，最终在 2011 年 9 月 30 日，缅甸政府单方面宣布在本届政府任期内搁置密松大坝建设工程。

2. 莱比塘铜矿事件

受西方国家对缅甸实行制裁的影响，加拿大艾芬豪矿产公司从位于缅甸西北部实皆省蒙育瓦市的莱比塘铜矿项目退出，中国北方工业集团下属的万宝矿产缅甸铜业有限公司开始接手莱比塘铜矿项目。2010 年 6 月 3 日，在中缅两国总理的见证下，莱比塘铜矿项目产品分成合同正式签署，合同规定 100% 的投资方为万宝公司，合作方为缅甸军方的缅甸经济控股有限公司。根据产品分成协议，缅甸经控公司占 51%，万宝公司占 49%。[1] 根据合同，该项目总投资额为 10.65 亿美元，设计产能为 10 万吨阴极铜/年，于 2012 年 3 月 20 日举行了开工仪式。[2]

相比于密松大坝在项目筹备期间就遭到缅甸非政府组织的抵制，莱比塘铜矿在项目启动建设过程中成为缅甸非政府组织抵制的目标。在开工之初，拥有西方背景的"缅甸河流网络"就以"侵犯人权""破坏环境"为由，对莱比塘铜矿进行控诉。与此同时，多个非政府组织在莱比塘铜矿当地鼓动和组织民众，在铜矿周围进行抗议活动，并引发抗议民众与政府之间的冲突，导致人员伤亡。随即更多的缅甸非政府组织加入到阻止莱比塘铜矿建设的活动中，引发缅甸全国性的抗议。"缅甸政治犯救助会""88 学生组织"等非政府组织一方面继续组织民众到莱比塘铜矿进行抗议，另

① 尹鸿伟:《中企缅甸莱比塘铜矿再起纠纷》,《凤凰周刊》2015 年第 4 期, 第 59 页。

② 廖亚辉:《缅甸:中资莱比塘铜矿为何遭反对》,《世界知识》2013 年第 9 期, 第 26 页。

一方面到政府、中国驻缅大使馆门前进行抗议，并提出相关的政治诉求。致使时任缅甸总统吴登盛于 12 月 1 日任命昂山素季为主席组成调查委员会，负责调查莱比塘铜矿项目。2013 年 3 月 12 日，调查委员会公布的最终调查报告认为，莱比塘铜矿项目应继续实施，但需要采取必要的改进措施。① 2013 年 7 月，关于莱比塘铜矿项目新的三方补充协议签署，新合同规定，缅甸政府控股 51%，缅甸经济控股有限公司占 19%，万宝持有股份降至 30%；此外还明确项目的 2% 纯利将用于社会环境投资。② 2014 年 12 月 22 日，莱比塘铜矿进行围挡扩建工作，又引发新一轮的抗议，受部分激进分子的鼓动，不少村民开始围攻中方人员和警察，阻挠围挡工作。2015 年 1 月 5 日，莱比塘计划落实委员会发表新闻公报，就莱比塘项目每个环节和过程做了详细的阐述和规划。虽然该项目最终重启建设，但非政府组织或其他环保主义者仍未停止活动，致使项目在停工与复工间不断反复。

3. 中缅油气管道项目

2009 年 3 月，中缅两国签署《关于建设中缅原油和天然气管道的政府协议》，根据协议，中缅天然气管道缅甸境内段长 793 公里，原油管道缅甸境内段长 771 公里，并在缅甸西海岸胶漂配套建设原油码头。③ 油气管道④ 初步设计输油能力为每年向中国输送 2200 万吨原油、120 亿立方米的天然气，政策维持 30 年不变。计划总投资额为 25.4 亿美元，其中石油管道投资额为 15 亿美元，天然气管道投资额为 10.4 亿美元。负责天然气管道运营的东南亚管道公司里，中、缅、印、韩四方占股分别约为 50.9%、7.4%、

① 徐方清：《中缅铜矿：昂山素季的务实选项》，《中国新闻周刊》2013 年第 10 期，第 28 页。
② 张月恒、葛元芬：《外媒称缅甸政府欲拿走中资铜矿项目大半利润》，新华网，2013 年 7 月 27 日，http：//news. xinhuanet. com/world/2013 – 07/27/c_ 125074402. html。
③ 杨振发：《中缅油气管道运输的若干国际法律问题》，《昆明理工大学学报》（社会科学版）2011 年第 4 期，第 16 页。
④ 中缅油气管道（缅甸境内段）是由"四国六方"（中缅韩印四国的 6 个投资方）共同参与投资的项目，缅甸段油气管道中缅持股几近相等，缅方每年收取 1381 万美元的油气管道路权费、每吨 1 美元的原油管道过境费。

12.5% 和 29.2%。① 在原油运营中，缅甸能源部下辖国有企业缅甸石油天然气公司享有项目 49.1% 的股权收益。项目于 2009 年 6 月 3 日开工，历时 4 年多建设，2013 年 9 月 30 日，中缅天然气管道全线贯通，开始往中国输气；2015 年 1 月 30 日，石油管道全线贯通，开始运输原油入境。

早在 2009 年中缅政府签订油气管道建设的政府协议之初，该项目就遭到了非政府组织团体的强烈反对。在这些组织中最有影响力的是由在孟加拉国、印度和泰国的流亡人士组成的"丹瑞天然气运动"组织，该组织在 2009 年 9 月 9 日发布"权力走廊"报告，声称要曝光中国如何"上马兴建一条横穿缅甸腹地、长达近 4000 千米的油气管道"。② 随后以美国之音、路透社为首的西方媒体积极为该组织造势宣传，夸大中缅油气管道的负面影响，指责中缅油气管道项目损害了缅甸的利益。"丹瑞天然气运动"组织还散发串联书，试图利用信息传播的差异，把各利益群体动员起来捍卫自己的权益。2012 年 3 月 1 日，约 100 名缅甸籍民间人士在缅甸驻泰国大使馆前示威，要求缅甸总统吴登盛叫停中缅油气管道建设工程。③ 2013 年 5 月 10 日，中缅油气管道一项目负责人在仰光表示，中石油及相关公司已累计向缅甸投入了近 2000 万美元，援建了 43 所学校、2 所幼儿园、3 所医院、21 个乡村医疗所，使 80 万人的医疗环境得到改善，兴建了马德岛饮水工程以及若开邦输电线路的架设等。④ 虽然中国企业为缅甸发展贡献了很多，但公益项目的具体实施是由缅甸政府来推进，导致很多公益项目被建在远离项目途经地的其他地区，受项目影响的沿线地区却并未真正享受到实惠，所以得不到民众的广泛认可。虽然中缅油气管道在建设的过程中克服困难如期完成，但缅

① 方晓：《中方努力为中缅油气管道正名》，新浪网，2013 年 7 月 30 日，http://news. sina. com. cn/c/2013 – 07 – 30/101927808594. shtml。

② 环球时报：《西方助缅流亡组织搅和中缅油气管道》，环球网，2009 年 9 月 9 日，http://world. huanqiu. com/roll/2009 – 09/571431. html。

③ 尹鸿伟：《缅甸内战殃及中缅油气管？》，时代在线，2012 年 3 月 8 日，http://www. time – weekly. com/html/20120308/16298_ 1. html。

④ 李毅等：《中缅油气管道完成后的诸多变数》，《中国矿业报》2013 年 6 月 25 日，第 B06 版。

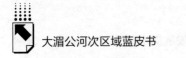

甸民间的反对声音却没有停止过。

4. 其他中资项目

为改变缅甸国内电力供应紧张的情形，中缅泰三国以 BOT 模式运作联合开发缅甸萨尔温江孟东水电站。2010 年 11 月 10 日，以中国三峡集团为首组成的中方联合体，在内比都与缅甸电力一部水电规划司、泰国 EGATI、缅甸 IGOEC，签署当今东南亚最大的水电开发项目《萨尔温江孟东水电项目合作谅解备忘录》。[①] 孟东水电项目装机容量约 710 万千瓦，建成后是萨尔温江上兴建的规模最大的水电项目，预计投资总额约为 100 亿美元，整个水电项目建设工期为 15 年。三国在该合作项目中持股比例分别为：中方联合体占股 56%[②]，泰国 EGATI 占股 30%，缅甸政府占股 10%，缅甸私营公司 IGOEC 占股 4%。2011 年 3 月 6 日，项目成立中泰缅管理委员会，三国投资方就协议内容以及大坝的输电规划问题进行商讨。然而好景不长，受 2011 年 9 月密松大坝被无限期搁置的影响，孟东水电项目也被搁置了一段时间，直到 2015 年年初，项目才得以重新启动。

从 2015 年 7 月开始，以掸族和佤族为主的建设区内居民接连在掸邦各大城市集会，要求项目停建。由中缅泰三方委托的第三方环境评估机构澳大利亚雪山工程公司在进行水电项目产生的人文和自然环境影响评估时遭到了当地居民的抗议。当地居民以掸邦政治环境不稳定为由进行抗议，孟东镇和衮亨镇约有 400 名村民举行了反对孟东水电项目的抗议活动。由于当地居民的阻挠，评估工作被迫推迟。2015 年 9 月 9 日，掸邦嘎利、衮亨地区的百姓向澳大利亚雪山工程公司发出公开信，要求他们停止所有有关孟东水电站项目。信中声称，水电项目的修建将会使世世代代生活在那里的百姓背井离乡，大量村庄和耕地将会被淹没，会对当地社会和环境造成破坏，拥有 700 年历史的霍冷佛塔历史遗迹将会被毁。此外，非政府组织掸邦人权基金会表

---

① 于翔汉：《将水电开发技术的"中国标准"推向世界　访——中国三峡集团董事长、党组书记曹广晶》，《中国三峡》2011 年第 1 期，第 5 页。

② 中方联合体中，中国长江三峡集团公司占股 56%，中国南方电网有限责任公司和中国水利水电建设股份有限公司各占股 22%。

示，缅甸还未实现全面停火，掸邦和克钦邦部分地区还频繁爆发冲突与摩擦，当地居民担心在政治环境缺乏稳定的时候建设孟东水电站会使自己被迫迁移以及会给当地的社会经济带来损害。虽然孟东电站项目得到重启，但非政府组织仍继续以各种理由反对项目的建设。

（二）非政府组织涉华活动的影响

1. 对中国在缅投资的影响

非政府组织涉华活动最为直接的影响就是阻碍了中资项目的运转，主要表现在两个方面。一是中国在缅投资项目经济损失严重，投资风险增大。中国在缅项目经济利益受损，直接影响到中国在缅投资项目的正常运行，"中国在缅甸投资的风险与成本明显上升"[1]。据了解，密松水电站自 2011 年停工以来，中电投的前期投资就达到 70 亿元人民币，且财务付息和人员维护费以每年 3 亿元的速度递增；[2] 而缅方也同样如此，不仅超过 3 万名民众需要得到安置，每年还至少损失 GDP 50 亿美元。莱比塘铜矿的损失也同样巨大，中国企业在莱比塘铜矿停工期间，每月的损失高达 200 多万美元，投资失败的风险非常大。由于莱比塘铜矿对于促进当地的经济发展意义重大，缅甸也同样蒙受着巨大损失。二是影响中国企业对缅投资的积极性，中国对缅投资额度明显下降。2010 年中国对缅甸投资额为 82.69 亿美元，但受 2011 年中资项目相继搁置事件的影响，中国对缅投资额呈现下降趋势。2011 年为 43.45 亿美元，2012 年降至 2.32 亿美元，2013 年为 0.56 亿美元，2014 年才回升到 5.11 亿美元[3]（见图 1）。

---

① 李晨阳：《2010 年大选后的中缅关系：挑战与前景》，《和平与发展》2012 年第 2 期，第 32 页。

② 于景浩、孙广勇：《"我们期待尽快复工"——走进停工后寂静的缅甸密松水电站》，《人民日报》2014 年 1 月 3 日第 21 版。

③ DICA：Foreign Investment by Country，Data & Statistics，Yearly Approved Amount of Foreign Investment By Country，March，2016. http：//www. dica. gov. mm/sites/dica. gov. mm/files/document-files/2016_ march_ fdi_ by_ country_ yearly_ approved. pdf.

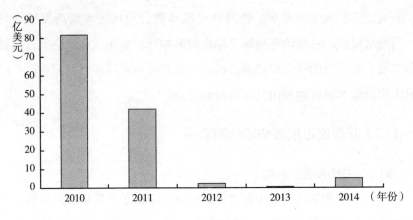

图1 2010～2014年中国对缅甸投资总额情况

资料来源：DICA：Foreign Investment by Country，Data & Statistics，Yearly Approved Amount of Foreign Investment By Country，March，2016. http：//www. dica. gov. mm/sites/dica. gov. mm/files/document-files/2016_ march_ fdi_ by_ country_ yearly_ approved. pdf。

2. 对中缅两国友好关系发展的影响

中缅是传统友好邻邦，两国不仅有漫长的共同边界，而且两国人民往来历史悠久，"胞波"情谊源远流长。近年来，中缅关系总体发展较好，双方建立了全面战略合作伙伴关系，继续深化互利互惠合作，但在受非政府组织主导的搁置、停工事件不断发生的情况下，中缅关系难免会受到影响。从中方来看，外交部部长王毅曾在记者发布会上表示，密松水电站是中缅关系"成长中的烦恼"①；中国驻缅前大使李军华也曾表示中缅关系在"双边合作项目上出现波折"②。从缅甸来看，缅甸同样承认影响到了中缅关系的发展。2011年10月，时任缅甸副总统丁昂敏乌出席中国－东盟博览会时与中方领导人会晤，就"缅方搁置密松水电站项目一事进行沟通"。③ 这说明缅甸已

① 中国新闻网：《王毅谈中缅关系：昂山素季与中国一直有友好交往》，2016年3月8日，http：//www. chinanews. com/gn/2016/03 – 08/7788614. shtml。

② 张云飞：《中国驻缅甸大使表示中缅两国互利合作符合共同利益》，新华网，2011年10月21日，http：//news. xinhuanet. com/world/2011 – 10/21/c_ 111113922. htm。

③ 吴成良：《缅副总统访华或解释搁置电站问题　美媒称考验中缅关系》，环球网，2011年10月8日，http：//world. huanqiu. com/roll/2011 – 10/2061184. html。

经意识到密松水电站的搁置有悖于两国的共同利益，也不符合两国人民的共同利益。

三 缅甸非政府组织涉华活动的发展趋势

如前所述，缅甸非政府组织开展涉华活动是与缅甸政治转型齐头并进的，参与涉华活动的非政府组织也积累了较为丰富的经验；加之一向倡导民主的民盟政府上台，社会自由化将会进一步加大，社会组织活动的自由度也将会随之提高。随着缅甸国内及国际形势的变化，尤其是缅甸逐渐融入国际社会，实行大国平衡的战略，缅甸非政府组织的涉华活动将会出现以下新的发展趋势。

（一）涉华活动数量呈上升态势

中国作为缅甸外资最大来源国，过去投资领域以资源开发为主，水利、油气、矿产几乎占中国对缅投资的全部。[①] 从密松大坝的搁置、莱比塘铜矿停工事件来看，以前缅甸非政府组织涉华活动主要围绕水电的开发利用、矿产的开采和开发等传统方面展开，而诸如交通基础设施等其他方面则相对较少。随着中国在缅投资领域的不断延伸，从水电、矿产向制造业、饭店和旅游业、房地产、交通基础设施、通信、建筑业等方面拓展[②]，投资项目数量也逐渐增多，对缅投资呈现多元化发展。这样虽然分散了中国在缅投资项目的投资风险，但又给缅甸非政府组织涉华活动的开展提供了更多的机会。

此外，一些非政府组织开始向政府部门渗透，而政府为得到社会广泛的支持，也有意吸收一些与非政府组织相关的人员进入。因此，随着中国在缅

---

① 马强：《中缅拓展经贸投资合作面临的六大挑战与七大机遇》，《中国经济周刊》2015 年第 23 期，第 22 页。

② 卢光盛、金珍：《密松事件后中国对缅投资停滞了吗?》，《世界知识》2015 年第 11 期，第 23 页。

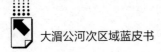

投资领域深度与广度的加大，非政府组织在缅数量的增多，未来涉华活动数量将呈上升态势。

（二）中资项目依然是涉华活动开展的重点对象

中国目前在缅投资项目主要以大型项目为主。而这些大型项目往往具有投入资金较大、涉及利益主体较多、建设周期较长、由两国政府牵头等特点，且项目与当地民众生产生活联系紧密，所以这也容易成为非政府组织关注和攻击的焦点。非政府组织的涉华活动关注点仍集中在中国参与的大型项目上，这是缅甸非政府组织涉华活动最大的特征，也是一个重要的发展趋势。

（三）非政府组织之间及与媒体间的合作将继续加强

1. 非政府组织之间加强合作

经过多年的积累，缅甸非政府组织掌握了较为熟悉的涉华活动方式和方法。其涉华活动以前主要因某个问题，为同一个目的而进行相互声援，进而在表面上形成了多个组织集体涉华活动的景象，但实际上他们都是各自为战。不过近年来，随着非政府组织之间的互动越来越深入，缅甸出现了一些非政府组织联盟，从之前的相互呼应到如今形成组织机制，整合起来共同行动，以集体力量来给政府、社会施加更大的压力和释放更大、更强的影响。

2. 非政府组织与媒体之间加强合作

目前，一些非政府组织以报告形式把中国在缅投资的负面行为透露给一些缅甸媒体，而媒体为了销量和扩大影响力即对此进行广泛报道。媒体把非政府组织当作其新闻素材来源，非政府组织借媒体扩大其影响力，未来非政府组织与缅甸国内的媒体进一步加强合作。同时，由于缅甸的非政府组织本就得到西方势力的支持，所以积极与西方国家的媒体合作，涉华活动的情况通过西方媒体报道出来并向其他西方国家或地区的主流及民间媒体扩散。

综上，缅甸非政府组织的涉华活动仍有可能呈增长态势，中资项目依然会是非政府组织重点关注的对象，非政府组织彼此之间及其与媒体之间也将会加强合作。有鉴于此，中国企业在缅开展投资活动时，应吸取经验教训，建立健全反应机制，加大对缅甸非政府组织的舆论宣传力度，加强沟通、培养，化被动为主动，开展深入合作；同时，结合我国对缅援助机制，推动我国非政府组织"走出去"服务国家战略，努力树立负责任的大国形象，使中国与缅甸的政治经济关系能够持续稳步发展。

B.7

缅印关系的新发展及其对区域
合作格局的影响[*]

刘 稚 黄德凯[**]

摘　要：　近年来，缅甸与印度的关系不断改善和升温，以两国高层互
　　　　　访为契机，双方在经贸、安全等领域的合作日益深化。缅印
　　　　　关系的发展变化主要是基于双方地缘政治、经济、能源和安
　　　　　全等方面的相互需求，同时也不乏平衡中国因素的考量。缅
　　　　　印关系的升温虽然会对中缅关系和区域合作格局产生一定的
　　　　　影响，但各方也可在区域合作中找到共同利益的结合点。

关键词：　缅印关系　区域合作

　　缅甸与印度互为近邻，两国有着漫长的共同边界，双方交往源远流长。
历史上印度在宗教、文化、政治、经济等方面对缅甸产生过巨大的影响，一
些学者甚至将缅甸划归印度文化圈。近代以来缅印关系经历了起起落落，但
相互交往从未间断。随着冷战的结束以及国际关系、区域政治经济格局的重
组，缅印关系逐步改善。特别是自2010年缅甸大选以来，在缅甸政治转型
与对外战略调整和印度大力推行"向东看"外交的背景下，印度与缅甸关

　　* 本报告为2015年度国家社科基金重大项目"'一带一路'视野下的跨界民族及边疆治理国际
　　经验比较研究"（批准号：15ZDB112）的阶段性成果。
　** 刘稚，云南大学大湄公河次区域研究中心主任，研究员，博士生导师，中国东南亚研究会副
　　会长；黄德凯，云南大学国际关系研究院博士研究生。

系迎来一个新的发展时期，双方在政治、经济、安全、文化等方面的合作不断深化，对双边关系乃至区域合作格局都产生了一定的影响。

一 近年来缅印关系的新发展

2010年缅甸大选以来，缅甸与印度的关系不断改善，双方在政治、经济、安全、文化等领域的合作全面展开。

（一）政治合作不断深化

1. 双边高层互访频繁

2011年，缅甸吴登盛新政府上台后，印度不顾西方国家的指责，公开表示支持缅甸新政府；2011年，印度外长克里希纳访问缅甸，商讨如何进一步加强双边经济与贸易关系；同年12月，吴登盛应邀访问印度，两国就经贸及防务方面的合作签署协议。2012年5月，印度总理辛格访问缅甸，这是印度总理时隔25年以来首次访缅，双边就边界地区发展等领域签署了12项合作协议；2012年12月，民盟领导人昂山素季访问印度，被外界认为是重建缅印关系的重要契机。2014年3月，印度总理辛格借出席环孟加拉湾多领域经济技术合作组织峰会之机再次访问缅甸，两国就打击跨境犯罪、建设印缅泰公路和印度参与缅甸天然气开发等相关问题进行了讨论。2014年11月，印度总理莫迪在赴缅甸内比都参加东亚峰会期间，分别与缅甸总统吴登盛和民盟领导人昂山素季举行了会晤，被视为印度新政府加强对缅关系的重要战略举措。2015年7月，时任缅甸外长吴温纳貌伦访问印度，与印度总理莫迪和外长斯瓦拉吉举行了会谈；同月底，缅甸国防军总司令敏昂莱对印度进行了为期四天的访问，并与印度总理莫迪举行会谈。缅甸与印度通过两国高层的相互接触与商谈，逐渐形成了两国高层不定期会晤的机制，为改善和加强两国关系加固了顶层设计，促使缅印关系进入冷战后最好的发展时期。

2. 多边互动日趋活跃

缅印还通过多边舞台加强双边关系。2011 年以来，印度总理在参加东亚峰会期间举行印度－东盟领导人会议（10＋1），尤其是 2014 年印度总理莫迪还借在内比都参加东亚峰会之机访问缅甸。环孟加拉湾多领域经济技术合作组织是印度和缅甸共同参与的区域性国际合作组织。2014 年 3 月，该组织峰会在缅甸内比都举行，会议通过了"加强组织框架内的各领域合作，重申对消除贫困、提高人民生活质量的坚定承诺"的宣言。[①] 在南亚区域合作联盟中，缅甸已经成为其观察员国，2011 年在马尔代夫举行的第 17 届南盟峰会和 2014 年在尼泊尔举行的第 18 届南盟峰会，缅甸都派出了高级代表团出席会议。通过多边政治互动，印度与缅甸之间的关系进一步得到改善。

（二）经贸合作进一步扩大

1. 贸易投资逐年增长

近年来，缅印经贸合作进一步扩大。缅印双边贸易额已从 1980 年的 1240 万美元增至 2010～2011 财年的 13.38 亿美元，2011～2012 财年为 18.69 亿美元，2012～2013 财年为 19.58 亿美元，2013～2014 财年为 21.8 亿美元[②]，2014～2015 财年降至 20 亿美元，而 2015～2016 财年前 7 个月（2015 年 4～10 月），两国贸易额为 11 亿美元[③]，2016～2017 财年缅甸与印度的双边贸易额预计将增至 30 亿美元，到 2020 年双边贸易额将增长到 100 亿美元；双方投资也增长迅速，2011 年印度对缅甸的投资为 1.89 亿美元，2013 年达 2.75 亿美元，2014 年达到 5.08 亿美元，印度成为缅甸主要外资来源国之一。缅印经贸合作涵盖了农产品、药品、工业制成品等方面。

---

① 《环孟加拉湾多领域经济技术合作组织峰会闭幕》，国际在线，http://gb.cri.cn/42071/2014/03/05/6871s4448988.htm，2016 年 6 月 23 日。

② 殷永林：《21 世纪以来印度与缅甸经济关系发展研究》，《东南亚纵横》2015 年第 4 期，第 31 页。

③ 《缅印贸易额下财年将增至 30 亿美元》，中华人民共和国商务部，http://www.mofcom.gov.cn/article/i/jyjl/j/201511/20151101153785.shtml，2016 年 7 月 25 日。

2. 合作平台机制逐步完善

为进一步扩大经贸联系，缅印双方在平台机制建设方面也做出了诸多努力。首先，两国建立了经贸沟通平台，包括举行不定期的双边商业部长级会晤机制、签署建立边境贸易区促进贸易的协议、举办印度－缅甸投资贸易展以及建立缅甸与印度联合贸易委员会磋商机制等。通过这些平台机制，不但避免了缅印之间的经贸摩擦，还加强了两国之间的经贸互动。例如，2014年在内比都举行的印度－缅甸投资贸易展中，有超过80个印度公司参与，其中不乏特迈斯有限公司、基洛斯卡电器有限公司和Finolex电缆等印度大公司。其次，改善边贸环境，促进边境贸易的发展。2012年缅印两国签订了关于边境地区开发的谅解备忘录以及关于建立跨边境市场的谅解备忘录，旨在加强两国边境贸易往来。为此，印度在缅印边境建立了一个经济贸易特区，占地2500公顷，设有海关办事处、贸易区和边境市场；还把边境贸易的物品种类扩大到22个类目的数十个种类，包括洋葱和竹子等；印度与缅甸贸易的边境口岸也从1个扩大到了目前的9个。再次，印度还向缅甸提供技术、资金等方面的支持和帮助。在印度－缅甸联合贸易委员会上，印度联邦商业和工业部部长西塔拉曼表示，要在农业技术及公共健康等方面给予缅甸支持，帮助缅甸发展有机农业和确保农业发展可持续性。最后，两国进一步加强区域经济合作。缅印积极参与和推动印－缅－泰经济走廊、孟中印缅经济走廊以及环孟加拉湾多领域经济技术合作组织等区域性的经济合作组织的建设，以多边促双边，进一步加强两国之间的经济联系。

（三）互联互通进程加快

如果说2011年前缅印互联互通建设还处于"建设性接触"的话，那么之后两国进入了"互联互通"的实质性推动阶段[1]。在基础设施方面，印度拟打通印度东北部地区与缅甸之间的陆路交通，并建设经缅甸到达泰国的高等级公路。经多方努力，印缅泰三国高等级公路已经在2015年底实现试通

---

[1] 李昕：《印度与缅甸互联互通发展探析》，《南亚研究》2014年第1期，第61页。

车，整个公路预计在 2016 年全部建成。印度帮助缅甸升级公路和修缮桥梁，促进印缅之间的互联互通。2014 年世界银行向印度米佐拉姆邦公路建设提供 1.07 亿美元无息贷款，用以建设缅印之间的公路。在水运方面，缅印两国共同开发的加拉丹河及边境跨境公路的水陆联运项目也已经在 2014 年完成；印度更新和升级印缅航运路线，以满足日益增长的双边贸易需求。在航空方面，印度不仅持续增加各大城市与缅甸的航班，而且开通了从印度东北部飞往缅甸的航班，2014 年 6 月 27 日，缅印两国航空公司达成协议，开通印度东北部的曼尼普尔邦首府因帕尔至缅甸曼德勒的航班。此外，缅印还拟加强在光纤网络联通方面的建设。①

（四）能源合作稳步推进

随着经济的快速发展，印度对能源的依存度日益加大，而毗邻的缅甸拥有丰富的尚未开发的能源资源，可以部分满足印度的能源需求。近年来缅印两国已经在油气勘探和开采，油气管道建设，能源政策、技术和信息的交流和协调，水电项目等方面开展一系列合作。

在油气资源的开发开采方面，早在 2006 年印度的能源公司就与缅甸能源部签署了关于油气合作的谅解备忘录，印度 ESSAR 石油公司获得了缅甸海上 A2 块油气田，以及陆上油气开发的项目，共投资 1 亿美元。之后，两国油气合作持续发展。2013 年 4 月，缅甸公布陆上与海上油气开发开采招标，有来自印度石油公司、古吉拉特自然资源部等在内的 7 家印度公司参与投标，印度石油公司成功中标一项，该公司于 2014 年 12 月和缅甸石油与天然气公司签署了关于开发两块海上油气田的合同。在油气管道建设方面，尽管目前还没有连接缅印之间的油气管道，但缅印都有共同建设印度东北部地区与缅甸之间的油气管道和缅 - 孟 - 印三国油气管道的意向。2011 年时任印度总理辛格和时任缅甸总统吴登盛会面时，敲定了两国加强油气管道建设

---

① 殷永林：《21 世纪以来印度与缅甸经济关系发展研究》，《东南亚纵横》2015 年第 4 期，第 30 页。

的意愿。在水电领域，印度是在缅进行水电投资的主要国家之一，仅在2011 年，印度国家水电公司在缅就有 14 个在建水电项目，总装机容量达5295 兆瓦。但由于水电利益分配方面的意见不一，2013 年印缅叫停了位于钦敦江的特曼蒂、瑞萨耶两个水电项目。

（五）军事、安全合作迈上新台阶

冷战后缅印在安全领域的合作随着两国关系的改善得到发展，特别是2010 年缅甸大选以来，两国在安全领域的合作再上一个台阶。之前两国的安全合作主要集中在非传统安全领域，如 2000 年 1 月和 7 月，印度前总参谋长马立克为重启缅印安全对话两次访问仰光①；2004 年，缅甸配合印度边防部队打击位于印度东北部地区的分裂组织；2006 年印度向缅甸提供包括坦克、步兵战车、大炮及直升机在内的武器装备，帮助其平定"民地武"。两国在非传统安全领域的合作为此后缅印开展更进一步的安全合作奠定了基础。

2010 年缅甸大选以来，缅甸与印度进一步开展军事、安全领域的合作。两国军事高官密集互访，探讨安全领域的相关合作，仅在 2011～2013 年，两国军事高官就实现了多次互访。印度方面，2011 年 8 月，时任印度海军总司令维尔马访问缅甸；2012 年 1 月，时任陆军总参谋长比克拉姆·辛格访问内比都；2012 年 12 月，时任空军总参谋长布朗访问缅甸；2013 年 1月，时任印度国防部部长安东尼访问缅甸，商讨提升边境管理和加强缅甸军队能力建设等相关议题，并敲定了"联合海上巡逻"计划；同年 10 月，印度陆军总参谋长辛格再次访问缅甸。缅甸方面，2012 年 8 月，时任缅甸国防军总司令敏昂莱访问印度；2013 年 3 月，包括一艘驱逐舰和一艘护卫舰在内的缅甸海军舰队访问了印度东部沿海地区的维沙卡帕特南；同年 7 月，缅甸海军参谋长杜拉德瑞中将访问印度，双方就印度帮助缅甸建造近海巡逻

---

① 李益波：《印缅军事安全合作：现状、走势及影响》，《当代世界》2013 年第 9 期，第69 页。

舰达成协议。

两国安全合作的领域也不断扩大。第一，缅印安全合作从过去的非传统安全领域向传统安全领域扩展，2010 年以前两国以在边境打击武装组织为主的非传统安全领域合作为主，自 2011 年以来，两国加强了在军事演习、武器装备及军事人员训练等传统安全领域的合作；第二，非传统安全领域的合作也不断加强，两国的非传统安全合作延伸到了反恐、灾害管理、维和行动、军事医学合作等方面；第三，从陆路领域向海空领域拓展，2016 年 2 月缅印在完成第 4 轮对安达曼海的联合协调巡逻之际，签署了关于联合巡逻安达曼海和孟加拉湾的标准作业程序的协议。

（六）人文交流合作不断深化

印缅两国有着深厚的历史与文化渊源，目前在缅甸大概有 250 万印度裔移民。2012 年印度总理辛格访问缅甸时就表示"印缅两国有很深的历史与文化联系"，并肯定了在缅甸的印度裔移民是加强两国深厚友谊关系的重要桥梁①，两国领导人还就加强教育合作、技能提升以及人与人之间的沟通与交流达成了一致。印度宝莱坞电影以及电视节目已经深入缅甸，缅甸民众也深爱印度电影及电视节目，与此同时，印度驻缅甸大使馆每年举行一次印度电影节，这成为仰光文化活动的重要节日。在教育上，印度积极吸引缅甸学生前往印度接受高等教育，在 2016 年 4 月举办的第三届印度教育展中，印度有 15 所大学的代表出席该活动。据缅甸教育部透露，缅甸学生在印度学习的科目主要有艺术、舞蹈、音乐、宗教等。同时两国之间的教育联系也在加强，印度还帮助缅甸小学、中学和大学等改善学校环境。此外，在印缅边境，两国边民还时常举行相关的艺术、文艺联欢活动，以促进两国人民之间的友好交流。

---

① "India, Myanmar share age-old cultural and civilizational ties: PM", News Track India, http://www.newstrackindia.com/newsdetails/2012/05/29/389-India-Myanmar-share-age-old-cultural-and-civilizational-ties-PM.html.

二 缅印关系近年升温的主要动因

近年来缅印关系进入全面升温的发展时期，主要动因是双方基于地缘政治、经济、能源和安全等方面的相互需求，同时也不乏对中国因素的考量。

（一）印度方面的动因

1."向东看"战略的需求

从印度的视角来看，缅甸与印度东北部接壤，是印度进入东南亚的陆上通道和跳板，而东南亚对印度而言在地缘政治、地缘经济上均具有十分重要的意义。在地理上，东南亚地处亚洲和澳大利亚、太平洋和印度洋的十字路口上，是亚太重要的海上交通要道。在经济上，东南亚市场巨大，且拥有印度需要的资金与技术。在安全上，双方都面临着恐怖主义、海盗等非传统安全的威胁。在政治上，东盟确立了在该地区国际事务中的主导地位，成为国际社会中不可忽视的新兴力量。因此，多年来印度积极实施"向东看"政策，以求扩大在东南亚地区的影响。缅甸是东南亚国家中唯一一个与印度接壤的国家，是印度通向东南亚的门户。因此，缅甸对于印度"向东看"政策具有决定性的影响，印度必须积极与缅甸拓展全方位的合作，以保障印度"向东看"战略的顺利实施。

尽管印度在20世纪90年代初就已经提出了"向东看"政策，但由于缅军政府时期欧美西方国家对缅实施全面制裁，印度"向东看"政策因力不从心而一度放缓。随着2010年以来国际金融危机后世界格局的变化，缅甸民主转型带来的地缘政治变化以及印度自身实力经过长时期的较快增长有了较大提高，印度近年来从之前的"向东看"逐渐向"向东进"，再到如今的"向东干"战略转变。尤其是2014年印度莫迪政府上台以来，加快实施"邻居第一"的周边外交和"向东干"战略，把缅甸推向了印度对外战略的优先方向和重要位置。

具体来看，印度推行周边外交战略，试图把周边地区"看作自己理所当然的大本营"[1]，积极开展周边外交。在这一背景之下，作为印度邻国的缅甸，自然成为印度实施周边外交战略的主要对象。正如印度外长斯瓦拉吉在2014年访问缅甸时表示的那样，莫迪政府将奉行"邻居第一"的外交政策[2]，把缅甸作为优先发展的外交方向。与此同时，莫迪政府一上台就大力推行"向东干"战略，2014年8月印度外长斯瓦拉吉在新德里主持召开的第二次东亚、东南亚"特派团团长"会议上，指出印度今后要用"向东行动"来取代过去的"向东看"政策。在此背景下，印度把缅甸作为其东向战略的门户，作为"向东干"战略的重要依托。因此，缅甸作为印度"邻居第一"外交政策和"向东干"战略的叠合点，在印度对外战略中的地位势必进一步提升。

2. 经济发展需求

印度是目前世界上经济增长最快的新兴经济体之一，需要广阔的对外市场以及大量的原材料供应。莫迪政府上台以来，推行"莫迪经济学"，实施"印度制造"、基础设施建设和吸引外资三大具体方案。无论是"印度制造"和基础设施建设，还是吸引外资，都需要为其产品找到广阔的市场，以及确保原材料的供应。从寻求新的市场来看，缅甸拥有超过6000万的人口，目前还处于经济发展的萌芽状态，未来的市场潜力巨大。从空间来看，缅甸作为印度的邻国，两国距离较近，且产品运输可通过陆、海、空三个渠道到达，可降低产品的运输成本。与此同时，从原材料及能源供应来看，印度经济正处于快速增长期，工业需要更多的原材料供应和充足的能源保障。缅甸丰富的农业、木材、矿产资源等可以给"印度制造"提供原材料。印度作为经济发展十分迅速的国家，是世界第5大能源消费国，但其国内石油、天然气资源不足。缅甸在内陆及沿海均有丰富的石油和天然气资源，已探明石

---

① 杜晓军：《印度莫迪政府周边外交政策评析》，《东南亚南亚研究》2015年第2期，第12页。

② "India-Myanmar ties: Buddha, Business and Bollywood"，印度外交部，http://www.mea.gov.in/in-focus-article.htm? 23881/IndiaMyanmar + ties + Buddha + Business + and + Bollywood。

油储量达 31 亿桶，天然气储量达 1.442 万亿立方米。印度快速发展的社会经济对市场和能源供应的需求，与缅甸潜在的市场和巨大的能源储量有较强的互补性。因此，加强与缅甸的经贸能源合作关系，对于印度来说也是十分重要的。

3. 边境安全需求

缅印两国有着 1600 多公里的共同边界，印度需要缅甸协助打击边境分离主义势力、应对东北部反政府武装。印度东北部和缅甸的国界线地区武器和毒品走私交易泛滥，成为"阿萨姆联合解放阵线"等反政府武装的大本营。改善和加强与缅甸的关系，可以有效打击印度的反政府武装，确保边境安全。

4. 平衡中国影响力的考量

印度对中国与缅甸经贸合作的迅速扩大充满紧迫感。虽然印度在冷战结束后就积极加强与缅甸的经济合作，但由于军政府时期欧美西方国家对缅实施全面制裁，印度发展对缅经济合作进展缓慢，与此形成鲜明对照的是，中国"积极推进中缅政治合作，加大对缅经济技术援助，扩大在缅投资特别是基础设施建设投资力度"，中缅经济合作发展十分迅速。① 在双边贸易额方面，中缅要大于印缅；在边贸方面，中国云南与缅甸的边贸额远远大于印度东北部与缅甸的边贸额；在投资领域，中国的投资额、承包的工程量都远比印度多；从经济技术合作方面来讲，中缅合作的广度与深度也比印缅要大、要深。印度认为中国在缅甸经济影响力的扩大不仅不利于印度在缅甸扩大经济影响力，而且对印度通过缅甸向其他东南亚国家进行经济渗透构成了挑战。此外，缅甸东进太平洋、西出印度洋的国际能源通道位置，决定了缅甸在中印两国能源供应地多元化战略中的重要地位，印度认为其与中国在缅甸的能源竞争将更趋激烈。鉴于此，印度一些学者认为，只有进一步加强与缅甸的经济合作，才能平衡中国在该地区的经济影响力。

---

① 韦健锋：《中国与印度在缅甸的地缘利益碰撞》，《亚非纵横》2014 年第 2 期，第 60 页。

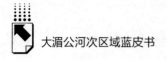

（二）缅甸方面的动因

缅印关系是不对称的双边关系，印度实施东向战略、解决东北部地区反政府武装问题都离不开缅甸的合作；而对于缅甸来讲，印度的合作价值主要体现在战略和外交层面，实行大国平衡战略是缅甸发展对印关系的主要考量，开展经济合作则是次要因素。

1. 实行大国平衡战略的需求

1988 年通过政变上台的缅甸新军人政权因遭到西方国家的制裁，不得不努力发展与中国的关系，以稳定国内局势，一度形成"亲中疏美的一边倒战略"[①] 的对外关系格局。在统治得到巩固后，缅甸新军人政权开始奉行大国平衡的外交政策，即在继续发展对华关系的同时，努力改善与东盟、印度和日本的关系。但因长期遭受国际孤立，这一时期的大国平衡战略收效不大，缅甸在对外合作中主要依赖中国的局面并无大的改观，这也使缅甸颇感担心。为扭转局势，缅甸做了积极的准备，而外部局势的变化也为缅甸改变对外战略创造了条件。从 2010 年大选开始，缅甸步入了政治快速转型期，得到了西方各国的欢迎和支持，与此同时，各大国都把缅甸列为其新亚太战略的重要环节。如美国"亚太再平衡"把缅甸作为重要的支点国家；在印度"向东干"战略中，缅甸是其重要的战略门户；而日本加强与缅甸的联系，则是要把缅甸打造成为以"价值观外交"来遏制中国的重要一环；对于中国，缅甸仍是中国推进"一带一路"建设和两洋战略的重要环节。而缅甸也借此机遇加强了与各大国的联系，打开了缅甸尘封已久的外交困境，同时也实现了对外战略从一边倒向"大国平衡"的彻底转变。

在缅甸的"大国平衡"战略中，印度占有重要的地位。缅甸实行"大国平衡"战略的目的，是一方面继续与中国保持友好合作的关系，另一方面积极提升与其他大国的双边关系，多方获取促进缅甸发展的资源和改善国际环境，实现缅甸的利益最大化。而印度作为正在崛起的大国，与缅甸又互

---

① 王玲：《新时期缅甸外交战略转变研究》，华东师范大学硕士学位论文，2015，第 5 页。

为近邻，加强与印度的关系，可以改变现有的缅甸周边地缘政治格局，实现中印在缅利益的战略平衡。从地缘政治的角度来讲，印度是缅甸的外交重点①，无论是对于 2011 年成立的吴登盛政府还是对于 2016 年新成立的民盟政府而言都是如此。

2. 经济上寻求印度的援助和投资

在全球化区域化深入发展的今天，一个国家的经济发展离不开国际经济的大环境，尤其是对于一个发展中国家而言，外国投资和援助成为发展中国家经济发展的重要途径。尽管缅甸即将摆脱最不发达国家的帽子，但仍是一个发展中国家，经济社会发展严重滞后，发展经济是缅甸政府的当务之急。从吴登盛政府开始，经济成为缅甸政府重点关注的领域，他一上台就推行了一系列的经济改革，宏观经济平稳快速发展②；而新上台的民盟政府也被认为将重点发展经济以改善民生、稳住政局。而印度正在快速崛起，其先进的产品制造工业、广阔的市场以及充裕的资本，对缅甸都有一定的吸引力。缅甸希望通过与印度发展经贸合作关系，从印度经济的崛起中获取好处，从而减少缅甸经济发展所需的机会成本。③

三　缅印关系的发展趋势

缅印关系的发展与双方的战略需求紧密相连，充分体现了地缘政治和地缘战略的特点。总体来看，缅印双方都有意愿进一步发展两国关系和深化双边合作，缅印关系在今后一个时期中仍将进一步加强。缅甸方面，实现经济发展与民族和解、民主政治将共同构成缅甸新政府的三大任务。缅甸将继续加强与各国的联系，而缅甸周边国家或地区仍将是重点。2016 年 7 月底，

---

① 肖建明：《缅甸新政府面临的挑战与机遇》，《东南亚南亚研究》2011 年第 2 期，第 4 页。
② 薛紫臣、谢闻歌：《缅甸国际直接投资环境分析》，《现代国际关系》2015 年第 6 期，第 47 页。
③ 戴永红、王俭平：《缅甸民主改革后的外交走向及影响因素》，《和平与发展》2015 年第 6 期，第 113 页。

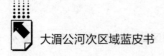

缅甸新政府颁布了 12 条经济政策，其中关注东盟及其他地区的经济发展和转变，吸引外资，保护知识产权等经济措施，就是为了吸引相关国家的投资和援助，而印度是缅甸新政府获取投资和援助的主要来源之一。印度方面，随着"向东干"战略、"周边战略"以及"莫迪经济学"持续发酵，缅甸在印度对外战略中的地位还将继续凸显。与此同时，区域化合作的力度和深度也在不断地变化。缅印两国进一步加强双边合作势在必行。

缅印两国关系的深化，将通过政治、经济、军事、文化等具体方面的内容体现出来。政治上，缅印将频繁开展双边高层政治对话，也将在多边舞台上加强合作；经济上，两国将扩大贸易往来，发展边境贸易，印度对缅投资的力度也将继续加大，互联互通的基础设施建设也将进一步加快。军事上，缅印还将加强海上联合巡航、军事演习、武器装备、空军等方面的合作；文化上，缅印双方在宗教、教育和边境民族文化之间的交流也将持续开展。缅印关系将会稳步提升。

在缅印双边关系的发展过程中，多边合作机制起到了重要的作用，今后，多边合作机制仍将成为缅印合作的重要平台。缅甸积极响应和参与印度倡导的"环孟加拉湾多领域经济技术合作组织""湄公河-恒河合作组织""印度-湄公河经济走廊""印度-太平洋经济走廊"等多个次区域合作框架的建设，将成为印度与东盟互联互通的枢纽。

四　缅印关系持续升温的影响

（一）对地缘政治的影响

缅甸以其特殊的地理位置成为中印两国周边地区多种利益交叉重叠的要地。对于印度而言，缅甸是印度实施"东向政策"的跳板，是迟滞中国进入印度洋和遏制中国对东南亚影响的战略依托，是印度解决其东北部民族问题不可或缺的合作伙伴，还是印度重要的油气来源地。所以，印度开展对缅合作关系既是维护其国家利益的战略举措，也具有抗衡中国的因素。而对于中国来说，缅甸地处中国连接东南亚、南亚国际大通道，沟通太平洋、印度洋"两洋"的枢纽地带，是促进中国与东南亚、南亚经贸往来的重要陆路桥梁和纽带，在我国地缘政治、周边安全战略中具有特殊的重要地位，缅印关系的发展有可能会对我国倡导的"一带一路"建设和发展对缅合作产生一定的影响。此外，也要看到中、印在缅甸的这场涉及能源、经贸与外交的博弈中虽然以竞争为主，但合作机会依然存在；缅印关系的新发展并非完全不利于中国，中印两国在与缅甸的合作中也可以寻找到共同利益的结合点。

（二）对区域合作的影响

在经济全球化区域化背景下，印度的"向东看"与中国倡导的"一带一路"、孟中印缅经济走廊建设等也可以在缅甸找到结合点，缅甸可以成为中印合作的第三方平台，从而促进东亚、东南亚、南亚跨地区的区域一体化进程。事实上，20 世纪 90 年代中期以来东亚、东南亚、南亚的区域合作不断发展，并呈现相互交叉、融合的趋势，而缅甸正是东亚、东南亚、南亚跨地区合作的前沿和结合点。缅甸既参与了中国与东盟共同推进的中国 - 东盟自由贸易区建设、大湄公河次区域合作和新近启动的澜沧江 - 湄公河合作，也参与了印度推进的湄公河 - 恒河合作组织、泛孟加拉湾合作组织、环印度洋地区合作联盟等南亚区域次区域合作；在中国与印度共同参与的跨东南亚、南亚的孟中印缅经济走廊建设中，缅甸也扮演着十分关键的角色。如果中印两国在缅甸的经贸合作能够通过良性的竞争与合作实现互利共赢，就可以把缅甸变成印度"向东看"战略与中国"一带一路"战略的结合部，从而促进东亚、东南亚与南亚的跨地区合作，促进亚洲经济的一体化进程。

综上，在缅印关系不断发展的形势下，中国在继续发展与缅印两国双边关系的同时，还应利用 GMS 合作和澜湄合作特别是孟中印缅经济走廊建设等中、缅、印互为合作方的次区域合作平台机制，积极寻求各方利益的契合点，共同推进互联互通建设，拓展经贸、产业合作，构建中国与周边国家的"命运共同体"，实现相关国家和地区的互利共赢。

区 域 篇

Province and Country Reports

B.8
2015年云南经济社会发展及对
大湄公河次区域合作的参与[*]

陈松涛[**]

摘　要：　2015年，在国际国内经济发展面临较大压力的背景下，云
　　　　　南的开放与发展继续推进。习近平总书记重要讲话为云南指
　　　　　明了发展方向和奋斗目标，云南对外开放进入新的"红利
　　　　　期"，整体经济发展保持了稳中有进。2015年，GMS合作更
　　　　　加注重务实性，云南对GMS合作的参与在双边机制、经贸
　　　　　合作、能源农业、跨境人民币结算及文教卫生等方面取得新
　　　　　进展，并从地方层面积极参与了"澜沧江－湄公河合作"机

　*　本报告为2015年度国家社科基金重大项目"'一带一路'视野下的跨界民族及边疆治理国际经
　　　验比较研究"（批准号：15ZDB112）的阶段性成果。
　**　陈松涛，云南大学周边外交研究中心、云南大学国际关系研究院讲师，博士。

制的建设。

关键词： 2015 年　云南　经济社会发展　GMS 合作

一　2015年云南社会经济发展成效

（一）对外开放又逢新机遇

1. 习总书记重要讲话明确了云南的战略地位和发展目标

2015 年 1 月，习近平总书记到云南考察，希望云南"主动服务和融入国家发展战略，闯出一条跨越式发展的路子来，努力成为我国民族团结进步示范区、生态文明建设排头兵、面向南亚东南亚辐射中心，谱写好中国梦的云南篇章"。习总书记对云南提出的"三个定位"，深刻阐述了事关云南全局和长远发展的一系列重大问题，是在新的时代背景和全国战略布局下为云南确定的新坐标、明确的新定位及赋予的新使命，为云南指明了当前和今后一个时期的发展路径和工作重点。云南省将总书记的讲话作为 2015 年工作的重中之重进行了部署和落实，并作为"十三五"的重要工作，明确了至2020 年努力实现经济社会跨越式发展，建设成为民族团结进步示范区、生态文明建设排头兵和面向南亚东南亚辐射中心。[①] 8 月 12 日，《中共云南省委、云南省人民政府关于加快建设我国面向南亚东南亚辐射中心的实施意见》出台，这是云南建设辐射中心的纲领性文件和行动指南，明确了建设辐射中心的重大意义、总体要求及主要任务等。2015 年 3 月，国家正式发布《推动共建丝绸之路经济带和 21 世纪海上丝绸之路的愿景与行动》，在第六部分"中国各地方开放态势"中重点提及 18 个省份并明确了各自的发

[①] 《中共云南省委关于深入贯彻落实习近平总书记考察云南重要讲话精神闯出跨越式发展路子的决定》，云南日报网，http://www.yndaily.com/html/2015/yaowenyunnan_ 0403/18891. html。

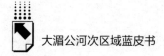
展定位。云南作为主角之一，主要任务是通过"发挥区位优势，推进与周边国家的国际运输通道建设，打造 GMS 合作新高地，建设成为面向南亚、东南亚的辐射中心"，进一步明确了云南在国家发展战略及对外开放大局中的地位和作用，① 也为云南"十三五"发展指明了方向。

2. 对外开放进入"红利期"

2014 年中国明确提出了"一带一路"、长江经济带及京津冀协同发展三大战略，云南是前两大战略的直接参与方，2015 年习总书记考察云南时提出建设"面向南亚东南亚辐射中心"。随着一系列重大政策的实施，云南面临前所未有的机遇，对外开放进入新的"红利期"。② 2015 年 1 月底，红河综合保税区成为云南第一个通过验收的综合保税区，5 月 8 日正式封关运行。7 月，国家正式下发《国务院关于同意设立云南勐腊（磨憨）重点开发开放试验区的批复》，磨憨试验区成为继瑞丽之后云南的第二个国家级重点开发开放试验区，批复强调了试验区的战略地位，即位于昆曼公路、澜沧江－湄公河国际航道的对接处、中国对中南半岛国家合作的重要前沿，提出要通过基础设施互联互通的建设使之成为中老战略合作的重要平台、中国与中南半岛各国联通的综合性交通枢纽、沿边地区重要的经济增长极、生态文明建设的排头兵及睦邻安邻富邻的示范区。③ 9 月，国务院印发《国务院关于同意设立云南滇中新区的批复》，滇中新区成为中国第 15 个国家级新区，面积约 482 平方公里，初期规划范围包括安宁市、嵩明县和官渡区部分区域。批复明确了新区定位——"我国面向南亚东南亚辐射中心的重要支点、云南桥头堡建设重要经济增长极、西部地区新型城镇化综合试验区和改革创新先行区"，④

---

① 《〈推动共建丝绸之路经济带和 21 世纪海上丝绸之路的愿景与行动〉发布》，新华网，http://news. xinhuanet. com/gangao/2015－06/08/c_ 127890670. htm。

② 王宏：《陈利君：只有大开放才能大发展》，云南经济网，http://ynjjrb. yunnan. cn/html/2015－08/06/content_ 3853233. htm。

③ 《国务院关于同意设立云南勐腊（磨憨）重点开发开放试验区的批复》，中华人民共和国中央人民政府网站，http://www. gov. cn/zhengce/content/2015－07/23/content_ 10026. htm。

④ 《国务院关于同意设立云南滇中新区的批复》，中华人民共和国中央人民政府网站，http://www. gov. cn/zhengce/content/2015－09/15/content_ 10168. htm。

新区模式将成为西部地区新型城镇化建设的一个示范，也是云南对外开放的一个重要载体。12月，桥头堡（辐射中心）部际联席会议第四次会议明确了下一阶段的重点工作，包括主动融入和服务"一带一路"、长江经济带和泛珠区域合作等重大战略，推进沿边重点开发开放试验区、跨境经济合作区等开放平台的建设，不断深化与南亚、东南亚国家的全方位合作等。①

3. 成功举办南博会和旅交会

从2013年开始举办的南博会已成为云南对外开放的一个重要平台。2015年6月第3届南博会暨第23届昆交会首次启用滇池国际会展中心，共有2个地区、31个国家参会，累计外经贸成交251.9亿美元，同比增长19.8%；签订外来投资项目903个，签约金额达7850亿元人民币，增长10.8%，②进一步提升了云南在南亚、东南亚两个地区的影响力。2015年11月，第16届中国国际旅游交易会在昆明举办（自1998年以来已举办8次），以"2016丝绸之路旅游年"为主题，参展国家及地区达105个，创历史新高；邀请印度担任主宾国，约2万名中外旅游业界人士参会，共签订合同约3250份（组团人数500万人次），达成意向性协议约1万份（意向组团人数850万人次）；约有8万人在公众开放日入场参观。会议期间还举办了中国国际旅游交易会暨中印旅游论坛、首届中国–南亚国家旅游部长圆桌会议等活动，进一步深化了旅交会的外交内涵。本届交易会也成为云南展示旅游形象、推进区域性旅游国际合作的一个窗口和平台，推介旅游招商项目200多个，签约的50个重大项目金额高达800多亿元。③

---

① 《桥头堡建设部际联席会议第四次会议在北京举行：加大支持云南辐射中心建设力度》，云南省人民政府门户网站，http://www.yn.gov.cn/yn_ynyw/201512/t20151218_23173.html。
② 刘子语、张若谷、罗蓉婵：《盘点2015年云南开放发展大事 10个"第一"奏响开放最强音》，云南网，http://yn.yunnan.cn/html/2015–12/31/content_4094532.htm。
③ 《2015中国国际旅游交易会圆满落幕 旅游交易展示与旅游外交比翼双飞》，中国国家旅游局网站，http://www.cnta.gov.cn/xxfb/jdxwnew2/201511/t20151116_751591.shtml。

4. 外贸条件不断优化、对外经济合作持续发展

进出口贸易是衡量对外开放的一项重要指标，受客观环境的影响，2015年云南进出口总额达245.27亿美元，较2014年下降17.2%。① 外贸发展条件方面，2015年1月，昆明海关正式融入长江经济带九省二市的海关区域通关一体化作业模式，云南企业可享受"一地注册、多地报关"的一体化通关待遇。在保税物流方面，至2015年12月云南已有12个保税仓库（9个在用，3个在建）；1个综合保税区即红河综合保税区（2015年8月封关运行）；1个出口加工区及1个昆明高新保税物流中心（B型，2015年12月获批）。② 12月，云南启动了主要面向中小型进出口企业的首家外贸综合服务平台，为企业提供全流程、一站式的外贸综合服务。中韩、中澳自由贸易协定于12月20日正式生效，持有中韩或中澳原产地证书的云南蔬菜、水果、鲜花和茶叶等优势产品将以零关税或较低关税进入两国市场，可进一步提升云南产品的竞争力。

对外经济合作方面，2015年云南吸引外来投资6682.7亿元（同比增长21%），创历史最好水平，实际利用外资29.9亿美元（增长10.6%），外资投资领域从传统的冶金、电力等产业转向现代生物医药、大健康等新兴产业，促进了云南产业结构的优化与升级，成为云南实现跨越发展的一个重要途径。③ 至2015年底，云南在境外的投资企业（机构）达635家，实际投资金额累计57.6亿美元，其中新设境外企业103家，直接投资13.44亿美元，同比增长30.4%，业绩排西部第3位、全国第14位，新开拓了英国、印度、新西兰和加拿大市场，投资国别达45个。从投资领域看，仍以农业、矿业和电力等部门为主导，同时也向医药制造、生态保护、环境治理、电子商务服务及文化产业等领域扩展。2015年云南新签订对外承包工程合同95

① 《2015年云南经济发展报告》，云南省统计局网站，http：//www.stats.yn.gov.cn/TJJMH_Model/newsview.aspx？id=4003423。
② 王绍琴：《保税物流的滇贸步履》，云南经济网，http：//ynjjrb.yunnan.cn/html/2015-12/18/content_4073798.htm。
③ 《2015年云南外来投资总量创历史最好水平》，中华人民共和国商务部网站，http：//www.mofcom.gov.cn/article/resume/n/201602/20160201261431.shtml。

份，合同金额达 12.8638 亿美元，较 2014 年下降 4.29%；完成营业额 23.4162 亿美元，同比增长 13.1%；① 跨国并购企业达到 7 家，中方协议投资额 8.7 亿美元，首创新高。②

（二）经济建设整体稳中有进

2015 年初，云南省对经济形势进行了认真研判，于 4 月出台了《云南省人民政府关于促进全省经济平稳健康发展的意见》，提出 27 条"稳增长"的政策措施，涉及社会投资、重点项目建设、中小企业发展、高原特色农业及优化发展环境等 13 个方面。

1. 产业结构继续优化、工农业经济平稳运行

2015 年云南生产总值达 13717.88 亿元，同比增长 8.7%，人均 GDP 达 29015 元，较 2014 年增加 1751 元；三大产业的结构进一步优化，比例为 15∶40∶45（2014 年比例为 15.5∶41.2∶43.3），第三产业的比重上升了 1.7 个百分点。全部工业实现增加值 3925.18 亿元（增长 6.7%），制造业仍是工业的重要支撑点，实现增加值 2731.98 亿元（增长 6%），占工业增加值的 69.6%。③ 在建设"面向南亚东南亚辐射中心"的规划中，云南秉持"核心在产业、重点在工业"的发展思路，在巩固烟草、电力及旅游等优势产业的同时，将优先发展六大新兴产业（生物医药、农特食品加工、有色金属及稀有贵金属新材料、汽车及先进装备、石油及精细化工和电子信息）列为 2015～2017 年的工作重点，将实施 220 项重点项目，完成投资 1200 亿元，预计新增销售收入 2400 亿元以上。④

---

① 《2015 年云南对外投资合作业务简况》，云南省对外投资合作网，http：// www.ynoiec.gov.cn/htmlswt/nobody/2016/0126/news_ 5_ 284454.html。

② 罗蓉婵：《云南对外经济投资保持高速增长 境外投资企业达 635 家》，新华网，http：// www.yn.xinhuanet.com/newscenter/2016-02/17/c_ 135104819.htm。

③ 《2015 年云南经济发展报告》，云南省统计局网站，http：//www.stats.yn.gov.cn/TJJMH_ Model/newsview.aspx？id =4003423。

④ 王永刚：《打造产业辐射中心加快重点产业培育 云南优先发展六大新兴产业》，云南网，http：//yn.yunnan.cn/html/2015-03/18/content_ 3648864.htm。

2015 年云南继续加大对"三农"的投入,全省财政农林水支出 641.8 亿元,再创历史新高。[①] 全年农林牧渔业总产值达 3383.09 亿元,完成增加值 2098.19 亿元,均增长 6%;粮食生产方面保持了总量及单产的同步增长,其中粮食产量达 1876.4 万吨(增长 0.84%),保持了连续 13 年的增长;综合平均单产 278.8 公斤(增长 1.3%)。[②] 特色经济作物咖啡、橡胶和鲜切花产量居全国第一,咖啡出口创汇高达 4 亿多美元,占全国咖啡出口创汇总额的 80%。[③] 云南近年来将高原特色农业打造成为生态保护与经济增长的一个重要载体,2015 年 9 月提出要探索"产出高效、产品安全、资源节约、环境友好"的云南现代农业发展路径。[④]

2. 基础设施建设助力开放与发展

2015 年 7 月公布的《云南省五大基础网络 2015 年建设计划》明确了"五网"(路网、航空网、能源保障网、水网和互联网)建设的重点和目标:建立与周边省(区、市)和周边国家互联互通、功能完备、高效安全及保障有力的五大基础网络。2015 年 8 月云南召开了全省"五网"建设 5 年(2016~2020 年)大会战动员大会,将以"做强滇中、搞活沿边、联动廊带"为原则建设外接南亚、东南亚,内联中国西南及中、东部腹地的综合交通运输体系。[⑤] "五网"建设是云南落实"一带一路"、长江经济带等战略的基础,有助于加快重大基础设施建设并促进产业转型升级。

公路、铁路建设:云南于 2013 年 5 月~2015 年 12 月实施公路建设 3 年攻坚战,共完成高速公路投资 1300 多亿元,实现通车里程 4005 公里,在建

---

① 杜仲莹:《云南省 2015 年民生投入占财政支出 73.2%》,云南网,http://yn.yunnan.cn/html/2016-01/25/content_ 4135714. htm。

② 《2015 年云南经济发展报告》,云南省统计局网站,http://www.stats.yn.gov.cn/TJJMH_ Model/newsview. aspx? id =4003423。

③ 伍平:《云南咖啡创汇逾 4 亿美元 占中国咖啡出口创汇总额的 80%》,新华网,http://www.yn.xinhuanet.com/newscenter/2016-02/11/c_ 135089611. htm。

④ 《2015 影响云南这些事》,云南经济网,http://ynjjrb.yunnan.cn/html/2015-12/31/content_ 4096102. htm。

⑤ 谭鑫、王宏:《通南达北 滇高速再拓通途》,云南经济网,http://ynjjrb.yunnan.cn/html/2015-12/31/content_ 4096111. htm。

里程1542公里。全长1032公里的云南南北高速公路（北起昭通市水富、南至文山州富宁）于12月全线贯通，连接了昭通、曲靖、昆明、红河及文山5州市，解决了出滇、入渝和进川的交通瓶颈，成为云南乃至西南地区通江达海的大通道。2015年7月1日，昆明至欧洲的"滇新欧"货运班列开通（昆明—阿姆斯特丹），云南成为全国第7个开通对欧货运班列的省份。11月30日，昆明—成都—罗兹班列实现双向对开，全程10956公里，耗时仅13～15天，从新疆阿拉善口岸出境后经哈萨克斯坦、俄罗斯和白俄罗斯等国直达波兰罗兹，行程贯穿了"丝绸之路"经济带。对欧班列的开通填补了云南与欧洲贸易无陆路通道的空白，打通了云南参与"一带一路"建设的重要通道，中国西南地区的物资进入欧洲市场又多了一条快捷通道。2015年云南铁路建设总投资超过280亿元，玉磨铁路（云南玉溪—中老边境口岸磨憨）于12月启动，连接了玉溪、普洱及西双版纳等州市，是泛亚铁路、中老国际铁路通道的重要组成部分，建成后云南可实现与老挝、泰国的重要国际铁路通道的连接；项目总投资445.1亿元，正线全长508公里，设计时速160公里。[①]

航空建设：云南现已建设成为亚洲5小时航空圈的中心，2015年航空网络继续完善和发展。昆明长水国际机场5月开通昆明至达卡的云南首条定期国际货运航线，6月开通11070公里的云南第二条洲际航线（昆明—上海浦东—温哥华）以及昆明—莫斯科、昆明—巴厘岛、昆明—西哈努克等包机航线；加密了昆明—大阪、昆明—名古屋、昆明—首尔、昆明—普吉岛等航线。

3. 节能减排、新能源发展齐头并进

2015年，云南省节能消耗工作超计划完成，生产总值能耗降低率为8.83%，工业综合能源消费量为6285.58万吨标准煤，同比下降6.96%，钢铁、电力、有色金属及建材等六大高耗能行业综合能源消费量为

---

① 孙娅：《2015年云南建铁路投资超280亿》，网易云南，http：//yn. news. 163. com/15/1231/09/BC5EDGGQ03230LFM. html。

5421.89 万吨标准煤，下降 7.93%；全社会用电量 1438.61 亿千瓦时，同比下降 5.9%。[1] 为落实节能减排战略，云南有序推动水、光、风等可再生能源的利用发展，全年电网总发电量（包括购小水电）2065.02 亿千瓦时，清洁能源发电量所占比重达 90.65%（同比增长 6.31%），其中水电发电量（包括购小水电）1766.46 亿千瓦时，[2] 风电发电量达 98.5 亿千瓦时，相当于减少了 304 万吨煤炭消耗，占系统发电量的 4.77%，风电成为云南仅次于火电、水电的第三大电源。[3] 2015 年 12 月，云南第三座装机容量超千万千瓦的乌东德水电站在禄劝县动工建设，预计总投资 1000 多亿元，是云南"十三五"期间能源规划的重大支撑项目，将成为"西电东送"战略的重要部分。

4. 高位推进旅游强省战略及民族示范区建设

旅游业已发展成为云南重要的支柱产业，2015 年全省共接待海内外游客 33419.27 万人次，其中海外游客 1075.32 万人次（同比增长 7.75%），主要客源地是亚洲和欧洲；国内游客 32343.95 万人次（增长 15.04%），每月平均接待游客 2695.33 万人次。全年旅游业总收入达 3281.79 亿元（同比增长 23.09%），行业增加值 907 亿元，约占全省 GDP 的 6.6%；生产税净额达 100.94 亿元，占财政总收入的 3.1%，带动直接、间接就业人数 698.02 万人，旅游业在云南经济结构中的地位更加凸显。[4] 云南早在 2013 年 9 月就制定了"旅游强省"战略，即旅游产业实力强、贡献强、竞争力强及支撑产业发展能力强的"四强"目标体系。2015 年 5 月召开的全省旅游产业发展大会明确了至 2020 年，把旅游业建成全省国民经济的战略性支

---

① 《2015 年云南经济发展报告》，云南省统计局网站，http://www.stats.yn.gov.cn/TJJMH_Model/newsview.aspx? id = 4003423。

② 王艳龙、杨永强：《云南 2015 年发电量达 2065 亿千瓦时　清洁能源发电量占比超九成》，中国新闻网，http://www.chinanews.com/ny/2016/03 – 09/7790319.shtml。

③ 吴洋：《2015 年云南风电年利用小时数突破 2600 小时》，新华网云南频道，http://www.yn.xinhuanet.com/csg/2016 –01/11/c_135000309.htm。

④ 《2015 年云南旅游业总收入 3281.79 亿元　同比增长 23.09%》，新华网云南频道，http://www.yn.xinhuanet.com/travel/2016 – 02/16/c_135103150.htm。

柱产业，把云南建设成为国内一流、国际著名的旅游目的地和面向西南开放的国际性区域旅游集散地。[①]

为落实习总书记提出的"努力成为我国民族团结进步示范区"的任务目标，云南于2015年8月启动了《云南省深入实施兴边富民工程改善沿边群众生产生活条件三年行动计划（2015～2017）》，将投入65.6亿元对边境地区373个行政村（涉及25万户共110万人）实施6大工程（基础设施建设、公共服务提升、村寨环境整治、抗震安居、产业培养壮大及劳动者素质提高）31个子工程；2015年投入6.018亿元用于"十县百乡千村万户示范创建工程"，完成10个示范县、65个示范乡镇和548个示范村（社区）建设；投入1300亿元建设、改善民族地区乡村基础设施及公共服务。针对人口较少民族，支出2679万元用于实施综合保险及学生助学补助工作，惠及8个人口较少民族共78万人；继续在怒江、迪庆两州实施职业教育全覆盖试点并提高了1600名农村职业教育学生的补助标准。[②]

二 2015年云南对 GMS 合作的参与

（一）2015年云南参与 GMS 合作的进展

1. 合作机制建设

2015年1月在内比都召开的第四次 GMS 环境部长会议以"增加次区域自然资本投资"为主题，通过了《第四次大湄公河次区域环境部长会议联合声明》，强调了自然资本对次区域包容性和可持续发展的重要性，将促进并增加对次区域自然资本的投资，要求 GMS 环境工作组更好地执行核心环

---

① 《由大到强：滇旅跨越新姿》，云南经济网，http://ynjjrb.yunnan.cn/html/2015 - 12/24/content_ 4084206. htm。

② 《2015年云南民族团结进步示范区建设取得明显成效》，云南信息港，http://yn. yninfo. com/message/mes/201512/t20151225_ 2383639. html。

境项目（Core Environment Program，CEP）。

2010 年 3 月启动的中老泰边境地区三国六方（中国西双版纳州，老挝南塔省、波乔省和琅勃拉邦省，泰国清莱府和清迈府）合作会议为中老泰边境地区的交流合作提供了一个重要平台，2013 年 12 月第四次会议签署的备忘录同意接纳缅甸景栋市、老挝乌多姆赛省，"三国六方"合作扩展为"四国八方"。2015 年 1 月，中老缅泰边境地区八方合作第五次会议在老挝波乔省召开，各国签署了备忘录，中方代表建议将交通运输网络、贸易便利化进程、旅游合作、人才培养及边境地区安全维护等合作领域纳入合作框架。

2015 年 6 月召开的第七届 GMS 经济走廊论坛以"务实合作，面向未来"为主题，主要任务是落实 2014 年 GMS 第五次领导人会议取得的成果，继续推动次区域交通走廊向经济走廊转化，讨论了推动落实《经济走廊战略行动计划》、制订经济走廊具体项目试点概念计划、搭建跨境电子商务合作平台、促进交通与贸易便利化合作及推动次区域经济合作区发展等议题。会上通过了《大湄公河次区域经济走廊论坛部长联合声明》及《加强经济走廊论坛机制建设的行动纲领》《跨境电子商务合作平台框架文件》两个附件，其中，《大湄公河次区域经济走廊论坛部长联合声明》涉及 3 个主要内容：一是承诺促进 GMS 交通走廊向经济走廊转变、推动落实《经济走廊战略行动计划》，二是启动了《交通与贸易便利化行动方案》的制订工作，三是同意建立 GMS 跨境电子商务平台。[①]

2015 年 6 月，第七届 GMS 经济走廊活动周以"拓展合作领域，务实推动发展"为主题，举办了 GMS 经济走廊省长论坛、推动 GMS 跨境电子商务合作平台建设对话会、第六次 GMS 商务理事会会议、第三次 GMS 物流企业合作委员会会议、GMS 金融合作论坛及 GMS 国家商品展六项主要活动。物流产业的优先发展是 GMS 经济一体化的重要支撑系统和区域经

---

① 吉哲鹏：《第七届大湄公河次区域经济走廊论坛通过〈部长联合声明〉 下届将于 2016 年在柬埔寨举行》，新华网，http://news.xinhuanet.com/world/2015 - 06/11/c_1115590664.htm。

济发展的强大推动力，第三次 GMS 物流企业合作委员会会议共有 100 多位参会代表，围绕"一带一路"战略给 GMS 跨境物流发展带来的机遇等议题进行了探讨，达成了《昆明共识》，明确了要推动各国政府建立跨境物流发展的长效协调机制。[1] 2015 年 GMS 经济走廊省长论坛以"建立更加紧密和积极的长期伙伴关系"为主题，来自次区域的 20 位省（市）长讨论了通关和运输便利化、政策沟通、经济走廊、园区合作及次区域产业升级等议题并达成了 7 项共识，包括加强经济走廊沿线省（市、府、邦）合作各方的协调配合，改善合作各方的贸易结构及通关、交通便利化基础设施，推进旅游合作等。[2] 第六次 GMS 商务理事会会议以"激发市场主体活力，打造 GMS 合作升级版"为主题，各国代表围绕"一带一路建设和 GMS 合作""GMS 产业合作和产业升级"等议题进行了主旨演讲，提出继续推动 GMS 跨境电子商务平台建设，通过整合理事会资源提升服务职能。

2015 年 9 月召开的 GMS 第 20 次部长级会议以"有效推动战略规划实施，实现次区域可持续和包容性发展"为主题，通报了次区域投资框架合作项目规划的执行落实情况及优先合作领域的最新进展，审议了《GMS 城镇化发展战略框架（2015～2022）》（GMS urban development strategic framework 2015 – 2022），并讨论了如何有效推动 GMS 相关战略规划的实施、促进 GMS 合作机制与东盟经济共同体（AEC）建设及"一带一路"等合作倡议的对接等议题。

中老泰缅四国于 2011 年建立了湄公河流域执法安全合作机制，至 2015 年 10 月共开展了 39 次联合巡逻执法及 2 届"平安航道"联合扫毒行动，形成了情报信息交流、整治治安突出问题联合调研等工作制度，有效保障了湄公河航道的安全，四国联合执法已成国际警务合作的一个成功范例。2015

---

[1] 吉哲鹏、王晋源：《GMS 物流企业合作委员会第三次会议达成〈昆明共识〉》，新华网，http：//news. xinhuanet. com/fortune/2015 – 06/10/c_ 1115576609. htm。

[2] 赵岗、黎鸿凯：《GMS 经济走廊 2015 年省长论坛达成 7 项共识》，云南网，http：//yn. yunnan. cn/html/2015 – 06/10/content_ 3776564. htm。

年 10 月召开的流域执法安全合作部长级会议通过了《关于加强湄公河流域综合执法安全合作的联合声明》，明确了以"共同、综合、合作、可持续的亚洲安全观"理念打造"平安湄公河"，在现有基础上增加高官级会议机制，建立澜沧江－湄公河综合执法安全合作中心，合作领域包括缉捕遣返逃犯、打击有组织偷渡和非法移民、恐怖主义、毒品和网络犯罪等。

滇老合作机制：2015 年 5 月举办了滇老合作座谈会，双方围绕共同关心的议题进行了交流。一是促进中老铁路等互联互通建设，促进通关便利化；二是促进更多的老挝农产品进入中国市场；三是切实落实已有的相关合作协议。8 月，中老两国签署《中国老挝磨憨－磨丁经济合作区建设共同总体方案》，磨憨－磨丁经济合作区成为中国第二个跨境经济合作区（第一个是中国－哈萨克斯坦霍尔果斯国际边境合作中心），是中老创新合作模式的一个重要举措，在两国经贸合作发展中具有里程碑意义。10 月召开的中国云南－老挝北部合作工作组第七次会议达成了多项共识，包括磨憨－磨丁经济合作区建设、农业旅游业等双边产业合作、中老铁路建设等互联互通、强化边境执法合作与双边检验检疫协作、教育交流等方面。会上双方还签署了《建设中老民间经贸文化交流中心合作协议》及《中老经典作品互译出版合作协议》。①

滇缅合作机制：2015 年 6 月，第五次滇缅经贸合作论坛以"共建共享共赢——滇缅经贸合作中的产业园区建设"为主题，探讨在两国边境建立"滇缅产业合作园区"。9 月，第三届中国云南－缅甸合作论坛在昆明举办，双方代表讨论了共同关心的一些议题，涉及经贸、农业、交通、旅游、文教卫生、边境管理及社会公共事业等领域，签署了《第三届中国云南－缅甸合作论坛纪要》。2014 年以来，滇缅先后开展了 6 次禁毒执法合作，为巩固和深化双边执法合作，2015 年 4 月又启动了中缅省邦级边防代表制度。西双版纳州与缅甸掸邦第四特区多次开展联合禁毒执法活动，2015 年 12 月双

---

① 李怀岩、荣忠霞：《中国云南－老挝北部合作第七次会议在老挝万荣召开》，新华网，http：//news. xinhuanet. com/world/2015－10/21/c_ 1116894081. htm。

方公开销毁了共同缴获的 750 多公斤毒品，[①] 此后举办的禁毒工作会议通报了双边 2015 年禁毒工作，在警务装备、技能培训、情报交流及打击毒品犯罪的能力提升等方面交流了意见。

滇越合作机制：2015 年 9 月，云南与越南北部四省（老街、河江、莱州和奠边）举行了年度警务合作会谈，双方同意共同维护边境地区的社会稳定，进一步加大力度打击恐怖主义、非法出入境和跨国刑事犯罪，加强禁赌、毒及边境地区社会治安综合治理合作。12 月，第七次云南与越南（河内、海防、广宁、老街）五省市经济走廊合作会议讨论了交通运输、经贸投资、旅游、教育、卫生、金融保险合作等议题，签署了《出境保险车辆代查勘、代定损合作协议》等 5 个文件。[②]

2. 双边贸易与投资合作

（1）双边贸易

边民互市对边境地区经济发展及边疆稳定具有重要意义，2015 年海关贸易统计首次纳入边民互市进出口额。在全国、全省外贸整体下行的颓势下，2015 年云南边民互市逆势上扬，成为云南外贸的新增长点，全年与越、老、缅三国的边民互市货运量达 471.1 万吨，互市贸易额首次突破 100 亿元大关（105 亿元），分别增长 28.1% 和 32.9%，其中连接老挝的勐腊口岸，连接缅甸的孟定、瑞丽口岸，连接越南的天保、金水河和河口等口岸的互市贸易额均在 10 亿元以上。[③] 从双边贸易来看，云南与柬埔寨、泰国及越南的贸易增速强劲，滇柬贸易同比增长 433.6%；滇缅贸易额达 58.42 亿美元，缅甸仍是云南最大的贸易伙伴，但是受缅北战事的影响，双边贸易较 2014 年下降了 17.1%；降幅最大的是滇老贸易，因双边市场互补性不强，老挝的贸易逆差达 2.4663 亿美元（见表 1）。

---

① 杨东杰、杨莹：《开展联合销毁毒品活动》，西双版纳新闻网，http：//sou. bndaily. com：83/bnsearch/info. jsp? id =139218。

② 《云南提出打造滇越合作升级版》，中华人民共和国商务部网站，http：//www. mofcom. gov. cn/article/resume/n/201512/20151201218279. shtml。

③ 伍平：《2015 年云南省边民互市贸易额首次突破 100 亿元》，人民网，http：//yn. people. com. cn/n2/2016/0225/c372455 – 27805212. html。

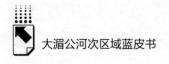

表 1   2015 年云南与 GMS 五国的贸易往来

单位：万美元

国别	进出口	出口	进口	贸易差额	较 2014 年增长（％）		
					进出口	出口	进口
缅　甸	584210	250241	333969	−83728	−17.1	−27.8	−6.7
柬埔寨	7476	7458	18	7440	433.6	446.4	−50
老　挝	88223	31780	56443	−24663	−35.8	−64.9	20.4
泰　国	168819	149912	18907	131005	57.4	81.4	−23.3
越　南	232584	156056	76528	79528	49.1	10.2	431.7

数据来源：云南省商务厅。

昆曼公路的开通使云南成为连接泰国与中国的首要通道，为双边贸易提供了便利条件。滇泰市场存在较强的互补性，目前双边贸易以水果、蔬菜等农产品为主，2015 年 9 月泰国在昆明举办了第 12 届泰国物流设备、技术及服务展览会新闻发布会。2015 年 4 月，中越国际联运列车（1208 次）启动集装箱运货，对滇越边贸的发展具有积极意义。12 月，云南省农产品、机电及化工企业参加“2015 年柬埔寨一省一品国际商品展”及“中国（云南）泰国农产品贸易推介会”。为积极响应“一带一路”和云南企业“走出去”战略，2015 年 10 月云南省百货批发商会代表团赴老挝进行一周的商务考察；云南工商联组织了赴缅商务考察活动，中国企业首次组团赴仰光探寻商机。

（2）投资合作

次区域五国已成为云南企业“走出去”的主体市场，2015 年云南对五国的实际投资达 7.93 亿美元，占同期实际对外投资的 59.4%，在老挝、缅甸和泰国新设投资企业 67 家，占同期新设境外企业数的 65%。[①] 2015 年前 10 个月，云南与越南共签订对外承包工程合同 303 份，合同额达 10.4 亿美

---

① 罗蓉婵：《2015 年云南对外实际投资达 57.6 亿美元　新设境外企业 103 家》，新华网，http://www.yn.xinhuanet.com/newscenter/2016 − 02/17/c_ 135104819.htm。

元，完成营业额为 6.97 亿美元；至此，云南在越南共设立境外投资企业 40 家，协议投资额 3.3 亿美元，实际投资额 2 亿美元。① 至 2015 年 4 月，云南在缅甸共设立境外投资企业 69 家，中方实际投资额 12.6 亿美元；同期，缅甸在云南省累计投资 129 个项目，实际投资额 9399 万美元。②

2015 年 3 月，老挝第一个现代化大型商业中心——"万象中心"商场正式营业，为当地提供了 300 多个就业岗位，也带动了相关行业的发展，是中老企业又一次成功合作的典范。10 月，柬埔寨在昆明举办投资推介会，希望中国企业积极投资该国的能源、通信和旅游等行业。云南省重点支持、由云南省能源投资集团投建的老挝吉象水泥厂（总投资 1.2 亿美元）于 12 月建成投产，年产量 100 万吨，占老挝国内水泥产能的 20%，将为老挝基础设施建设、中老铁路建设等提供材料支持。③

3. 基础设施互联互通

2014 年 8 月成立的大湄公河区域铁路联盟（GMRA）于 2015 年 3 月召开第一次全体大会，次区域六国及亚洲开发银行的代表参会，审议并通过了 GMRA 工作组的设置、区域路网规划政策及咨询技术援助项目建议等事项。④ 2015 年 6 月，中、泰、老、缅四国就《澜沧江－湄公河国际航运发展规划》（以下简称"《规划》"）达成了共识，计划 2025 年将建成从云南思茅港南得坝至老挝琅勃拉邦长 890 公里的国际航道，可通航 500 吨级船舶，这一航道与泛亚铁路的中线部分实现连接后可成为云南出海的新通道，是中国推进"一带一路"、促进东盟和湄公河三角洲经济发展的重要内容之一。⑤

① 《云南提出打造滇越合作升级版》，中华人民共和国商务部网站，http：//www.mofcom.gov.cn/article/resume/n/201512/20151201218279.shtml。
② 赵伦：《中缅边境要建滇缅产业园区》，春城晚报数字报纸，http：//ccwb.yunnan.cn/html/2015－06/14/content_973343.htm? div=－1。
③ 《进出口银行云南省分行支持老挝吉象水泥厂建设》，中国金融新闻网，http：//www.financialnews.com.cn/dfjr/xw_115/201512/t20151218_89178.html。
④ 《大湄公河区域铁路联盟第一次全体大会在昆举行　加快铁路互联互通建设》，云南省人民政府门户网站，http：//www.yn.gov.cn/yn_ynyw/201503/t20150312_16491.html。
⑤ 《澜沧江湄公河航运规划将启动　中泰老缅四国达成共识》，观察者网站，http：//www.guancha.cn/local/2015_06_09_322681.shtml。

《规划》涉及澜沧江－湄公河航道的二期整治工程，涉及中缅243号界碑至老挝琅勃拉邦河段，全长631公里，包括整治航道、建设港口及支持保障体系等，得到中国－东盟海上合作基金的资助。航道二期整治工程是四国共同建设"一带一路"、加强区域互联互通的重要项目，该工程的实施有助于改善澜沧江－湄公河航运条件、降低运输成本、提升航行安全保障和环保水平。① 9月，四国召开航道二期整治工程前期工作联合工作组第一次会议。中老铁路老挝境内段（磨丁至万象）2015年12月动工，全长42公里，设计时速160公里，预计5年完成，是老挝境内的第一条现代铁路。

4. 电力能源合作

云南省启动"云电外送"以来，与缅甸、老挝、越南等国实现了电网互联，建立起与GMS国家连接的第四条经济大通道。云南已形成通过3回220千伏、2回110千伏线路向越南送电的格局，最大送电能力达85万千瓦，供电区域涉及越南7个省区。2004年9月～2015年6月，云南对越南累计供电量达300.61亿千瓦时。② 滇老电力合作方面，由南方电网云南国际公司总承包的230千伏老挝北部电网工程（合同金额3.02亿美元），是老挝国家能源战略的一个关键项目。项目横跨老挝北部4省，包括4个变电站和4条线路的建设，2014年3月动工，2015年11月通电移交，使老挝形成了全国统一的230千伏骨干电网，③ 是中老首个成功合作的"一带一路"电网项目。

5. 农业合作

GMS农业科技交流合作组2008年成立，次区域六国通过这一平台交换、试验品种达264个，其中示范适宜品种34个（示范面积约6500公顷），

---

① 《中老缅泰共商澜沧江－湄公河航道二期整治》，中国交通运输部网站，http://www.moc.gov.cn/zhuzhan/jiaotongxinwen/xinwenredian/201509xinwen/201509/t20150927_1881883.html。

② 《电力贸易渐成云南外贸新增长点》，南方网，http://www.southcn.com/energy/e/2015-07/15/content_128491000.htm。

③ 《"南网标准"入老挝》，中国南方电网，http://www.csg.cn/xwzx/2015/yxcz/201512/t20151219_111954.html。

培训科技人员和农户 3156 人次。[①] 2015 年 11 月，合作组第七届理事会暨农业科技合作交流研讨会召开，云南省农业科学院与泰国农业部达成木薯、热带水果合作研究意向，考虑与柬埔寨农业研究与发展研究院重点开展以咖啡、番茄和花菜为主的合作。

2015 年云南与老挝的农业合作表现突出，西双版纳州种子管理站承担了老挝北部优质高产农作物示范项目，2 月在老挝丰沙里省为 81 名农业技术骨干举办优质高产杂交玉米示范技术培训班，赠送了适宜当地种植的 500 公斤"云瑞 10 号""云瑞 68 号"玉米种子。[②] 应老挝要求，云南于 6 月派出 28 人的工作组赴老挝琅勃拉邦省的丰团县和烟康县开展灭蝗援助工作，对当地农技人员进行技术培训，防控示范面积 1000 多亩，防控效果达 95% 以上，有效降低了老挝当地的农业损失。2015 年 8 月底，西双版纳州种子管理站在老挝乌多姆赛省勐赛县的两个村对"云瑞"和"纳峰"等系列杂交玉米新品种进行鉴评测产，在 8 个参试品种中，有 7 个比当地推广品种 Lvn10（ck）增产，对照平均亩产 408.2 公斤，参试的"云瑞 123""纳峰 818"分别以单产 783.5 公斤、623.5 公斤居前 2 名，[③] 中老两国农业专家建议在老挝北部九省进行示范和推广种植此次的参试品种。西双版纳州与老挝北部三省开展《中国西双版纳勐腊 - 老挝乌多姆赛省、丰沙里省、南塔省动物疫病预防控制合作项目》，2015 年 3 月签订《中国西双版纳勐腊 - 老挝南塔省动物疫病预防控制合作项目协议》。8 月，双方召开"中国西双版纳勐腊 - 老挝乌多姆赛省、丰沙里省、南塔省动物疫病预防控制合作项目"第三次会谈，签订了《中国西双版纳勐腊 - 老挝丰沙里省动物疫病预防控制合作项目协议》，西双版纳州为丰沙里省

---

① 马骞：《GMS 国家农业科技合作渐入佳境　仍面临挑战》，中国新闻网，http://www.chinanews.com/gn/2015/11 - 19/7632327.shtml。

② 《西双版纳州种子管理站在老挝丰沙里省开展优质高产杂交玉米示范技术培训》，云南农业信息网，http://www.ynagri.gov.cn/news1453/20150302/5501107.shtml。

③ 《西双版纳州种子管理站在老挝乌多姆赛省开展杂交玉米田间鉴评测产》，云南省农业信息网，http://www.ynagri.gov.cn/news1453/20150916/5834430.shtml。

提供了价值 1.37 万元的 3 套动物防疫物资。① 10 月，普洱市与老挝丰沙里省签署了农业科技交流合作备忘录，合作内容包括建立长期交流互访机制，在丰沙里省开展特色经济作物种植试验示范及养殖试验示范；加强动植物疫病防控技术的合作交流；鼓励云南企业投资丰沙里省的种植养殖业及农产品的收购加工等。

6. 跨境人民币结算业务

2010 年云南启动跨境人民币结算试点，至 2015 年已累计实现跨境人民币结算 2691.55 亿元。② 经过 5 年的发展，云南区域性货币交易模式逐步完善，陆续推出了人民币与泰铢、越南盾、老挝基普等货币的银行柜台挂牌兑换业务以及泰铢、越南盾、柬埔寨瑞尔、老挝基普和缅甸币等货币的特许兑换业务，至 2015 年 12 月底，人民币对泰铢、越南盾、老挝基普银行柜台兑换业务量累计达 1.5 亿元。为进一步推动中缅跨境贸易和投资使用人民币，2015 年 3 月瑞丽市姐告边境贸易区成立了中国首个中缅货币兑换中心，每周定期发布人民币与缅币兑换的"瑞丽"指数，全年人民币兑缅币累计 2.02 亿元，③ 有力促进了人民币与缅币兑换市场的规范及人民币区域化、周边化进程。中国银行云南省分行通过推出跨境双向通业务（人民币境外放款及跨境人民币贷款），打通了云南企业境内外跨境人民币双向资金流转渠道，至 2015 年 9 月底，已办理跨境双向通业务近 20 亿元。④ 2015 年 1 月，中国建设银行云南省分行与缅甸合作社银行签署跨境人民币清算合作协议。为了满足中缅两国边民的金融服务需求，中国农业银行怒江分行 9 月首先在泸水县片马口岸境外的缅甸克钦邦的大田坝和岗房两地分别开设跨境金融支

① 《勐腊县农业和科技局召开"中国西双版纳勐腊 - 老挝乌多姆赛省、丰沙里省、南塔省动物疫病预防控制合作项目"第三次会谈》，勐腊农业和科技信息网，http://www.ynagri.gov.cn/xsbn/ml/news1783/20150905/5817354.shtml。
② 《云南特许兑换覆盖东南亚南亚近 20 国货币》，新华网，http://news.xinhuanet.com/fortune/2016 - 01/21/c_ 128652665.htm。
③ 《云南沿边金融综合改革试验区建设迈上新台阶》，中国金融新闻网，http://www.financialnews.com.cn/dfjr/xw_ 115/201602/t20160219_ 92495.html。
④ 赵扬、杨邦：《跨境双向通业务助力跨境资本运作》，云南日报数字报纸，http://yndaily.yunnan.cn/html/2015 - 11/26/content_ 1019980.htm? div = -1。

付服务点，促进了口岸基本金融交易的便利化。12月，"瑞丽姐告银行卡刷卡无障碍示范区"启动，这是云南首个"境内关外"银行卡刷卡无障碍示范区，实现了中缅双边银行卡的跨境结算。2015年6月，中国农业银行泛亚业务中心在昆明成立，这是中国第一个非主要国际储备货币挂牌交易平台，以"直通东盟、辐射南亚"为重点，开展人民币与毗邻国家货币挂牌、交易，同时成立河口、磨憨和瑞丽3个分中心。2015年，云南还在沿边8个州市首先开展了跨境人民币反假活动。

7. 文教、卫生合作

云南日报报业集团积极实施"走出去"战略，2015年2月，与《柬埔寨之光》报社签署合作协议，在柬埔寨发行《柬埔寨之光·美丽云南》专刊（每周1期），这是云南与柬埔寨新闻文化交流合作的一项重要成果。12月，该集团与老挝第一大英文报纸《万象时报》签订合作协议，开始发行《中国·云南》（英文）新闻专刊，主要通过报道中国特别是云南发展的新气象、民生改善成效、中国周边外交理念实施情况等多方面内容，增进老挝民众对中国特别是云南的了解，促进共同发展。

2015年1月，昆明市博览事务局与泰国展览业协会（TEA）签署了合作意向书，双方将加强在会议展览项目、政策等多个方面的协调合作。2014年，云南在瑞丽市成立了"国际职业教育培训基地"，每年计划培训缅甸籍学员5000名。2015年10月，云南已有11所高校开设了缅甸语课程，在各高校就读的缅甸留学生达800多人。[①]

2015年7月，"大湄公河次区域跨境联防联控项目十周年经验总结会"在云南普洱市召开，来自中国、老挝和越南相关机构的代表共61人参会。会上展示了中国与越、老、缅在边境地区开展艾滋病、疟疾、登革热、鼠疫联防联控项目的10年成果，针对疟疾、登革热和艾滋病等重要传染病形成了双边合作工作机制，建立了双边传染病防控合作伙伴关系。中方代表建议

---

① 储东华、罗蓉婵：《滇缅合作热词热议》，云南日报数字报纸，http：//yndaily.yunnan.cn/html/2015-10/20/content_1009164.htm？div=-1。

未来合作应注重务实，通过强化合作和沟通机制、提供技术和资金支持来推动项目的可持续发展。① 2013 年 5 月启动的中国"国家卫生计生委东盟10 + 1 中老边境 5 省医疗卫生服务合作体建设"，是卫生计生委首个涉外边境地区医疗卫生帮扶项目，旨在通过"合作体"数字化网络平台的建设，充分发挥医疗服务、人才培养、健康管理与医院管理四大功能，以优质资源带动老挝医疗卫生事业的发展。② 2015 年 7 月，"中国 – 老挝北部五省医疗卫生服务共同体"在老挝南塔省启动，由西双版纳州人民医院具体实施，老挝边民借助"共同体"平台在当地就可享受高水准的医疗服务。

自 2011 年起，云南卫生计生委针对缅甸白内障患者开展"光明行"活动，这是云南对缅甸实施的医疗卫生民生项目之一，至 2015 年 12 月已在仰光、曼德勒和密支那三地为 1492 名患者实施了免费手术。③ 2015 年 1 月，云南省药物依赖防治研究所在缅甸果敢自治区举办了"构建中缅跨境艾滋病感染者/艾滋病病人双边联合管理服务体系培训班"，共 29 人参加培训。④

（二）2015年云南参与 GMS 合作总结及2016年展望

1. 2015年云南参与 GMS 合作总结

2015 年，云南深入贯彻落实习总书记讲话精神，主动融入和服务国家"一带一路"战略，"面向南亚东南亚辐射中心"的建设工作全面展开，积极参与 BCIM 经济走廊、GMS 合作、中国 – 中南半岛经济走廊和长江经济带建设，在口岸建设、对外经贸合作等方面均有新进展。

---

① 《大湄公河次区域跨境联防联控项目十周年经验总结会在云南省普洱市召开》，云南省卫生和计划生育委员会，http：//www. pbh. yn. gov. cn/contents/57/5673. html。
② 《中国 – 老挝北部五省医疗卫生服务共同体启动》，西双版纳新闻网，http：//www. bndaily. com/xw/130336. shtml。
③ 彭锡：《云南医疗队已为缅甸 1492 名白内障患者进行免费手术》，云南网，http：//yn. yunnan. cn/html/2015 – 11/20/content_ 4024828. htm。
④ 《国家卫计委中越老缅边境地区艾滋病联防联控项目中缅跨境艾滋病感染者双边联合管理策略培训班成功举办》，云南省卫生和计划生育委员会，http：//www. pbh. yn. gov. cn/contents/58/5191. html。

从 2015 年 GMS 合作相关会议、云南与次区域国家双边合作机制会议内容提取的"公约数"来看，各方关注的问题集中于交通设施建设、通关贸易便利化、经贸投资合作、各方贸易结构的改善、农业旅游等产业合作和边境地区综合治理等，这些问题是近年来次区域六国努力推进解决或改善的，也是打造 GMS 合作"升级版"、促进次区域包容性及可持续发展所需要克服的难点。总体上，云南在一些重点平台建设和重大项目的推进方面表现缓慢，与次区域国家的农业合作还存在农业科技的潜力发挥不够、农业"走出去"的相关支持保障机制缺乏等问题。

2. 2016年云南参与 GMS 合作展望

2016 年是"十三五"开局之年，在云南"十三五"规划中，扩大开放处于更加突出的位置，云南将着力开创对内对外开放新局面、建设中国面向南亚东南亚的辐射中心，通过加强对开放载体与平台的建设将云南打造成为中国对外开放的新高地。2014 年 11 月，李克强总理在中国－东盟领导人会议上提出探讨建立澜沧江－湄公河对话合作机制，泰国积极响应，"澜湄合作机制"（LMC）进入实质性构建阶段，2015 年 4 月、8 月举行了两次高官会谈。2015 年 11 月，中国、泰国、缅甸、老挝、越南、柬埔寨六国外长首次召开会议，正式建立"澜湄合作机制"，讨论了合作机制的早期收获项目，并将政治安全、经济和可持续发展、社会人文作为三个重点合作领域，以对应东盟共同体建设的三大支柱（政治、经济、社会与文化共同体），澜湄合作机制为探索和推进南南合作又添一个新平台。[①]"澜湄合作机制"与GMS 合作机制并不冲突，而是相互补充、相互促进的关系，云南作为澜湄合作机制中的重要参与方之一，可以在互联互通方面争取更多的政策和资金扶持，有助于在推进口岸建设、通关便利化和边境贸易等方面实现实质性的改善，进一步提升对外开放的程度。

2016 年，在与次区域国家合作方面，云南有较大的机会空间。湄公河

---

① 刘子语、张若谷、罗蓉婵：《盘点 2015 年云南开放发展大事 10 个"第一"奏响开放最强音》，云南网，http://yn.yunnan.cn/html/2015－12/31/content_4094532.htm。

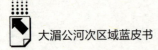

流域五国的房地产业发展迅速，对建材的需求量大，市场潜力巨大；可积极引导企业到柬埔寨进行投资，该国为了吸引外来投资制定了一系列优惠政策，并具有劳动力成本优势，对柬埔寨投资恰逢其时，云南企业可投资该国的农业、旅游业、劳动密集型制造业如服装加工业等；滇越合作可积极开拓鲜活水产品和农产品贸易；滇泰可加强旅游业合作；老挝希望将本国的农产品出口到云南乃至更大的中国市场，这可成为滇老贸易的一个新增长点。云南需加强自身"内功"，积极提升合作主动性及对外合作交往的竞争力，升级与次区域国家的合作，继续推进基础设施建设和经贸投资，落实经济走廊已制定的贸易优惠政策，借助自身的技术优势重点推进与次区域国家的农业及民生项目合作。云南还需积极争取国家层面与周边国家的磋商协调，提高贸易、边境经济合作区建设及内陆口岸通关等方面的便利化水平。

B.9
2015年广西经济社会发展及对大湄公河次区域合作的参与[*]

陈 竹 安东程[**]

摘 要： 2015年，广西经济社会持续健康发展，"十二五"规划目标任务顺利完成，区域发展形成新格局，经济运行出现新亮点，对外开放形成新定位，民生事业有了新提升。在亚洲开发银行的支持下和"一带一路"战略的带动下，广西对大湄公河次区域合作的参与在基础设施互联互通、经济走廊、贸易投资、产业、环境保护、多层次教育等重点领域进一步深化，并取得丰硕成果。

关键词： 2015年 广西 经济社会发展 大湄公河次区域 区域合作

一 2015年广西经济社会持续健康发展

（一）"十二五"规划顺利收官

经济综合实力迈上新台阶。2015年，地区生产总值比上年增长8.1%，

---

* 本文为2016中国－东盟思想库网络（NACT）研究项目"澜湄合作机制下推进澜沧江－湄公河次区域国际减贫合作研究"阶段性研究成果。

** 陈竹，珠江源工商开放学院讲师，硕士；安东程，云南大学国际关系研究院2014级世界史专业硕士研究生。

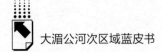
达 1.680312 万亿元，① 增速高于全国 1.2 个百分点，② 总值居全国第 17
位，③ 超过"十二五"规划提出的 1.55 万亿元的目标。人均地区生产总值
比上年增长 7.2%，达 3.519 万元，④ 超过"十二五"规划设立的 3.039 万
元的目标。财政收入比上年增长 7.9%，达 2333 亿元，是 2010 年的 1.9
倍。⑤ 固定资产投资比上年增长 17.8%，达 1.565495 万亿元，投资增幅居
全国第 5 位，投资额居西部第 3 位。⑥

经济结构调整取得新突破。产业结构趋于优化，2015 年三大产业结构
为 15.3∶45.8∶38.9，第一产业和第二产业相较 2010 年分别下降 2 个和 1.3
个百分点，第三产业比 2010 年提高 4.4 个百分点。⑦ 工业结构调整初显成
效，2015 年高技术产业增加值占规模以上工业增加值的比重比上年提高 1.2
个百分点，高耗能行业的比重比上年下降 1.9 个百分点。投资结构继续改
善，2015 年服务业投资占固定资产投资的比重提高到 53.8%，高耗能行业
的比重降至 13.0%。⑧

生态经济建设有了新成效。2015 年，万元生产总值能耗下降 5%，⑨ 万

① 本文数据主要来自广西壮族自治区政府主席陈武 2016 年 1 月 24 日在广西壮族自治区第十
　二届人民代表大会第五次会议上所做的政府工作报告，参见广西壮族自治区人民政府门户
　网站，http://www.gxzf.gov.cn/zwgk/gzbg/zfgzbg/201602/t20160204_483874.htm。
② 宋瑶：《2015 年广西 GDP 同比增长 8.1% 增速高于全国》，广西新闻网，2016 年 1 月 21
　日，http://news.gxnews.com.cn/staticpages/20160121/newgx56a0ee56-14312890.shtml。
③ 《2015 年各省份名义 GDP 排名两省负增长（表）》，凤凰网，2016 年 2 月 17 日，http://
　finance.ifeng.com/a/20160217/14219946_0.shtml。
④ 《2015 年广西经济亮点数据》，网易网，2016 年 3 月 5 日，http://news.163.com/16/0305/
　07/BHCIBGP700014Q4P.html。
⑤ 《2016 年政府工作报告》，广西壮族自治区人民政府门户网站，2016 年 2 月 4 日，http://
　www.gxzf.gov.cn/zwgk/gzbg/zfgzbg/201602/t20160204_483874.htm。
⑥ 《2015 年广西经济亮点数据》，网易网，2016 年 3 月 5 日，http://news.163.com/16/0305/
　07/BHCIBGP700014Q4P.html。
⑦ 《2016 年政府工作报告》，广西壮族自治区人民政府门户网站，2016 年 2 月 4 日，http://
　www.gxzf.gov.cn/zwgk/gzbg/zfgzbg/201602/t20160204_483874.htm。
⑧ 《2015 年广西经济运行总体平稳、稳中有进》，广西壮族自治区人民政府门户网站，2016 年
　2 月 3 日，http://www.gxzf.gov.cn/zjgx/jjfz/tjsj/jjyx/201602/t20160203_483811.htm。
⑨ 《广西加快建设生态经济十大工程》，人民网，2016 年 4 月 21 日，http://
　gx.people.com.cn/n2/2016/0421/c349652-28195940.html。

元工业增加值能耗下降11%,[1] 国家下达的"十二五"节能减排目标全面完成。2015 年,生态经济的重点产业节能环保产业总产值超过 800 亿元,同比增长 15%;[2] 新建了南宁、梧州、贺州、河池等生态产业园区。

基础设施建设实现新跨越。2015 年,高铁里程新增 220 公里,总里程达到 1700 公里,通高铁设区市新增 1 个,总数量达到 11 个;高速公路里程增加 567 公里,总里程突破 4289 公里,通高速公路县增加 7 个,总数量达到 87 个,县（市、区）通达率为 80%;西部首座核电站防城港红沙核电 1 号机组并网发电。[3]

开放合作拓展新空间。2015 年,中央明确赋予自治区"三大定位"新使命,即构建面向东盟的国际大通道、打造西南中南地区开放发展新的战略支点、形成 21 世纪海上丝绸之路与丝绸之路经济带有机衔接的重要门户。2015 年,马来西亚驻中国南宁总领事馆正式开馆,在南宁设立总领事馆的东盟国家达 6 个。

（二）"双核驱动、三区统筹"新格局初步形成

自 2009 年《国务院关于进一步促进广西经济社会发展的若干意见》出台以来,广西致力于推动区域实现特色发展、差异化发展、协调发展,先后实施"两区一带"区域发展战略、"双核驱动"战略及"双核驱动、三区统筹"战略,区域开放发展总体布局趋向完善,区域经济发展不断提速。2016 年的政府工作报告提出,"双核驱动、三区统筹"新格局初步形成。

1. "双核"区域初步形成驱动

一是开放驱动。"双核驱动"战略本质上是开放带动战略。北部湾经济区已经成为中国与东盟交流合作最活跃、平台机制最完善、发展潜力最大的先

---

① 《2016 年政府工作报告》,广西壮族自治区人民政府门户网站,2016 年 2 月 4 日,http://www. gxzf. gov. cn/zwgk/gzbg/zfgzbg/201602/t20160204_ 483874. htm。

② 《广西加快建设生态经济十大工程》,人民网,2016 年 4 月 21 日,http://gx. people. com. cn/n2/2016/0421/c349652 –28195940. html。

③ 《2016 年政府工作报告》,广西壮族自治区人民政府门户网站,2016 年 2 月 4 日,http://www. gxzf. gov. cn/zwgk/gzbg/zfgzbg/201602/t20160204_ 483874. htm。

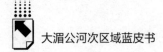

行区之一，西江经济带开创了跨省合作、流域合作和东西部合作的新模式。作为开放合作核心区，"双核"区域不仅开放程度最高，带动能力也最强。

二是产业驱动。"双核"驱动力，取决于产业实力，尤其是产业集群化的规模和水平。目前，北部湾经济区5个园区产值超过500亿元，490家企业产值超亿元，石化、电子信息、冶金、林浆纸、粮油加工等现代产业体系初具雏形。① 目前，西江经济带拥有50多个工业园区，聚集全区6成以上的工业总量。②

三是交通驱动。实施"双核驱动"战略，必须交通先行。广西北部湾经济区和西江经济带的现代综合交通运输体系主骨架已初步成形，带动全区从交通末梢转变为区域性国际交通枢纽。目前，北部湾经济区"出省""出边"连接多区域大通道基本建成，高铁实现了"公交化"运行，南宁和北海机场已开通国内外航线100多条，北部湾港可与世界100多个国家和地区的200多个港口通航。③ 目前，西江黄金水道基本建成，被称为西江"咽喉"的长洲水利枢纽单向通过能力达到1.36亿吨，成为目前世界上内河单向通过能力最大的船闸群。④

四是城镇化驱动。城镇是双核驱动的基础载体和重要保障。2015年，广西常住人口城镇化率为47.06%。⑤ 作为"双核"区域核心城市，柳州、南宁、北海、防城港常住人口城镇化率分别为62.11%、59.31%、55.34%、55.13%，城镇化辐射带动能力进一步增强。⑥

① 杨陈：《彭清华：广西北部湾经济区成中国与东盟交流最活跃区》，中国新闻网，2016年3月20日，http://www.chinanews.com/cj/2016/03-20/7804338.shtml。
② 王国浩：《广西"双核驱动"动力足》，《人民日报》2015年3月20日第1版，http://paper.people.com.cn/rmrb/html/2015-03/20/nw.D110000renmrb_20150320_3-01.htm。
③ 杨陈：《彭清华：广西北部湾经济区成中国与东盟交流最活跃区》，中国新闻网，2016年3月20日，http://www.chinanews.com/cj/2016/03-20/7804338.shtml。
④ 黄艳梅、林浩、苏洁：《全球内河单向通航能力最大船闸群运行 广西巨轮通港澳》，中国新闻网，2016年3月1日，http://www.chinanews.com/df/2016/03-01/7779550.shtml。
⑤ 《2016年政府工作报告》，广西壮族自治区人民政府门户网站，2016年2月4日，http://www.gxzf.gov.cn/zwgk/gzbg/zfgzbg/201602/t20160204_483874.htm。
⑥ 《2015年广西常住人口增长加快 城镇化进程稳步推进》，广西壮族自治区统计局网站，2016年3月16日，http://www.gxtj.gov.cn/tjxx/jdfx/qq/201603/t20160316_121519.html。

2.沿海沿江沿边地区初步实现统筹发展

北部湾经济区加快升级。首先，同城化取得突破性进展。2015 年，北部湾经济区同城化在社会保障、金融服务、口岸通关、教育资源等多个领域取得突破性进展，正式运行社会保障"一卡通"管理系统，正式发放北部湾同城化贷款，实现"六市一关"通关体系，实行统一中考。其次，北部湾自贸试验区申报工作稳步推进。广西申报北部湾自贸试验区工作取得重要进展，总体方案已上报国务院。

西江经济带加快崛起。2015 年，广西全面实施西江经济带基础设施建设大会战赢得阶段性成效，累计完成投资 218.7 亿元，竣工投资项目 15 项。① 2015 年，珠江 - 西江经济带建设取得了积极成效，一大批战略性、先导性、基础性的合作项目稳步推行，粤桂合作特别试验区和粤桂黔高铁经济带合作试验区等合作平台逐渐形成带动效应。

左右江革命老区加快振兴。2015 年 2 月 9 日，国务院正式批复了《左右江革命老区振兴规划》，规划范围包括广西百色市、河池市、崇左市及南宁市隆安县、马山县，标志着广西区域发展的最大短板跃升为国家战略，左右江革命老区振兴迈入新阶段。2015 年 5 月 4 日，自治区人民政府印发《左右江革命老区重大工程建设三年行动计划实施方案》，左右江革命老区振兴步入快车道。三年行动计划实施 141 项项目，涉及沿边开放基础设施工程、特色产业发展工程、生态经济建设工程、扶贫攻坚工程、惠民工程等，总投资约 327 亿元。②

桂林国际旅游胜地加快建设。自 2012 年《桂林国际旅游胜地建设发展规划纲要》获批准实施以来，桂林国际旅游胜地建设全面推进，旅游体制机制改革迈出坚实步伐，旅游转型升级成效显著，旅游质量效益不断提升。

---

① 孙志平、程群：《广西着力推进四大战略　实现区域协调发展》，新华网，2015 年 11 月 22 日，http://news.xinhuanet.com/fortune/2015-11/22/c_1117220856.htm。
② 《广西壮族自治区人民政府办公厅关于印发左右江革命老区重大工程建设三年行动计划实施方案的通知（桂政办发〔2015〕29 号）》，广西壮族自治区人民政府门户网站，http://www.gxzf.gov.cn/zwgk/zfwj/zzqrmzfbgtwj/2015gzbwj/201505/t20150519_443024.htm。

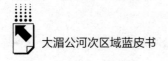
（三）经济运行总体平稳、稳中有进、稳中有好

2015年，在经济下行压力不断加大的情况下，广西把稳增长作为重中之重，及时推出48条稳增长政策，使全区经济呈现"总体平稳、稳中有进、稳中有好"的发展态势。

1. 农业生产稳定发展

2015年，农业生产稳定发展，农业基础地位稳固，农业综合经济实力进一步增强，全年农林牧渔业增加值为2634.28亿元，比上年增长4.1%。[1]种植业生产形势较好，全年种植业增加值为1478.7亿元，比上年增长5.2%；畜牧业生产低速增长，全年畜牧业增加值为560.65亿元，下降0.2%；林业生产增长较快，全年林业增加值为235.48亿元，增长6.4%；渔业生产总体平稳，全年渔业增加值为291.14亿元，增长4.0%。[2]

2. 工业生产运行平稳

2015年，工业生产运行平稳，工业经济总体保持增长，全部工业增加值为6338.28亿元，比上年增长7.7%。[3] 首先，八成行业实现增长。从行业上看，40个大类工业行业中，32个行业实现增长，占行业面的80%；从产业增加值总量上看，14大支柱和特色产业中，增加值总量比上年同期扩大的产业有11个，约占行业面的八成；从产业增速上看，14大支柱和特色产业中，增加值同比实现增长的产业有12个，占产业面的八成以上。[4] 其次，非公经济贡献突出。非公有工业增加值比上年增长10.3%，高于规模以上工业2.4个百分点；非公有工业对全区规模以上工业增长贡献率比上年

---

① 《2015年广西经济运行总体平稳、稳中有进》，广西壮族自治区人民政府门户网站，2016年2月3日，http：//www.gxzf.gov.cn/zjgx/jjfz/tjsj/jjyx/201602/t20160203_483811.htm。
② 《2015年广西经济运行总体平稳、稳中有进》，广西壮族自治区人民政府门户网站，2016年2月3日，http：//www.gxzf.gov.cn/zjgx/jjfz/tjsj/jjyx/201602/t20160203_483811.htm。
③ 《2015年广西经济运行总体平稳、稳中有进》，广西壮族自治区人民政府门户网站，2016年2月3日，http：//www.gxzf.gov.cn/zjgx/jjfz/tjsj/jjyx/201602/t20160203_483811.htm。
④ 《理性看待新常态下的广西工业经济——2015年全区规上工业经济运行分析》，广西壮族自治区统计局网站，2016年2月2日，http：//www.gxtj.gov.cn/tjxx/jdfx/qq/201602/t20160202_121096.html。

提高 11.6 个百分点，达到 90.6%；非公有工业增加值占规模以上工业比重
比上年提高 2.7 个百分点，达到 71.7%。[①] 最后，小微企业拉动作用超过大
中型企业。小微工业企业增加值和拉动规模以上工业分别增长 12.0% 和 4
个百分点，分别高于大中型工业企业 6.2 个百分点和 0.1 个百分点。[②]

3. 服务业成为拉动经济增长的主要力量

2015 年，服务业提升势头明显，成为拉动经济增长的主要力量，其
增加值、占 GDP 的比重及对经济增长的贡献率都创下近年来最高值。服
务业增加值增长 9.7%，自 2003 年以来首次超过工业，高于工业增速 2 个
百分点；占 GDP 的比重达 38.9%，为 2006 年以来的最高值；对经济增长
的贡献率创 2003 年以来最高水平，达到 41.9%，高于工业 0.1 个百分
点。[③]

4. 外贸出口形势好于全国

2015 年，广西外贸出口形势好于全国，进口、出口均实现两位数增长。
全年全区进出口总额为 3190.3 亿元，增长 15%，比全国外贸增速高 22 个百
分点。[④] 从贸易方式看，边境小额贸易和加工贸易的进出口额分别为
1059.68 亿元和 657.72 亿元，分别同比增长 17.1%、27.8%；从贸易伙伴
看，对东盟、美国、欧盟的进出口额分别为 1807.69 亿元、164.13 亿元、
101.12 亿元，分别比上年增长 19.6%、8.0%、16.2%；从出口商品看，高
新技术产品出口增长 30.2%。[⑤]

[①] 《经济运行总体平稳、稳中有进——2015 年广西经济运行情况分析报告》，广西壮族自治区
统计局网站，2016 年 1 月 27 日，http：//www.gxtj.gov.cn/tjxx/jdfx/qq/201601/t20160127_
121078.html。

[②] 《经济运行总体平稳、稳中有进——2015 年广西经济运行情况分析报告》，广西壮族自治区
统计局网站，2016 年 1 月 27 日，http：//www.gxtj.gov.cn/tjxx/jdfx/qq/201601/t20160127_
121078.html。

[③] 宋瑶：《2015 年广西 GDP 同比增长 8.1% 增速高于全国》，广西新闻网，2016 年 1 月 21
日，http：//news.gxnews.com.cn/staticpages/20160121/newgx56a0ee56-14312890.shtml。

[④] 宋瑶：《2015 年广西 GDP 同比增长 8.1% 增速高于全国》，广西新闻网，2016 年 1 月 21
日，http：//news.gxnews.com.cn/staticpages/20160121/newgx56a0ee56-14312890.shtml。

[⑤] 《2015 年广西经济运行总体平稳、稳中有进》，广西壮族自治区人民政府门户网站，2016 年
2 月 3 日，http：//www.gxzf.gov.cn/zjgx/jjfz/tjsj/jjyx/201602/t20160203_483811.htm。

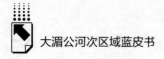

5. 新生动力不断成长

2015 年，广西经济发展的新生动力不断成长。一是新增长点不断涌现。旅游业总收入增长 25%，电子商务交易额增长 1.2 倍，电信主营业务收入增速排全国前列。[①] 二是新产业发展较快。全区规模以上高技术产业增加值同比增长 16.9%，增速高于规模以上工业增速 9 个百分点。[②] 三是新兴服务业发展势头良好。2015 年 1 ~ 11 月，全区规模以上服务业中，商务服务、互联网和相关服务、软件和信息技术等新兴服务业营业收入分别增长 23.3%、27.0% 和 29.9%。[③] 四是新登记企业较快增长。截至 2015 年 11 月底，全区新登记企业、新登记企业注册资本总额、新登记过亿元企业分别增长 26.55%、21.87%、30.98%。[④]

（四）参与"一带一路"建设取得积极进展

形成丝绸之路经济带与 21 世纪海上丝绸之路有机衔接的重要门户，是"一带一路"战略规划对广西的定位。2015 年，广西积极参与"一带一路"建设，取得了积极进展。

与"一带一路"国家的贸易投资得到加强。2015 年，广西与"一带一路"国家的进出口额为 319.8 亿美元，同比增长 42.2%；广西企业"走出去"步伐明显加快，目前对"一带一路"国家投资企业达 36 家，协议总投资额 10.8 亿美元，其中新签订承包工程合同 30 份，投资合作的重点领域为基础设施建设。[⑤]

---

① 《2016 年政府工作报告》，广西壮族自治区人民政府门户网站，2016 年 2 月 4 日，http：//www. gxzf. gov. cn/zwgk/gzbg/zfgzbg/201602/t20160204_ 483874. htm。

② 《理性看待新常态下的广西工业经济——2015 年全区规上工业经济运行分析》，广西壮族自治区统计局网站，2016 年 2 月 2 日，http：//www. gxtj. gov. cn/tjxx/jdfx/qq/201602/t20160202_ 121096. html。

③ 宋瑶：《2015 年广西 GDP 同比增长 8.1% 增速高于全国》，广西新闻网，2016 年 1 月 21 日，http：//news. gxnews. com. cn/staticpages/20160121/newgx56a0ee56 - 14312890. shtml。

④ 宋瑶：《2015 年广西 GDP 同比增长 8.1% 增速高于全国》，广西新闻网，2016 年 1 月 21 日，http：//news. gxnews. com. cn/staticpages/20160121/newgx56a0ee56 - 14312890. shtml。

⑤ 《开放的广西阔步前行》，广西新闻网，2016 年 3 月 5 日，http：//sub. gxnews. com. cn/staticpages/20160305/newgx56da21f8 - 14533782. shtml。

与"一带一路"国家的互联互通加快推进。2015 年 3 月 17 日，越南—广西—苏满欧公铁联运多国跨境线路开通，这是广西首条连接东盟和欧洲的陆路直通线路。

参与建设"一带一路"的行动纲领正式发布。2015 年 12 月，自治区党委、自治区人民政府印发了《广西参与建设丝绸之路经济带和 21 世纪海上丝绸之路实施方案》。作为参与建设"一带一路"的行动纲领，该实施方案提出了推进互联互通合作、推进商贸物流合作、构建跨境产业链合作、推进跨境金融合作、密切人文交流、开展海上合作、构建重大合作平台等八个方面的合作重点，推出了 180 多个重点项目。

（五）民生事业发展有了新提升

2015 年，广西财政民生支出占比达 79.6%，① 实施为民办实事的十大惠民工程，使民生事业发展有了新提升。一是精准扶贫成效显著。通过精准扶贫，实现脱贫 85 万人。② 二是社会保障体系更完善。全区新农合参合人数达 4170.65 万人，参合率达 99.18%。③ 全区实现城乡居民大病保险全覆盖。保障性住房开工 23.9 万套，基本建成 11.5 万套。④ 职工最低工资标准提高 16% 左右，广西各地职工月最低工资标准达到 1000 元以上。⑤ 三是全区教育资源有效扩大。启动新建中小学、幼儿园 406 所，开工 284 所，新增认定 1000 所多元普惠幼儿园，"入园难"问题得到有效

---

① 《2016 年政府工作报告》，广西壮族自治区人民政府门户网站，2016 年 2 月 4 日，http：//www.gxzf.gov.cn/zwgk/gzbg/zfgzbg/201602/t20160204_ 483874.htm。

② 《2016 年政府工作报告》，广西壮族自治区人民政府门户网站，2016 年 2 月 4 日，http：//www.gxzf.gov.cn/zwgk/gzbg/zfgzbg/201602/t20160204_ 483874.htm。

③ 《广西 2015 年保障和改善民生工作："获得感"从这里来》，新华网，2016 年 1 月 3 日，http：//www.gx.xinhuanet.com/newscenter/2016 – 01/03/c_ 1117650566.htm。

④ 《2016 年政府工作报告》，广西壮族自治区人民政府门户网站，2016 年 2 月 4 日，http：//www.gxzf.gov.cn/zwgk/gzbg/zfgzbg/201602/t20160204_ 483874.htm。

⑤ 骆万丽、谭卓雯：《奏响改革发展最强音——广西 2015 年推进全面深化改革综述》，广西新闻网，2016 年 2 月 16 日，http：//news.gxnews.com.cn/staticpages/20160216/newgx56c24e10 – 14433870.shtml。

缓解。① 城乡环境得到优化。全部县城的污水垃圾处理设施已经建成，城镇生活垃圾无害化处理率和污水处理率分别超过 92%、85%。② 农村人居环境有较大改善，基本竣工的自治区级绿化示范村屯数量为 5000 个，农村危房改造开工和竣工户数分别为 29.7 万户和 26.25 万户。③

二 2015 年广西对大湄公河次区域合作的参与进一步深化

（一）次区域合作：继续推动交通走廊向经济走廊转化

2015 年 6 月 11 日，以"务实合作，面向未来"为主题的第七届大湄公河次区域经济走廊论坛在云南昆明举行。继续推动次区域交通走廊向经济走廊转化，仍然是当前大湄公河次区域合作的重点工作。

自 2005 年正式参与大湄公河次区域合作以来，在亚洲开发银行的大力支持下，广西积极地融入大湄公河次区域合作，不断提升参与大湄公河次区域合作的水平。一方面，合作平台不断完善。中国 – 东盟博览会、中国 – 东盟商务与投资峰会、泛北部湾经济合作论坛、中国 – 东盟环境合作论坛、中国 – 东盟职业教育联展暨论坛的举办，中国 – 东盟港口城市合作网络、中国 – 东盟信息港、中越跨境经济合作区、东兴和凭祥国家重点开发开放试验区的建设，为广西与大湄公河次区域各国开展合作提供了重要平台。另一方面，合作空间不断拓展。广西紧紧抓住国家明确赋予的"三大定位"新机遇，在"一带一路"战略规划下拓展与大湄公河次区域合作的空间。2015年，在亚洲开发银行的支持下和"一带一路"战略的带动下，广西扎实推

---

① 《2015 年广西民族教育事业攻坚克难取得显著成效》，广西壮族自治区民族事务委员会网站，2016 年 2 月 5 日，http：//www.gxmw.gov.cn/mzgw/BT/13584.html。
② 《2016 年政府工作报告》，广西壮族自治区人民政府门户网站，2016 年 2 月 4 日，http：//www.gxzf.gov.cn/zwgk/gzbg/zfgzbg/201602/t20160204_483874.htm。
③ 《广西 2015 年保障和改善民生工作："获得感"从这里来》，新华网，2016 年 1 月 3 日，http：//www.gx.xinhuanet.com/newscenter/2016 – 01/03/c_1117650566.htm。

进参与大湄公河次区域合作的相关工作，进一步深化在基础设施互联互通、经济走廊、贸易投资、产业、环境保护、多层次教育和人才培养等重点领域的合作，取得了丰硕成果。

（二）加快与大湄公河次区域的基础设施互联互通

2015年，广西加快与大湄公河次区域的基础设施互联互通，重点编织"五张网"，即高速公路网、铁路网、海运网、航空网、通信网。

高速公路网方面。龙邦口岸和水口口岸是广西面向东盟的国际口岸，贯通靖西至龙邦高速公路和崇左至水口高速公路，对加强广西与大湄公河次区域各国的互联互通有着重要意义。2015年7月，靖西至龙邦高速公路开始实质性征地工作，工程建设正式进入具体实施阶段。工程线路全长约28.277公里，总投资约24.5亿元，建设工期为3年，建成后将成为桂西、黔南通往越南的重要公路通道之一。① 2015年12月29日，崇左至水口高速公路项目举行开工仪式。项目主线全长94.3公里，建设连接线长7公里，投资约55.77亿元，计划工期3年，建成后将成为我国西南地区连接越南等国家的国际通道之一。②

铁路网方面。2015年5月，中越铁路冷链双向流通体系试运行成功。2015年12月11日，南宁至昆明客运专线南宁至百色段正式开通，百色至广西与云南省界段53公里铁路的铺轨工作也全面展开。2015年，南宁至凭祥高速铁路项目建设已获得国家发改委批复，将于2017年前开工建设。

海运网方面。首先，加大沿海港口建设。北部湾港口群建成生产性泊位256个，其中万吨级以上泊位79个，港口综合通过能力达到2.2亿吨，集装箱通过能力达423万标箱。③ 其次，加密航线布局。北部湾外贸集装箱航

① 《靖西至龙邦高速公路开始实质性征地》，靖西市人民政府网，2015年7月10日，http：// jingxi. gov. cn/index. php？ c = index&a = show&catid = 25&id = 22979。

② 《崇左至水口高速公路开工建设》，广西新闻网，2015年12月30日，http：// news. gxnews. com. cn/staticpages/20151230/newgx5683a232 – 14186932. shtml。

③ 《广西北部湾港口建设加快国际化进程》，广西北部湾网，2016年2月26日，http：// www. bbw. gov. cn/Article_ Show. asp？ ArticleID = 50366。

线班轮达 22 班/周，可与东盟的主要港口通航。[①] 防城港获批成为广西首家海港进境水果指定口岸，东盟水果通过泰国曼谷—林查班—防城港、越南胡志明港—防城港两条水果快线进入中国市场。最后，推动中国－东盟港口城市合作网络建设。2015 年，中国－东盟港口城市合作网络钦州基地已经进入实质性建设阶段，相关配套项目务实推进。

航空网方面。2015 年，广西首家本土航空公司——北部湾航空公司成立，其计划在 2016 年开通南宁—河内、南宁—岘港、南宁—芽庄、南宁—胡志明市、南宁—金边等航线。[②] 2015 年，南宁机场新增国际航线有杭州—南宁—胡志明市、长沙—南宁—清迈、南宁—芭提雅等 11 条，加密国际航班有南宁—曼谷、昆明—南宁—河内等 6 条。[③] 2015 年 11 月 2 日，北海机场的首条国际航线即哈尔滨—北海—曼谷国际航线正式开通。

通信网方面。2015 年，积极搭建跨境电子商务平台，相继在南宁启动东盟跨境电商总部基地、南宁跨境贸易电子商务综合服务平台、中国－东盟（南宁）跨境电子商务产业园、中国－东盟跨境电商平台。2015 年 9 月 13 日，中国－东盟信息港基地揭牌并落户广西南宁。

（三）推动大湄公河次区域南宁－河内经济走廊发展

中国南宁－越南河内经济走廊是大湄公河次区域南北经济走廊的组成部分，被称为大湄公河次区域南北经济走廊东线。2015 年，广西通过推进中越跨境经济合作区、东兴和凭祥国家重点开发开放试验区的建设来推动南宁－河内经济走廊发展。

1. 中越跨境经济合作区

作为《GMS 区域投资框架（2013～2022 年）》的优先项目，中国东

---

① 《广西北部湾港 2015 年累计完成吞吐量 1.28 亿吨》，新华网，http://www.gx.xinhuanet.com/wq/2016-01/08/c_1117717767.htm。

② 林艳华、蓝宇、杨骏：《北部湾航空助广西构建中国－东盟空中走廊》，中国新闻网，2016年3月16日，http://www.chinanews.com/cj/2016/03-16/7800068.shtml。

③ 朴春兰、张红璐：《南宁机场 2015 年东盟航线增长率超 5 成》，人民网，2016年1月5日，http://gx.people.com.cn/n2/2016/0105/c179430-27467021.html。

兴－越南芒街、中国凭祥－越南同登、中国龙邦－越南茶岭三个跨境经济合作区加快建设。

首先，中国东兴－越南芒街跨境经济合作区积极推进。一是跨境经济合作区工作机构成立。2015年12月2日，中国东兴－越南芒街跨境经济合作区建设指挥部成立，负责跨境经济合作区规划建设、招商引资、投融资和征地拆迁等工作。二是基础设施项目建设。中越北仑河二桥项目正在建设，友谊大道、中央大道、兴悦大道等一批道路项目开工建设。三是配套产业园区启动建设。冲榄工业园区基础设施建设启动，园区入园大道已完成近千米路基开挖和污水管网铺设，招商服务中心项目已完成主体建设。四是资金政策支持力度加大。已落实2.72亿元专项资金和975.3亩（65公顷）用地指标用于跨境经济合作区项目建设，获得亚洲开发银行4亿美元资金支持，以直接投资、设立专项基金等方式支持跨境经济合作区互联互通基础设施、口岸设施建设等。同时还获得亚洲开发银行40万美元技术援助赠款，用于开展跨境经济合作区管理体制、产业发展、通关便利化等方面的研究。① 五是招商引资进展良好。与中国十七冶集团签订了总额为18亿元的战略合作框架协议，与利嘉实业（香港）控股有限公司、闽商资产管理有限公司共同签订总额为10亿美元的投资框架协议。六是与越方关系良好。2015年10月，东兴市和芒街市正式缔结为国际友好城市。

其次，中国凭祥－越南同登跨境经济合作区抓紧推进。2015年5月，凭祥市人民政府与越南同登－谅山口岸经济区管理委员会签署了《关于建立凭祥（中国）－同登（越南）跨境经济合作区定期会晤机制的备忘录》。2015年11月，在习近平总书记访越期间，崇左市与越方签署了《（中国）友谊关－（越南）友谊国际口岸国际货运专用通道、（中国）浦寨－（越南）新清货运专用通道建设备忘录》。2015年12月9日，凭祥市边境贸易货物物流中心（中越跨境）货物专用通道项目正式开工，该通道长1.548

① 《东兴试验区积极推进中国东兴－越南芒街跨境经济合作区建设》，2016年3月10日，广西北部湾网，http：//www.bbw.gov.cn/Article_ Show.asp？ArticleID＝50652。

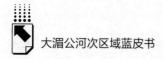
公里，计划投资 1.736 亿元。①

最后，中国龙邦－越南茶岭跨境经济合作区稳步推进。2015 年，首个重大项目——投资 200 亿元的"靖西龙邦国际商贸物流园区"正式启动。② 2015 年 11 月 4 日，广西靖西万生隆投资有限公司与越南因特思科国际商贸服务投资公司在河内签署了合作协议，双方就中国龙邦－越南茶岭口岸建设跨境通关功能服务、跨境物流服务、跨境区域性商贸聚集中心和跨境区域性金融服务平台等投资领域达成多项共识及合作意愿。双方计划合作开发越南园区（一期为 150 公顷），共同投资 30 亿元人民币进行土地一级开发及功能建设等，并拟定在越南境内成立合资公司，用于对越南园区项目进行投资建设。③

2. 东兴和凭祥国家重点开发开放试验区

东兴国家重点开发开放试验区的进展。一是沿边金融综合改革成果显著。2015 年 12 月 17 日，中国农业银行东兴支行与越南农业与农村发展银行芒街市分行签署现钞调运协议。截至 2015 年 10 月，东兴试验区共完成个人跨境人民币结算量超过 300 亿元，共办理人民币与越南盾项下特许兑换业务 4763 笔，金额累计约 15495 万元人民币。④ 中国（东兴试验区）东盟货币业务中心在 2015 年 1 月至 10 月累计交易金额达 65 亿元人民币，中国（东兴试验区）东盟货币服务平台截至 2015 年 10 月已实现越南盾交易 28056 笔，金额达 394 亿元人民币。⑤ 二是创新中越跨境劳务合作模式。2015 年 7 月 1 日，东兴正式启

---

① 黄聪：《聚焦"一带一路" 推动跨境合作——中国凭祥》，凭祥市人民政府网，2015 年 12 月 30 日，http：//www. pxszf. gov. cn/xinwenzhongxin/jinrirewen/2015－12－30/9881. html。

② 黄必强：《百色市政协常委、靖西市政协主席黄必强：建议加快推进中国龙邦－越南茶岭跨境经济合作区建设》，广西政协网，2016 年 1 月 5 日，http：//www. gxzx. gov. cn/30/2016_ 2_ 5/30_ 91629_ 1454649770820. html。

③ 《彭清华书记见证广西万生隆与越南成功签约》，人民网，2015 年 11 月 10 日，http：// gx. people. com. cn/n/2015/1110/c347802－27061821. html。

④ 《东兴试验区完成个人跨境人民币结算超 300 亿元》，人民网，2015 年 12 月 30 日，http：//gx. people. com. cn/n2/2015/1230/c371361－27432506. html。

⑤ 《东兴试验区完成个人跨境人民币结算超 300 亿元》，人民网，2015 年 12 月 30 日，http：//gx. people. com. cn/n2/2015/1230/c371361－27432506. html。

动跨境劳务合作试点,越南工人在我公安、人社等部门办理相关证件后,取得合法务工身份,便可在试点企业打工。三是推动边贸互市转型升级。2015年12月18日,东兴试验区正式启动中湾免税港项目。四是进一步提升通关便利化水平。自2015年7月1日,东兴口岸延长通关时间。

凭祥国家重点开发开放试验区的进展。一是沿边金融综合改革深入开展。2015年中国(凭祥试验区)东盟货币服务平台越南盾交易额达124.94亿元人民币。[1] 2015年凭祥试验区跨境人民币结算量突破850亿元,占全区总额的49.37%,居全区第一。[2] 二是边民互市贸易改革深入推进。2015年,凭祥平而口岸边民互市贸易监管区试运行,平而互市贸易人民币结算中心试运行,弄尧、平而互市点海关边民互市贸易信息化管理系统上线运行,金穗源、聚运隆两家边民贸易合作社成立,边民互市专用信用卡业务试点工作推行。三是通关便利化改革逐步深化。2015年,在浦寨、弄怀、平而互市区推广"三个一"关检模式,在凭祥边境货物物流中心探索实行"一线放开、二线管住"的监管模式,延长友谊关口岸通关时间。

(四)加强与大湄公河次区域国家的贸易投资

1. 双边贸易方面

双边贸易较快增长。2015年,广西助推打造中国 – 东盟自贸区升级版,不断提升贸易投资便利化水平。2015年,广西对越南贸易额增长18.3%,[3]对缅甸、泰国进出口表现突出,上半年分别增长3.1倍、2.4倍,[4] 全年增长明显(见表1)。

---

① 《2015年凭祥市经济发展亮点纷呈》,新华网,2016年1月13日,http://www.gx.xinhuanet.com/2016 – 01/13/c_ 1117764901.htm。

② 《2016年政府工作报告》,中国凭祥市人民政府网,2016年3月8日,http://www.pxszf.gov.cn/xinwenzhongxin/jinrirewen/2016 – 03 – 08/10628.html。

③ 《2015年1~12月广西对各国(地区)贸易》,广西壮族自治区统计局网站,http://www.gxtj.gov.cn/tjsj/jdsj/qqydjs/2015_ qqydjs/12y_ 2015_ qqydjs/201602/t20160214_121178.html。

④ 《2015年上半年广西外贸进出口保持两位数增长》,中华人民共和国南宁海关网站,2015年7月17日,http://nanning.customs.gov.cn/publish/portal150/tab61878/info763752.htm。

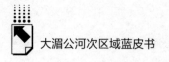

表1　2015年广西对大湄公河次区域五国的进出口情况

单位：千元人民币

国家	进出口	出口	进口	累计比上年同期±%		
				进出口	出口	进口
缅甸	809262	220333	588929	260.6	0.3	12451.5
柬埔寨	276395	138204	138191	3.0	67.8	-25.7
老挝	84637	79361	5276	-78.6	92.5	-98.5
泰国	9906812	1569599	8337213	178.8	66.5	219.3
越南	153657218	111162354	42494864	53.1	18.3	566.0

资料来源：中华人民共和国南宁海关网站，http://www.gxtj.gov.cn/tjsj/jdsj/qqydsj/2015_qqydjs/12y_2015_qqydsj/201602/t20160214_121178.html。

边境贸易大幅增长。2015年，广西设立龙邦边民互市贸易区，启用水口边民互市贸易区，积极推进边境贸易转型升级。2015年东兴边境贸易总额达259.12亿元人民币，同比增长7%。[1] 2015年凭祥边境小额贸易进出口总额为628858万美元，稳居广西首位，跃居全国首位，分别占全区、全国边境小额贸易进出口总额的36.99%、16.71%。[2] 2015年靖西实现边境贸易总额为80亿元，同比增长37.86%。[3]

2. 投资合作方面

2015年，广西与泰国的投资合作推进较快。2015年泰国对广西的投资额达1056万美元，比上年增长59.3%，占广西外资总额的0.6%。[4] 2015年9月18日，中泰（崇左）产业园合作洽谈会暨签约仪式在南宁举行，崇左市政府和泰国两仪糖业集团签署《中泰（崇左）产业园合作建设框架协议》。

① 李敏军：《踏访中越合作旗舰项目——中越跨境经济合作区》，中国新闻网，2016年2月19日，http://www.chinanews.com/cj/2016/02-19/7764850.shtml。

② 黄金花、黄聪：《凭祥去年对外贸易保持强劲增长势头》，广西新闻网，2016年2月23日，http://news.gxnews.com.cn/staticpages/20160223/newgx56cc04d6-14475062.shtml。

③ 《靖西去年边贸经济高位增长　居全市第一》，人民网，2016年1月21日，http://gx.people.com.cn/n2/2016/0121/c373921-27597712.html。

④ 《2015年广西实际利用外资创十年来最好水平》，广西壮族自治区统计局，2016年4月17日，http://www.gxtj.gov.cn/tjxx/jdfx/qq/201602/t20160224_121295.html。

（五）落实与大湄公河次区域的产业合作

1. 农业合作

在农业人才培训方面，广西与老挝、越南、柬埔寨、缅甸、泰国的合作进一步加强。2015 年，中国（广西）－老挝农作物优良品种试验站接纳了老挝国立大学农学院、沙湾拿吉农学院、占巴塞省农林学院等高校的毕业生到园区实习，举办了 2015 年哈密瓜种植技术培训班、沙耶武里省巴莱县杂交玉米 LC188 现场培训会，接待老挝当地农业官员、技术员、农民及各界人士到园区考察、参观或学习共 490 人次。[①] 2015 年 1 月 17 日~2 月 7 日，广西水牛研究所为老挝的 5 名科技人员进行了为期 22 天的奶水牛杂交改良技术培训。2015 年 11 月 22~29 日，广西亚热带作物研究所举办面向东盟的木薯技术人才国际培训班，邀请了来自泰国、越南和中国的 7 名木薯专家讲课，来自柬埔寨、缅甸、泰国、越南和中国的木薯研究人员、政府官员、科技推广者和木薯种植大户等 51 名学员参加培训。2015 年 12 月，广西农业科学院举办面向东盟的农业技术国际培训班，为来自老挝和越南的 11 位学员进行了为期 11 天的培训。

在农业技术推广方面，广西与老挝、越南、柬埔寨的合作取得了积极成效。广西农业科学院在越南谅山省设立的中越农业科技示范基地项目初具规模，在越南中北部省份建立了 25 个示范点，累计试种示范的中国农作物品种和筛选适合越南中北部地区种植的农作物品种分别为 110 个和 26 个，累计推广中国杂交水稻、杂交玉米和各类优良蔬菜品种的种植面积分别达62. 53 万亩、18. 67 万亩、56 万亩。[②] 由广西农业职业技术学院负责的中国（广西）－老挝农作物优良品种试验站运转顺利，共试种了水稻、玉米、果

---

① 简文湘、贺亮军、李玲华：《广西农业技术惠及东盟多国》，《广西日报》2016 年 1 月 4 日第 7 版，http://www.gxrb.com.cn/html/2016 - 01/04/content_ 1219135. htm。

② 《广西农业科学院积极推动深化广西与越南的农业合作》，广西壮族自治区发展和改革委员会，2016 年 1 月 20 日，http://www.gxdrc.gov.cn/fzgggz/qyhz/fzgggz_ quhz_ gjhz_ 2014/201601/t20160120_ 665186. html。

树、蔬菜新品种 160 多个，并筛选了部分适合老挝种植的优良品种。2015年 9 月 17 日，中柬农业促进中心项目在柬埔寨金边戈斯乐（KopSrov）农业发展中心启动，中柬农业促进中心项目由广西福沃得农业技术国际合作有限公司承担，计划到 2018 年建立完善的农业技术推广体系。

2. 能源合作

2015 年 1 ~ 10 月，广西通过东兴深沟变电站向越南出口电力 1.03 亿千瓦时，货值 648.96 万美元，量值同比分别增长 86.47% 和 86.81%。[①] 2015年 12 月 23 日，中国广核集团有限公司、广西投资集团有限公司和泰国最大的独立发电商 RATCH 签署持股协议，合作建设防城港核电站二期项目。

3. 旅游合作

2015 年 12 月 9 日，中国凭祥与越南谅山省签订了自行车骑游项目合作开发协议和凭祥跨境旅游及线上营销战略合作协议。2015 年 2 月，广西与越南广宁、高平、谅山、河江四省签署了《会谈纪要》，达成加快中越德天 - 板约瀑布国际合作区建设的共识。2015 年 11 月，中越两国签订《合作保护和开发德天瀑布旅游资源协定》，中越德天 - 板约瀑布国际合作区成为中国首个跨境旅游合作区。2015 年 3 月，玉林市积极建设中泰（广西玉林）国际旅游文化产业园，与泰国广西总商会签署了建设合作框架协议，与泰国十加一文化传媒有限公司签署了项目投资合作框架协议。中泰（广西玉林）国际旅游文化产业园项目总投资约 249.19 亿元人民币，[②] 被商务部亚洲司、国际关系司列为大湄公河次区域合作框架下中泰两国合作的重要项目。

（六）促进与大湄公河次区域的环境保护合作

从 2006 年至今，在亚洲开发银行的大力支持下，广西实施大湄公河次区域核心环境项目，已完成项目一期并正在开展项目二期工作。2015 年，

---

① 《前 10 月广西对越南出口电力超 1 亿千瓦时》，广西新闻网，2015 年 11 月 19 日，http://news. gxnews. com. cn/staticpages/20151119/newgx564d8d0d - 13951626. shtml。
② 杨志雄、黄艳梅：《广西最大侨乡建中泰国际旅游文化产业园》，中新网，2015 年 5 月 6日，http://www. chinanews. com/cul/2015/05 - 06/7257136. shtml。

广西完成了对大湄公河次区域广西示范项目一期实施的评估、项目区域生物多样性状况调查报告、项目年度进展报告和中期报告，开展栖息地恢复的育苗和人工辅助恢复工作，制定了种子基金运行管理章程，参与了区域知识分享和经验交流活动。2015年5月12日，广西环境保护厅与越南高平省自然资源与环境厅在越南高平省高平市共同签署了大湄公河次区域7个跨境生物景观热点地区的首个跨境合作谅解备忘录——《中国广西壮族自治区环境保护厅与越南高平省自然资源与环境厅生物多样性保护合作谅解备忘录》，确认双方将在机制合作、监测评估、规划管理、能力建设等6个领域加强合作。中越跨境生物多样性保护廊道项目有了新进展，项目实施点"广西靖西－越南高平"在推动广西邦亮长臂猿国家级自然保护区成立、廊道地区土地利用规划和生物廊道建设、生物多样性调查的数据更新、生物多样性保护与改善当地居民的生产生活水平相结合等方面取得积极成效。2015年9月16～18日，自治区人民政府与中国环境保护部、东盟秘书处在南宁联合主办"2015年中国－东盟环境合作论坛"，来自东盟各国的高级官员、亚洲开发银行等国际合作代表应邀出席。

（七）深化广西与大湄公河次区域的多层次教育合作

2015年9月18～19日，中国－东盟职业教育联展暨论坛在广西南宁举行。在中国－东盟职业教育联展暨论坛开幕式上，广西壮族自治区教育厅与柬埔寨王国教育青年体育部签约，广西大学与越南河内开放大学、广西中医药大学与泰国孔敬大学、广西师范学院与泰国陕迪拉工商管理学院、广西艺术学院与老挝国立艺术学院、右江民族医学院与泰国东方大学、桂林电子科技大学与越南河内经营与工艺大学、广西外国语学院与泰国梅州大学、南宁学院与泰国班派工业与社区教育学院、广西农业职业技术学院与老挝国立大学农学院、柳州铁道职业技术学院与泰国阿瑜陀耶技术商业学院、百色职业教育中心与泰国陕迪拉工商管理学院分别签订合作协议。作为中国－东盟职业教育联展暨论坛的系列活动，中国－东盟职业教育校长企业家论坛、中国－东盟职教百校洽谈会、中国－东盟职业教育高峰论坛、2015中国－东

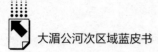
盟教育官员对话会、中国－东盟职业院校学生技术技能展和实训教学装备展、广西高校东盟国家优秀留学生表彰晚会成功举办,为广西与大湄公河次区域国家的职业教育合作搭建了平台,使广西与大湄公河次区域国家在职业教育领域的交流合作进一步深化。

三　总结与展望

2015 年,面对前所未有的困难和挑战,广西壮族自治区党委和政府在努力保持经济基本稳定的同时,着力统筹区域协调发展,积极构建开放合作新格局,全力做好民生工作,从而推动经济社会持续健康发展,实现"十二五"胜利收官。在过去的一年,广西对大湄公河次区域合作的参与进一步深化,以"五网"同建加快基础设施互联互通,务实推动经济走廊发展,加强贸易投资,落实农业、能源、旅游等产业的合作,促进环境保护合作,深化多层次教育合作,均取得了丰硕的成果。在新的一年里,广西将奋力实现"十三五"良好开局和深化及拓展与大湄公河次区域的合作。立足发展全局,广西将在保持经济稳定的同时,推进城乡和区域之间的协调发展,积极参与"一带一路"建设,推进结构性改革,完善基础设施建设,实施精准扶贫。在《广西参与大湄公河次区域经济合作规划(2014～2022)》的框架下,广西将加快构建面向东盟的国际大通道,深化产业发展与合作,推进南宁－河内经济走廊建设,推动城镇化发展与合作,加强生态环境保护和海洋合作,促进民生发展与合作。

2015年柬埔寨形势及对大湄公河次区域合作的参与[*]

李涛 李福军[**]

摘　要：　2015年，柬埔寨国内发生一系列政治事件，政治出现僵局，下半年趋于稳定。受全球经济形势及贸易合作伙伴的影响，柬埔寨经济已缓慢走出低谷，企稳回升的发展态势明显。在对外关系方面，柬埔寨继续与大国保持合作与交流的态势，与周边国家的关系得以顺利推进，在多边外交舞台上也有突破性进展。

关键词：　2015年　柬埔寨　大湄公河次区域　区域合作

2015年，柬埔寨国内先后发生一系列政治事件，政治出现僵局，下半年趋于稳定。受全球经济形势及贸易合作伙伴的影响，柬埔寨经济已慢慢走出低谷，企稳回升的发展态势明显。在对外关系方面，柬埔寨继续与大国保持合作与交流的态势，与周边国家的关系得以顺利推进，在多边外交舞台上也有突破性进展。

一　政治形势：党派之争使国内政治僵局重现

（一）人民党、救国党两党"对话文化"机制发生变化

2015年7月，洪森携家人与桑兰西及其家人在金边金宝殿酒店聚餐，

---

* 本文为云南大学第四批"中青年骨干教师培养计划"的阶段性研究成果。
** 李涛，云南大学周边外交研究中心、云南大学国际关系研究院东南亚研究所，副研究员，博士；李福军，云南大学国际关系研究院2015级硕士研究生。

这次会面被外界视为 2015 年柬埔寨最为突出的事件，标志着人民党与救国党两党关系稳定。但在两人会面后不久，由于越南先后被曝侵占柬埔寨干拉、柴桢、特本克蒙及纳塔纳基里等几个与越南交界省份的土地，一度引发暴力冲突事件。① 国内反对党和公共舆论纷纷指责政府使用错误地图，出卖国家利益。人救两党由于柬越边界纠纷引发了"地图事件"。虽后来联合国及法国先后向柬埔寨移交了多幅原版地图，经进行比对后政府称联合国地图与柬埔寨王国政府现行使用的地图完全一致。但随后桑兰西及救国党成员借柬越边界地图纠纷等就一些敏感问题大肆指责洪森本人及其领导的政府。人救两党关系变得愈发敏感脆弱，"对话文化"机制发生"变质"。

（二）人民党、救国党两党陷入无休止的政治恶斗困局

除了柬越边界纠纷引发国内政局动荡外，人救两党的内斗还蔓延至国会。首先，救国党国会议员洪速华指责政府歪曲、篡改柬越两国于 1979 年签订的边界协议，接着洪速华因"叛国罪"被捕入狱，金边初级法院对洪速华一案做出了一审判决；其次，金边数千民众在国会大厦前举行示威活动，要求撤销金速卡国会第一副主席的职务，人民党的 68 名议员代表在救国党 33 名议员缺席的情况下，一致投票通过了撤销金速卡国会第一副主席职务的决议；再次，救国党两名国会议员被一群不明分子殴打至重伤；最后，金边初级法院以诽谤柬副总理兼外交国际合作部大臣贺南洪为由下令逮捕桑兰西，随后，桑兰西又因洪速华案及诽谤国会主席韩桑林一事被金边初级法院传召。救国党表示不满，进一步指责人民党此举不仅违反了有关法律的规定，还违背了人救两党之前达成的协议。救国党主席桑兰西用"法西

---

① 2015 年 6 月 28 日，救国党国会议员率众前往柴桢省磅罗县视察 203 号边界，与越南方面发生暴力冲突，造成柬越双方民众 18 人受伤。据称，越南在上述地区修建通往柬埔寨境内的公路，且事先并未征得柬同意。而此前，越南已被发现侵占与柬埔寨交界的干拉省高通县宋布奔乡白斯柏村的土地，用于建造 WT－06065－07703 标准化军事哨所，喷洒化学药剂致柬埔寨特本克蒙省梅莫县约 16 公顷的农作物被毁坏。此外，越南还无视柬方的抗议，在柬埔寨纳塔纳基里省欧亚道县波聂村修建了 8 个蓄水池。

斯"一词形容上述事件①，并纵容救国党成员采取集体抵制出席国会会议的方式表达抗议，还拒绝提名新人选。逮捕和传召桑兰西事件，给柬埔寨国内政局造成了动荡，还引起了美国等西方国家的关注。欧盟甚至威胁说将会考虑停止向柬埔寨提供总额近4.5亿美元的援助。②

（三）艰难颁布和实施《协会与非政府组织法》

自2010年提出制定和实施《协会与非政府组织法》，到2015年，柬相关部门前后4次就该法案进行了审议和修改，并最终确定为9个章节、39项法条。在执政党人民党力图推动制定和实施该法案之初，救国党就曾对其发动过猛烈的抨击。救国党表示，该部法案将严重侵犯柬埔寨非政府组织的基本权利，要求现届王国政府放缓《协会与非政府组织法》的审议速度，并尽早向社会公开法案内容。自始至终，救国党除拒绝参与该法案的制定和实施过程外，还积极参与非政府组织为此发起的游行示威活动，与非政府组织联手向人民党政府施压。柬埔寨《协会与非政府组织法》提交国会审议，也引起了美国方面的关注并遭到其指责。在法案即将送交国会审议前，美国驻柬大使馆曾派出高级官员与柬人民党政府进行交涉。经过5年时间，在国内外压力下，2015年8月12日，柬埔寨宪法委员会发布公告，称《协会与非政府组织法》草案的内容及其制定、实施程序没有违反柬埔寨王国宪法的规定。数小时后，柬国王西哈莫尼在《协会与非政府组织法》草案上签字，宣告该法案正式生效。

（四）选举组建新一届选举委员会

为迎接将于2017年举行的乡级选举以及2018年举行的第6届王国政府选举，2015年，柬埔寨组建了新一届国家选举委员会（以下简称"国选

---

① 《桑兰西形容洪森像热爱暴力的意大利法西斯主义者》，〔柬〕《金边晚报》2015年10月27日。
② 《救国党领袖在菲律宾会见美国国务院亚太助卿罗素》，〔柬〕《金边晚报》2015年11月17日；《参议院盼欧盟议会勿干涉柬内政》，〔柬〕《金边晚报》2015年11月30日。

委"），以取代被指存在"偏袒行为"的原"国选委"。早在 2014 年，人救两党就达成《柬埔寨人民党与救国党政治解决协议》。协议内容包括建立一个完全独立的、由 9 名成员组成的柬埔寨"国选委"。4 月 9 日，柬国会审议通过包括 4 位人民党籍、4 位救国党籍、1 名来自民间组织的共 9 名成员的新一届国会委员名单，人民党籍苏文福出任主席。这一事件成为柬埔寨各界瞩目的焦点，保证了国家各个公共机构的正常运行和局势的持续稳定，标志着柬埔寨民主朝前跨出了一大步。

二 经济形势：整体稳定发展向好

2015 年，尽管全球经济发展乏力，人民党、救国党两党处于无休止的内斗之中，对整体经济增长产生了一定影响，但柬埔寨经济在农业、以制衣制鞋业和建筑业为主导的工业以及外国直接投资的强力拉动下，依然保持了稳定增长。

（一）宏观经济整体上继续保持稳定态势

据世界银行发布的报告，虽然较上年下降 0.1%，但 2015 年柬埔寨经济增长率依然达到 6.9%。[①] 2015 年柬埔寨国民人均收入为 1228 美元，较 2014 年增长约 100 美元。[②] 全国税收总额达 51967 亿瑞尔（约合 12.99 亿美元），完成 2015 年全年计划的 111.53%，同比增长 21.76%。其中各项税收同比有所增长，工资税增长 18.6%，营业税增长 27.2%，增值税增长 11.6%，特别税增长 16.3%。[③]

---

① 《世界银行：今年柬经济增长将维持 6.9%》，中国驻柬埔寨大使馆经济商务参赞处，http：//cb. mofcom. gov. cn/article/jmxw/201601/20160101230132. shtml。
② 《亚行驻东南亚地区主任访柬，赞赏柬埔寨经济发展成就》，http：//worldhse - kh. com/index. php/2016/02/04/11504/。
③ 《柬 2015 年税收总额近 13 亿美元 完成计划的 111.53%》，〔柬〕《柬华日报》2016 年 1 月 12 日。

（二）对外贸易持续增长，但贸易逆差明显

柬埔寨商业部报告显示，柬埔寨 2015 年的进出口总额突破 200 亿美元，同比增长 13%，其中出口总额为 85.19 亿美元，较 2014 年的 74.08 亿美元增加了 11.11 亿美元。进口总额为 119.96 亿美元，同比增长约 13%。贸易增长主要得益于服装产品的出口，服装出口额约 60 亿美元，同比增长 12%，约占出口总额的 70%。整体来看，对外贸易持续增长，进出口总额大有突破，但是柬埔寨的贸易逆差相当高，约为 34.77 亿美元。柬埔寨的最重要贸易伙伴主要还是中国、欧盟国家、美国、东盟国家、韩国、印度、非洲部分国家等。主要出口产品为服装和农产品，主要进口产品有服装工业原料、日用品等。值得一提的是，作为出口的重要产品，2015 年柬埔寨大米出口量约达 53.84 万吨，同比增长近四成，中国是其最大的出口市场。①

（三）工业、能源、农业和劳工外派取得新进展

2015 年有 160 家新工厂注册，全国注册工厂增至 1450 家，其中 1007 家为制衣、制鞋和皮包厂，120 家为食品、饮料和香烟工厂，101 家为化学工业、橡胶和塑料厂，38 家为造纸厂，其余为非金属矿产厂和家具厂等。另外，2015 年有 372 家中小型企业在工业部注册，全国注册中小型企业增至 38831 家；截至年底，全国工人增至 85.95 万人，其中制衣和制鞋厂工人超过 75 万人。② 2015 年柬埔寨从矿产和石油业所获得的非税收收入高达 1725.62 万美元，较 2014 年增长了 4 倍以上，同时，矿产和能源部取消了 24 份矿产合同、吊销 2 家矿业公司的执照。③ 2015 年全国供电能力达到 1986 兆瓦，比 2014 年增加了 44%，电力用户已达 176 万家；年发电量增

---

① 《柬埔寨去年进出口总额破 200 亿美元　增长 13%》，〔柬〕《金边晚报》2016 年 1 月 28 日。
② 《工业部召开年度总结会议，吉春呼吁提升工业竞争力》，〔柬〕《金边晚报》2016 年 2 月 2 日。
③ 《矿产和能源部召开 2015 年总结会》，〔柬〕《柬华日报》2016 年 1 月 20 日。

长了27%，由2014年的47.13亿千瓦时增至59.90亿千瓦时。① 近年来柬埔寨经济稳定增长，吸引外资来柬设立公司和开工厂，为柬埔寨人提供了大量的就业机会，但还是无法满足新生劳动力的就业需求，去年依然有多达26%的劳动力出国找工作，对国外就业市场的依赖性依然很大。劳工部劳工统计局资料显示，2015年有99708人找到新工作，其中有73408人在国内就业，有26300人在泰国、韩国、日本、马来西亚、新加坡等国家就业。②

（四）制衣制鞋业、建筑业依然是拉动经济增长的主力

2015年柬埔寨服装品出口额高达60亿美元，占总出口额的近70%。虽然有130家制衣厂和14家制鞋厂倒闭，但2015年有982家制衣厂和90家制鞋厂在商业部注册。值得一提的是，备受争议的柬埔寨制衣和制鞋业底薪从2015年的128美元增至140美元，此项政策从2016年1月开始生效。③

2015年，柬埔寨政府批准的建筑项目的总金额高达33.38亿美元，较2014年的约25亿美元增长了33.52%。2015年全年，获批的建筑项目近2500个，建筑面积共770万平方米。获批的建筑项目主要位于首都金边、干拉省、暹粒省、西哈努克省和马德望省，主要是来自中国、韩国、越南、日本、泰国等国外资公司投资的项目。其中韩国和中国是柬埔寨房地产与建筑业的最大投资来源国。从2000年至今，在柬埔寨投资建筑项目的中资公司已增至135家，排名第一，然而投资总额却居韩国之后，排第二名。2015年，建筑业提供的就业机会同比增长1倍，其中在金边市的建筑工人日均为96500~108500人。④

---

① 《柬埔寨电力机构年度会议在金边举行》，〔柬〕《柬华日报》2016年1月18日。
② 《劳工部召开年度总结会议　去年26300柬劳赴国外务工》，〔柬〕《金边晚报》2016年2月17日。
③ 《柬埔寨去年进出口总额破200亿美元　增长13%》，〔柬〕《金边晚报》2016年1月28日。
④ 《柬政府去年批准2500个建筑项目　投资金额达30亿美元》，〔柬〕《金边晚报》2016年1月9日。

三 多层次多渠道对外交流与合作不断扩大

（一）经营好周边外交关系依然是柬对外政策的重点

1. 柬中关系：全面战略合作伙伴关系持续发展

（1）高层交往频繁

2015 年诺罗敦·西哈莫尼国王和诺罗敦·莫尼列太后两次访华，并会见了国家主席习近平和全国政协主席俞正声。西哈莫尼国王应邀出席 9 月 3 日在北京举行的中国人民抗日战争暨世界反法西斯战争胜利 70 周年纪念活动。洪森首相 2015 年两度与习近平主席举行会谈，在两次会谈中都高度评价柬中全面战略合作伙伴关系，并表示将全力支持并希望全面参与中国"一带一路"倡议。① 国务委员兼公安部部长郭声琨 4 月中旬率领中国公安部高级代表团对柬埔寨进行正式访问。9 月中下旬，全国人大常委会副委员长艾力更·依明巴海率全国人大代表团访问柬埔寨。11 月，国务委员兼国防部部长常万全上将率领中国人民解放军代表团对柬埔寨进行正式访问。高层领导人的频繁会晤，进一步推进了柬中全面战略合作伙伴关系健康持续发展。

（2）经贸关系进一步拓展深化

2015 年，中国依然是柬埔寨重要的贸易伙伴和投资来源地，对推动柬对外贸易增长做出了重要贡献。据中国海关统计，2015 年中柬贸易总额为 44.31 亿美元，比 2014 年增加 6.75 亿美元，其中柬出口额为 6.66 亿美元，同比增长 1.84 亿美元；柬进口额为 37.65 亿美元，同比增长 4.91 亿美元。② 2015 年中国投资柬项目总额为 8.64 亿美元，在柬投资企业超过 500 家，主要投资电站、电网、制衣、农业、矿业、开发区、餐饮、旅游综合开发等领

---

① 《习近平会见洪森》，中国外交部网站，2015 年 10 月 15 日，http：//www.mfa.gov.cn/web/zyxw/t1306250.shtml。

② 《2015 年进出口商品国别（地区）总值表》，中国海关总署，http：//www.customs.gov.cn/publish/portal0/tab68101。

域。除华电、大唐、中水电等国企投资的水电站外，约2/3的对柬投资来自民营企业，投资领域主要是纺织业，中资投资的纺织企业将近600家，占全柬的2/3以上。① 5月，柬中经贸合委会第四次会议在柬埔寨金边举行，双方就共建21世纪海上丝绸之路、推进经贸园区建设、扩大农产品贸易、加强检验检疫合作、深化区域次区域以及推动中国地方对柬经贸合作等议题深入交换了意见，达成多项共识。

（3）中国对柬援助助力柬埔寨经济发展

1月，由中国政府提供优惠贷款建设的菩萨河3号坝与5号坝工程已完成工程的99.97%，项目建成后，蓄水能力约5000万立方米，雨季灌溉面积约1万公顷，旱季灌溉面积约2600公顷。3月，中国再为柬埔寨提供1.6753亿美元优惠贷款，用于兴建两个总长450公里的230千伏高压输电网项目。4月1日，由中国贷款援助建设的"上丁省湄公河柬中友谊大桥"和连接上丁省与柏威夏省的9号公路举行正式通车仪式。9月，中国政府向柬埔寨提供1600万美元的援助，在和尚医院增建一座高9层的现代化医疗大楼和培训中心，以提升和尚医院的医疗服务能力。10月，中国政府向柬埔寨外交与国际合作部捐赠价值80万元人民币的办公设备。同月，中国政府宣布向柬埔寨提供10亿元人民币无偿援助，大部分将用于重建奥林匹克综合体育馆，作为2023年东运会的开幕场馆。据统计，2001年至2015年11月30日，中国向柬提供的无偿援助、无息贷款、人民币贷款和美元贷款的四种资金支持总额达37.2亿美元，主要支持交通基础设施建设。② 其资金服务于柬经济社会发展，特别是参与实现柬埔寨内部的互联和融入区域一体化。

2. 柬泰关系趋于稳定，双边危机影响基本消除

（1）政治关系趋于稳定

2015年，柬埔寨与泰国的政治关系总体趋于稳定。继2014年泰国巴育

---

① 《2015年上半年柬埔寨经济形势及下半年走势》，中国驻柬埔寨大使馆经济商务参赞处，http：//cb.mofcom.gov.cn/article/jmxw/201601/20160101230132.shtml。

② 《柬中签署高压输变电网项目换文》，〔柬〕《高棉日报》2015年12月15日。

总理访问柬埔寨后，2015年12月，柬埔寨首相洪森访问泰国，1月和7月副首相兼外长何南丰两次访问泰国。柬泰双方高层互动频繁，洪森访问泰国期间与巴育总理共同主持泰国－柬埔寨第二次非正式联合领导人会议。柬泰双方均表达了两国加强合作的意愿和决心，双方表示将促进和扩大政治、经济、社会、文化方面的交流与合作，签订了4份文件，由柏威夏古刹归属引发的柬泰双边危机的影响基本消除。

（2）双边合作机制成效显著

双边合作机制是柬泰关系的一个突出表现。2015年柬泰双边合作委员会就柬泰睦邻友好合作关系及两国共同利益等多项问题进行深入讨论，达成8项共识。主要包括：双方将在柬泰边境地区的卜迭棉芷省和国公省建立经济特区，并将4个临时边境检查点升级为永久性的国际口岸，为两国边境贸易和人文交流创造有利条件。双方将成立联合工作组，并于2016年2月就建立经济特区问题召开首次会议。双方同意在柬泰边境的卜迭棉芷省建设"斯登波"口岸，于2016年开工建设，预计2018年建成启用。泰方承诺将把16件从柬埔寨走私到泰国的文物归还柬埔寨。

（3）经贸合作深入发展

2015年柬泰贸易额比2014年有所下降，柬埔寨商业部资料显示，2015年柬泰贸易额约为51.07亿美元，相较于2014年下降了868万美元。[1]柬泰贸易额下降，不乏全球经济下滑等诸多因素的影响，但2015年柬泰经济合作态势积极向好。2月，泰国商品展销会在金边举办，展销会共设250个展位，有250家商业公司参展，其中180个展位来自泰国境内的公司，70个展位来自柬埔寨境内的泰国公司，有25家泰国公司到柬寻找投资商。柬埔寨为加强与泰国的物流运输合作，和泰国于2月签署了《物流领域合作谅解备忘录》，意味着今后柬泰双方的出口产品只要获得一方的检查认可即能出口到对方国家。柬泰两国运输部门还同意增加出入两国境内的客车和货车数量，旨在增强双方贸易往来和促进旅游业发展。

---

① 《柬泰贸易联委会会议在曼谷闭幕，达成6项共识》，〔柬〕《金边晚报》2015年12月7日。

12月，柬泰贸易联合委员会第5次会议就扩大贸易、投资和边境贸易等问题进行深入讨论，并寻求有效的促进措施和政策。

3. 柬越冲突与合作并存

（1）高层互访频繁

2015年3月，柬埔寨国会主席韩桑林亲王出席议会联盟第132届大会期间，先后会见了越共中央总书记阮富仲、国家主席张晋创、政府总理阮晋勇、国会主席阮生雄，双方就发展双边关系交换了意见。6月，柬埔寨国会主席韩桑林在金边会见出席谢辛亲王葬礼的越共中央政治局委员、国会主席阮生雄。10月，西哈莫尼国王对越南进行友好访问。双方一致认为，两国高层互访频繁，为加强两国团结、友谊与全面合作关系做出了积极贡献。①

（2）柬越边境冲突不断

2015年6月，柬越一度发生边界纠纷。越方在未划定界线地区挖凿水池和修建哨兵所，引起柬方强烈抗议，随后两国在边境地区发生激烈冲突，有几百名柬埔寨和越南平民、军人参加冲突，至少有10人受伤。这一事件虽然并未导致双方发生直接军事冲突，但迫使柬越两国联合边界委员会召开紧急会议，展开新一轮外交谈判来化解危机。随后，此事件在柬国内引发了2014年以来最严重的国内政治危机。

（3）经贸关系持续升温

越南工贸部边贸司统计数据显示，2015年越南外贸总额约为275.6亿美元，其中越柬贸易额占11%，约为30.3亿美元，两国此前计划的双边贸易额50亿美元的目标并未实现。2015年越南对柬埔寨的投资额为8832万美元，约占其外国投资额的6%，投资项目主要集中在基础设施建设、工业、农业和旅游业。② 此外，柬越两国边境省份经贸合作持续升温，2012～2015年，越南西原地区各省市与柬埔寨东北部地区各省市的双边贸易额年

① 《越柬两国政府间混合委员会第14次会议在胡志明市召开》，2015年10月20日，越通社，http：//zh. vietnamplus. vn。

② 越南人民网，http：//cn. nhandan. org. vn/economic/commercial. html。

均达1.8亿美元，年均增长率为10%。[①]

（4）军事合作初见实效

2015年1月，越南公安部部长陈大光访柬，两国安全部门签署《2015年柬埔寨内政部和越南公安部合作计划》，旨在为公共安全部门的合作确定明确的方案。12月，柬埔寨国防部部长狄班访越，两国国防部门签署了《柬越2016年军事合作计划》，双方确定将加强代表团互访、副部长级国防政策对话、青年武官交流、海上联合巡逻等；加大在柬埔寨战场牺牲的越南志愿军和越南专家遗骸搜寻归宿工作力度；加强两国边界管理合作，为维护两国和平、友谊、稳定与发展做出贡献。在军事援助上，由越南援建的德知（Decho）工兵学校办公楼正式落成。越方表示，越南国防部将继续向柬埔寨王家军队基础设施建设提供总额为400万美元的援助资金。

4. 柬老关系稳步推进

（1）高层互访方面。2015年2月，老挝国家主席朱马里对柬进行国事访问，12月柬埔寨国王西哈莫尼赴老挝进行国事访问。（2）边境合作方面。3月，柬老双方内政部高级官员表示两国要建设一条和平、友谊、稳定与发展的边界线，并在金边签署合作谅解备忘录，双方同意向两国边界联合委员会提供帮助，以尽早完成两国陆地边界线勘界立碑的工作；双方将继续合作，检查和管理边境涉毒现象、维护好边境和边境进出口、维护边境的社会治安安全和秩序，共同打击所有贩卖人口和武器交易行为，以及打击跨国的恐怖活动等；两国还将继续合作，积极参与教育领域的发展。（3）经贸合作方面。对于老挝即将开展的东沙洪（Don Sahong）水电站建设项目，两国外长在10月进行了磋商。老挝外长就建设项目向柬埔寨外长做出长达1个小时的解释，表示老挝政府已经研讨好东沙洪水电站各方面的技术，以避免对其他国家造成影响。洪森在会

---

① 《越南西原地区与柬埔寨东北地区双边贸易额年均增长率为10%》，2015年5月23日，越通社，http://zh.vietnamplus.vn。

见老挝外长时再次对水电站的修建给湄公河下游特别是柬埔寨的水环境带来的影响表示担忧。①

（二）"大国平衡"战略下积极发展与区域外大国的关系

1. 柬美关系持续升温

2015年，柬美关系继续保持稳定。政治上，3月，洪森首相在金边会见美国众议院少数党领袖南希·佩罗西女士及代表团，就发展两国关系等议题交换意见。6月，负责民主、人权及劳工事务的美国国务院副助理国务卿巴斯比（Scott Busby）对柬埔寨进行访问。访柬期间，巴斯比会见了柬埔寨政府官员及部分非政府组织代表，并就《协会与非政府组织法》草案、劳工权益及其他人权等问题与柬官员进行会谈。柬外长就美方关切的《NGO管理法》进行了说明。12月，美国新任大使威廉·海特到任，美国新任大使表示，美国非常愿意与柬方保持各领域的密切合作，加强柬美双边友谊关系。军事上，5月，柬埔寨王家军队副总司令兼陆军总司令密索皮带领柬埔寨军事代表团访问美国，并出席亚太陆军论坛和武器展览会。经济上，12月，柬埔寨成立"柬美经济高层工作组"，旨在促进两国经济高层对话，加强两国经济合作。

2. 柬日关系发展迅速

政治方面，3月和7月，洪森首相两次出访日本，与日本首相安倍晋三举行会谈，在双边合作上，柬日领导人均强调将共同努力，深化两国战略伙伴关系。日本承诺将继续在基础设施建设、人才培养、鼓励投资、选举改革和审红法庭等方面对柬给予支持。经贸方面，2015年，柬日双边贸易额突破10亿美元。② 截至2015年11月，获得柬埔寨营业执照的日本公司已经增至242家，而2014年在柬埔寨营业的日本公司只有144家。日本公司主要

---

① 《洪森会见老挝常务副总理宋沙瓦　表示建设水电站不要影响柬埔寨》，〔柬〕《柬华日报》2015年10月6日。

② 《孙占托：今年柬日两国双边贸易额将破10亿美元》，〔柬〕《金边晚报》2015年12月21日。

在金边经济特区落户，是在柬长期投资的公司。投资产业包括制衣业、制鞋业、农业、工业、旅游业、建筑业和机械制造业等。[①] 为便利日本企业赴柬投资，2015 年柬日之间签署了一系列包括签证便利、日本直航柬埔寨等协议。

四　2015年柬埔寨对 GMS 合作的参与

2015 年柬埔寨继续加强与大湄公河流域国家的合作，尤其参加了"澜沧江－湄公河合作机制"首次外长会议，加强了大湄公河次区域国家在能源、环保、执法、医疗等各领域的合作关系以及柬老越"发展三角区"的合作。同时柬埔寨还积极参与和拓展与区域外大国的经贸、投资合作关系，提升了自身在次区域的参与力和影响力。

（一）举办和参加大湄公河次区域合作的各项会议，积极推动各项合作

4 月，柬埔寨政府在金边举办了第十届大湄公河次区域反对拐卖人口高官会，会议主题为"团结和创新　共同消除人口贩卖"。有 100 余位来自大湄公河次区域六国的负责打击人口贩卖事务的政府官员参加了会议。与会六国代表一致通过并共同签署了《大湄公河次区域合作反对拐卖人口进程联合宣言》。"大湄公河次区域合作反拐进程"是由大湄公河次区域六国政府主导的反对拐卖人口的正式联盟，该反拐进程旨在创立一个持续、有效的反对拐卖人口的跨国合作体系。5 月，中国与柬埔寨、老挝、缅甸、泰国和越南第三次续签了《关于湄公河流域疾病监测合作的谅解备忘录》，以期进一步加强湄公河流域疾病监测合作的实施、政策和战略框架，以支持和促进次区域疾病监测合作。10 月，柬埔寨政府在金边举办了"大湄公河次区域能源及环保论坛"，论坛主要以商讨能源、食物、水源和环境为主题，来自大

---

① 《落户柬埔寨投资日企增至 242 家》，〔柬〕《金边晚报》2015 年 12 月 18 日。

湄公河次区域6个国家的代表团参加此次论坛。10月，柬埔寨政府率团参加了在北京举行的"大湄公河流域执法安全合作部长级会议"，会议通过了《关于加强大湄公河流域综合执法安全合作的联合声明》（以下简称"《联合声明》"）。各方一致认为，为应对湄公河流域严峻、复杂的治安形势，过去几年来，与会各国构筑了前所未有的执法合作关系，开展了较高水平的执法合作，坚决遏制了湄公河流域跨国犯罪的猖獗态势，有效保障了湄公河国际航运安全，积极促进了湄公河流域国家的社会经济发展。各方还一致表示，中老缅泰湄公河流域执法安全合作面临新的机遇和挑战，流域各国有必要进一步加强合作，不断扩大合作范围，提高合作水平，推动湄公河流域执法安全合作向综合执法合作升级转型。《联合声明》明确，建立湄公河流域执法安全合作部长级、高官级会议机制，建立澜沧江－湄公河综合执法安全合作中心，将打击毒品犯罪、恐怖主义、网络犯罪等纳入执法安全合作范围，并确定将打击有组织偷渡和非法移民、缉捕遣返逃犯等作为重点合作领域。2016～2017年，流域各国将开展多项联合行动。《联合声明》确定，湄公河流域执法安全合作部长级会议每两年举行一次、高官会每年举行一次，柬埔寨、越南作为中老缅泰湄公河流域执法安全合作机制观察员国参与机制框架下合作。

（二）积极参加区域合作的多边会议，努力提升区域经济一体化水平

6月，柬埔寨参加了在缅甸内比都举行的第七届柬老缅越四国领导人峰会。四国领导人强调要加强合作，促进贸易投资，并表决通过了一部分重要的合作项目，与会领导人对越南和老挝顺利推行同一窗口行政服务给予良好评价。四国领导人表示支持交通运输和电信互联互通，以加强大湄公河次区域国家之间的合作，并支持发展中小企业、加工工业、农业、电力和天然气供应。对于人力资源培训，越南决定向柬老缅三个国家的技术学院提供助学金。同时还希望合作伙伴国家提供技术与经费支援，为缩短新、旧东盟国家的发展差距做出贡献。四国领导人在会后发表联合声明，称在东盟一体化进

程中四国要加强紧密合作，有效执行东盟共同体路线图和东盟互联互通计划。声明同意扩建提供一站式服务的边境口岸，以便利贸易往来、投资、旅游和交通运输。在交通运输合作方面，四国同意在大湄公河次区域合作框架内进一步加强协调，建设好经济走廊，使边境贸易和人员往来更加便利，通过双边和多边协定使航空运输更加便利。声明强调，四国同意在农业、工业、能源、通信、信息产业、科技、旅游和人力资源开发等领域进一步加强合作。

9月，柬埔寨参加了在老挝占巴塞省召开的柬、老、越三国国会专门委员会三角区开发会议，三国代表签署了合作谅解备忘录，三方表示要进一步加强合作，互相交流信息和分享经验。三方表示虽然2014年三国合作取得了许多成绩，但当前三角区三国发展存在差距，在卫生教育、基建、水电供应等方面还面临一些问题。此外，三角区面临的跨国人口贩卖、毒品交易、砍伐森林、武器买卖等依然是三国亟待解决的问题。

（三）积极参与"澜沧江－湄公河合作机制"的启动与规划

11月，应中国外长王毅邀请，柬埔寨外长参加了在云南景洪举行的澜沧江－湄公河合作首次外长会议。中国、泰国、柬埔寨、老挝、缅甸、越南六国外长就进一步加强澜沧江－湄公河国家合作进行深入探讨，达成广泛共识，一致同意正式启动澜沧江－湄公河合作进程，宣布由中国、缅甸、老挝、泰国、柬埔寨和越南组成的"澜沧江－湄公河合作机制"将于11月正式建立。新机制将从政治、经济、人文交流三方面促进区域合作，从而将澜沧江－湄公河流域六国建成一个平等互利、团结合作、发展共赢的命运共同体。柬埔寨王国政府顾问松西帕那对中国政府提出"澜沧江－湄公河合作机制"给予全力支持，并称该机制不仅将澜沧江－湄公河流域六国建成一个平等互利、团结合作、发展共赢的命运共同体，还将会促进柬埔寨各领域的发展，为降低柬埔寨的贫困率提供保障。

（四）积极参与和拓展与区域外大国的经贸、投资合作

7月，柬埔寨参加了在日本召开的第七届日本－湄公河国家峰会，会议

最终通过了题为《湄公河－日本合作，新东京战略2015》的共同文件。日本承诺在2016～2019年将向柬埔寨、缅甸、泰国、老挝和越南5国提供约61亿美元的官方发展援助（ODA）。日本首相安倍晋三在此次峰会上也提到"将从质量和数量上援助该区域的基础设施发展"。① 8月，在马来西亚首都吉隆坡举行的第48届东盟外长会议（AMM48）期间，日本与湄公河国家专门召开了第八届日本－湄公河国家外长会议。会议通过了《日本－湄公河合作2015年东京战略》的行动计划。该计划内容包括推动湄公河区域工业基础设施发展、推动区域价值链和人力资源发展、推动经济互联互通和增进民间交流、加强湄公河－日本合作机制与地区其他合作机制、国际组织之间的配合等。②

8月，在马来西亚首都吉隆坡举行的第48届东盟外长会议期间，柬埔寨代表团出席了由美国国务卿主持召开的第八届美国与湄公河下游国家外长会议。12月15～16日，柬埔寨还出席了由越南外交部与美国国务院在河内联合举行的第八届湄公河下游倡议工作组会议，来自柬、缅、泰、越、老等湄公河下游国家和美、澳、日等湄公河下游倡议国家等的150名代表出席会议。该工作组会议的目的为开展落实于2015年8月通过的计划。与会代表同湄公河下游倡议朋友群就项目展开的协调配合方式，解决在确保水源、能源和粮食安全的平衡中所面临的挑战，动用各种资源，促进私营企业积极参加湄公河下游倡议合作机制等问题交换看法。③ 与会代表主要就2016～2020年湄公河下游倡议行动计划展开讨论，并通过由湄公河下游国家和美国提出的具体计划和项目名单，同时制定提高湄公河下游倡议活动效果的各项措施。

---

① 《日本加大投资拉拢湄公河国家，未达到预期效果》，2015年7月11日，环球网，http：// world. huanqiu. com/hot/2015－07/6973740. html。

② 蒋天：《美日借东盟外长系列会议插手南海事务》，《中国青年报》2015年8月10日。

③ 《第八届湄公河下游倡议工作组会议在河内举行》，2015年12月16日，越南中国商会，http：//www. vietchina. org/ssxw/4233. html。

结　语

　　2015 年年末柬埔寨国内政治动荡暂时结束，人救两党协商合作机制也已初步恢复，两党已将斗争目标瞄准 2017 年乡级选举和 2018 年的大选，并开展各种形式的宣传活动，加之桑兰西依然在国外，人救两党依然会发生不同程度的对抗，但国内政局出现大的动荡不太可能。处理桑兰西回国后的问题，依然是对人民党政府的考验，也事关柬埔寨国内政局稳定，并影响柬埔寨明后两年大选。经济上，由于世界经济形势复苏乏力，以及主要贸易伙伴的经济尚未走出低谷，柬埔寨经济也将呈现缓慢复苏迹象。外交关系上，柬埔寨政府将依然奉行独立、和平、永久中立和不结盟的外交政策，认真、妥善处理好与周边国家、区域外大国以及国际社会的关系。在大湄公河次区域合作层面，柬埔寨依然会主动参与次区域国家合作框架下的各个领域的合作，以及拓展与区域外大国的经贸、投资合作，努力推动本国经济与社会的发展。

B.11
2015年老挝形势及对大湄公河次区域合作的参与

方 芸*

摘 要： 2015年，老挝政局稳定，经济发展放缓，外交活跃。从中央
到地方，人民革命党各级组织积极准备新一届全国代表大会
和领导层的更替；全国减贫工作成效显著，提前实现部分千
年发展目标；经济发展速度放缓，成就与问题并存；老挝进
一步扩大多边外交，为国家发展战略争取广泛的外交空间和
平台。

关键词： 2015年 老挝 大湄公河次区域 区域合作

2015年是老挝"七五"计划收官之年，也是人民革命党"十大"召开
的准备年。政治上，省部级党委班子顺利换届；国会积极发挥立法和监督职
能，力促发展。经济上，发展速度放缓，财政税收面临多重困境。外交上，
实施务实外交政策，经济外交、全方位多边外交成果显著。

一 政局保持稳定，政治建设稳步推进

（一）老挝人民革命党"十大"准备工作顺利完成

2015年，老挝人民革命党九届中央委员会、七届政府和七届国会任期行将

---

* 方芸，云南大学周边外交研究中心、云南大学国际关系研究院研究员。

届满，因此，为保证来年老挝人民革命党"十大"顺利召开，省部级党委换届、政治报告起草等工作有序展开，主要做了以下两个方面的工作。一是完成了省部级党委班子选举换届工作，全国 18 个省（市）、政府 18 个部以及中央相关机构均进行了党委班子换届。有 13 个部和 14 个省的党委书记为新当选，这是老党历史上省部级重要人事调整幅度最大的一次。二是老挝人民革命党先后召开了九届十中和十一中全会，对中央委员一年来履职情况以及党的领导工作进行了总结，对 2014~2015 年度经济社会发展情况、上半年预算和货币计划执行情况进行了研究，提出了下半年及 2015~2016 年度工作方针，对"十大"政治报告（草案）和党章（修订案）、宪法修订案、"八五"（2016~2020 年）经济社会发展计划、10 年（2015~2025 年）经济社会发展战略以及至 2030 年远景规划进行了讨论并提出修改意见。[①] 在做好议程准备的同时，老挝也适当调整和确定"十大"时间。2016 年，老挝是东盟轮值主席国，为保持内政与外交工作的协调一致，老挝人民革命党将全国代表大会召开时间由惯例的 3 月提前至 1 月。

"十大"的召开将开启老挝人民革命党第四代领导人的执政。根据老挝宪法，现任老党总书记和国家主席朱马里·赛雅颂已连任两届，即将卸任。按照以往经验，不出意外的话，老党政治局中排名仅次于朱马里、现任国家副主席本扬·沃拉吉将是老党总书记和国家主席的不二人选。现任政府总理通邢·坦马冯、副总理宋沙瓦·伦沙瓦可能因任期长、年龄高而全身而退，现任副总理、外长通伦·西苏里有望出任政府总理。老党政治局的换届同样也将决定国会主席的人选，现任国会主席巴妮·亚都陶任职期间表现不俗、声誉较高，有望继任。自 1975 年以来，老挝人民革命党不断成长，尤其是革新开放以来，老挝人民革命党的组织建设不断完善；有革命斗争背景的老一辈领导人渐次退出历史舞台，建国后成长起来的政治精英崭露头角，老挝政坛正处于新老交替之机，老挝人民革命党牢牢控制着这一过程，不断巩固自身的执政地位，保证了老挝政局的稳定。

---

① Party Congress set to convene in January, http：//www. vientianetimes. org. la/FreeContent/FreeConten_ Party%20Congress. htm.

（二）国会积极发挥职能，促改革、保发展

作为国家最高立法机构，2015 年，七届国会积极发挥立法、监督职能，力促改革，保证经济社会有序发展。国会审议了政府关于组织执行经济社会发展计划的工作报告、国家预算计划、2014～2015 年度货币政策执行情况及 2015～2016 年度方针计划，审议通过了国家审计署、人民法院和人民检察院 2014～2015 年度工作报告。老挝国会积极参与法律制定，推进法律建设，年内批准了《预防和打击计算机犯罪法》（草案）、《经营竞争法》和《教育法》（修订）、宪法修正案、《省级人民议会法》《反人口拐卖法》《国防法》《干部公务员法》《地方管理法》《打击洗钱及向恐怖主义提供资金法》《关于含酒精饮料管理法》《反对和预防暴力侵害妇女和儿童法》、《治疗法》（修订）、《增值税法》（修订）和《外汇管理法》等多部法律，同时征求对《国会法》（修订）、《省级人民议会法》及《国会和省级人民议员选举法》（修订）的意见。

2015 年 12 月召开的国会七届十次会议，也是七届国会最后一次例行会议，审议通过了国会常委会关于七届国会 5 年来工作总结报告、八届国会议员和省级人民议员选举筹备工作的报告。在肯定七届国会的工作的同时，老挝建国阵线副主席通·耶瑟（Tong Yerthor）代表建国阵线和其他群众组织对国会今后的工作提出了更高的期望，即国会应该加强代表人民对国家行政和司法部门实施监督的作用，包括接受各省公民提出的申诉并给予反馈，以此提高公众对国会立法机构角色的认识，吸引更多的公众关注国会的公开会议，快速回应公众关心的热点问题，加快相关法律的修订等。① 由此可见，国会仍然需要不断推进自身改革，以适应和促进国家经济社会的发展。

（三）二次修宪，为国家发展保驾护航

2015 年 12 月，老挝国会七届十次会议通过了宪法修正案，并由国家主

---

① Lao Front advises NA on improvements，http：//www. vientianetimes. org. la/sub-new/Previous_ 297/FreeContent/FreeConten_ Lao%20Front. htm.

席签署主席令于 2015 年 12 月开始实施。这是老挝宪法自 1991 年发布实施以来的第二次修订,第一次修订是在 2003 年。新宪法较 2003 年宪法,更切合快速发展和变化中的老挝国情,这次修宪也是为了顺应人民革命党改革的需要和保证到 2030 年国家发展目标的实现。新宪法增加了省级议会、国家审计署和国家选举委员会 3 章共 21 个条款,明确限定了国会、国家主席、政府总理等国家领导人的任职年限;同时又赋予省级议会更大的权力,增强省级议会对政府职能的监督和保证社会经济良性发展。[①]

(四)40 周年国庆,展示成就,面向未来

2015 年是老挝人民民主共和国建立 40 周年,老挝人民革命党和政府 12 月 2 日在首都万象塔銮广场举行盛大阅兵和群众游行活动,借此机会,老挝向全国各界人民、海外侨胞、国际社会展示老挝建国 40 年来的发展成就。老挝人民革命党中央总书记、国家主席朱马里发表了国庆讲话,在总结建国 40 年的发展成就的同时,表达人民革命党对领导全国人民共谋发展的坚定信念,以及对老挝未来发展道路、发展目标的展望。他在讲话中指出,为实现老挝社会经济发展的战略目标,必须坚持提高人民革命党的执政地位和政治能力,完善政治体制的组织机构;必须把老挝人民革命党建设成为一个透明强大的党,确保党的干部发挥干实事和实践进步生活方式的示范作用;要把政府建设成一个民有、民治、民享的政府,一个有效且高效的政府。[②]

二 经济增长放缓,财政困境依旧

2015 年是老挝"七五"计划收官之年,经济形势可谓喜忧参半。喜的是,经济增长虽有放缓,但 GDP 增幅达到 7.9%,贫困家庭比例减至

---

① NA approves second amendment to constitution,http://www.vientianetimes.org.la/FreeContent/FreeConten_ Constitution_ amendment. htm.

② President's speech on the 40th anniversary of Lao National Day,http://www.vientianetimes.org.la/FreeContent/FreeConten_ Presidentspeech. htm.

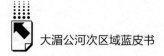

6.59%;忧的是,财政困难依旧,未能完成税收计划,预算赤字、外债和外贸逆差均有所扩大,面临的挑战与困难增多。

(一)宏观经济情况

亚洲开发银行最新资料显示,由于政府财政约束和全球矿产需求市场低迷,2015年老挝经济继续保持2014年以来的放缓趋势,但年内服务业的扩张式发展和电力生产的持续增长,使全年经济增长仍有不俗表现。[①]

年内服务业的发展有所减缓,但增长速度仍然达到约8.5%,成为GDP增长的最大供给侧贡献。银行分支机构和小额信贷机构数量不断增加,通信行业温和扩张,旅游业持续增长。游客数量较上年增长12.6%,旅游业收入增加了13.1%,达到7.254亿美元。

工业实现约8.0%的增长,达到了预期的目标。水电站开发、住宅和商业地产、经济特区项目依赖王国直接投资,政府的财政约束致使公共建设项目投入不足。铜、金和银等主要矿产的产量小幅增长,部分钾盐矿关闭。

农业自2014年以来增长放缓,2015年仅增长2.0%左右。干旱的气候导致国内部分地区大米、蔬菜和鱼类减产,全国大米产量增长不足1%,林产品的出口降幅超过20%。

根据老挝国家统计局的数据,2014~2015财政年度,老挝GDP增幅为7.9%,人均收入达到1970美元。贫困家庭减少,不到10%,[②] GDP约为127.4亿美元。

(二)外资、外贸、外援发展平稳

2015年老挝国家投资项目5604个,总额约76250亿基普(约合9.4亿美元),其中内资32030亿基普(约合3.95亿美元),外资44220亿基普(约合5.45亿美元),资金主要流向水电业(44.70%)、农业(36.76%)

---

① Asian Development Outlook 2016.

② Laos's GDP constantly grows at 7.9%,http://kpl. gov. la/En/Detail. aspx? id = 9777.

和矿业（14.49%）①。银行全年放贷约551110亿基普，较上年增长12.93%，相当于GDP的54.88%；广义货币（M2）增长20.31%；外汇储备较去年同期增至9.94亿美元；全年出口额33.05亿美元，进口额47亿美元，外贸逆差13.95亿美元。接受外国援助52790亿基普，预算支出310000亿基普。

经济特区和经济专区已成为吸引外资的价值洼地，首都现代化"城市综合体"纷纷涌现。老挝2个经济特区和9个经济专区（总面积14621公顷，其中工业区5个、服务区3个、贸易区3个）已累计吸引投资47亿美元（实际到位资金12亿美元），入园的国内外公司已达413家，为当地提供1.5万个就业岗位。② 与此同时，"万象塔銮湿地经济专区""万象中心""万象天阶国际金融产业示范区"以及"拉莎翁广场"等一批"城市综合体"，提升了首都万象城市化和国际化水平。

（三）互联互通建设取得重大突破

互联互通是老挝实现由"陆锁国"转变为"陆联国"战略的主要策略之一。2015年老挝区域互联互通建设取得重大突破，卫星上天、铁路开工，助力老挝实现由"陆锁国"向"陆联国"转变。11月，"老挝一号"通信卫星顺利进入预定转移轨道，"老挝一号"卫星将为老挝全境提供卫星电视直播、无线宽带接入和国际通信等服务，实现信号传递零死角。在满足国内需求的同时，老挝卫星还可服务于湄公河流域其他国家。老挝卫星项目早在2006年开始酝酿，2012年由中国进出口银行提供2.59亿美元。2015年12月2日，在老挝40周年国庆日这样一个特殊的日子，老中铁路在万象市举行开工奠基仪式，预计2020年建成。建成后将成为中国与东盟地区互联互通的关键节点，亦将为老挝经济社会持续发展注入强劲动力。

---

① FDI-DDI by sector（2015），http：//www. investlaos. gov. la/images/Statistics/rpt _ Invest _ Summary_ Country1A_ 2015. pdf.

② Special and specific economic zones attract more overseas companies，http：//kpl. gov. la/En/ Detail. aspx? id = 9477.

"老挝一号"卫星是基于东方红三号 B 卫星平台研制的地球同步轨道通信广播卫星，设计寿命为 15 年，在满足老挝国内迫切的广播电视传输和通信要求之余，还可向湄公河地区提供高清电视节目、远程教育、政府应急通信等服务。对于中国来说，"老挝一号"实现了中国航天向东盟国家"整星出口"零的突破，对中国航天实施"走出去"战略具有重要的推动作用，将为中国与东盟国家深入开展航天领域的国际合作带来积极的示范效应。

（四）电力实现跨越式发展

2015 年，一批水电和火电项目相继建成投产发电，包括南娥河水电站 2 号机组、腾—恒博恩扩建项目，南欧河水电站 2 号机组、5 号机组和 6 号机组，南康河 2 号机组、南莱河水电站 2 号机组，以及沙耶武里省红沙火力发电站。截至 2015 年底，老挝已建成的发电站累计达 38 座，总装机容量达 626.5 万千瓦，年发电量为 333 亿千瓦时，从而奠定老挝作为东盟第一大电力输出国的地位。老挝还将在未来 5 年完成包括投资 38 亿美元的沙耶武里水电站（总装机容量为 128.5 万千瓦）在内的 15 座水电站建设。到 2020 年再完成另外 11 座水电站建设，2025 年老挝电站总装机容量将达 1237.6 万千瓦，奠定老挝作为东盟第一大电力输出国的地位。目前全国 148 个县已100% 通电，普及电力的村寨达 85%，普及用电住户达 90%。①

（五）减贫战略举得新成效

截至 2015 年 11 月，老挝贫困户比例下降到 6.5%，贫困户 76604 户；全国共有贫困村 1439 个，约占全国 8400 个村的 17.13%，贫困县 23 个，提前实现到 2015 年底将贫困户比例降至 10% 以下的目标。教育方面，全国已宣布普及小学教育，全年龄段的公民达到小学 5 年级的读写能力；有 1 个省（沙耶武里省）和 42 个县宣布普及初中教育，全国 98.78% 的村庄建立了小

---

① Patriotism, Sam Sang delivering development progress, http：//www. vientianetimes. org. la/sub-new/Previous_ 276/FreeContent/FreeConten_ Patriotism. htm.

学。在医疗卫生方面，全国共有农村卫生站993所，有村药箱5000多个，在102个县设立了贫困者健康基金，7个省62个卫生所可提供免费接生服务，可为全国94.1%的农村贫困人口提供健康服务。在农村发展方面，在148个县6531个村设立了发展基金，流动资金有13570亿基普，为贫困群众生产提供了贷款渠道。全国基础设施和公共设施建设成效显著，84.4%的乡村建成全年通车的公路，90%的乡村用上清洁饮用水，80%的农村通电。文化村占55.4%。①

（六）经济社会发展存在的主要问题

1. 税收计划未能完成

2015年全国税收收入为238190亿基普（约合29.41亿美元），仅实现年度计划的91.16%，主要原因是税源流失严重以及税收监管机制尚不健全。国家审计署2014年在对116个预算单位进行审计时发现，被截留的国有资产收入多达7492.2亿基普（约合0.93亿美元），此外还发现相关部门未按规定划分该减免或不能减免的燃油、车辆和木材出口特别提取税，这部分资金多达20833.7亿基普（约合2.57亿美元）。

2. 未能摆脱债务问题困扰

2015年，政府财政负债额已升至30亿美元，达到了警戒线水平，主要原因是政府预算有限，而投资扩大，特别是中央政府和地方政府的基础设施开发项目投资较大。② 国家预算赤字达到51840亿基普（约合6.4亿美元），占国内生产总值（GDP）的5%。银行不良贷款比率从2014年9月的2.16%上升至2015年8月的3.11%。国家审计署在向七届国会十次会议提交的审计报告中指出，2013～2014财年有118个国家投资项目，投资金额超过11460亿基普（约合1.41亿美元），在未经国会批准的情况下实施；有

---

① Patriotism, Sam Sang delivering development progress, http://www.vientianetimes.org.la/sub-new/Previous_276/FreeContent/FreeConten_Patriotism.htm.

② 35 percent of budget for debt repayment, http://www.vientianetimes.org.la/sub-new/Previous_251/FreeContent/FreeConten_35%20percent.htm.

58 个批准项目和 43 个未经批准的项目在未履行正规投标程序的情况下实施，这些项目由私人企业先垫资，再由政府相关部门偿还企业；有 36 个政府投资项目、投资金额近 600 亿基普（约合 741 万美元）的执行步骤与计划投资部批准的步骤不一致；还有 382 个国家投资项目、投资金额超过 154580 亿基普（约合 19.08 亿美元）未经评估便获得批准。①

3. 毒品犯罪和社会治安形势较为严峻

与 2014 年相比，2015 年老挝北部偷种的罂粟面积略有增加（2014 年老北罂粟种植面积为 6000 多公顷）。2015 年，老挝警方破获毒品犯罪案件 2258 起，抓获贩毒嫌疑人 3346 人，其中外籍 90 人，缴获安非他命 633 万粒、海洛因 134 千克、鸦片 49 千克、冰毒 176 千克、干大麻 3257 千克、制毒化学药剂 6690 千克，以及 1552 千克不知名的粉剂。最大的一起贩毒案件是万象警方抓获的一名贩毒嫌疑人，该嫌疑人携带有 296 万粒安非他命药片。② 2015 年破获案件数量及抓获的犯罪嫌疑人数量均较 2014 年有所增多。与此同时，老挝刑事治安案件以及各地交通和火灾事故均明显增多。

自 1975 年老挝人民民主共和国成立以来，国内外反对人民革命党政权的各种声音或行动持续不断。其中，冷战期间美国 CIA 支持下的赫蒙王国的残余势力伪装藏匿于山区，老挝政府将其定性为土匪，他们不时利用各种时机，制造枪击等暴力伤人事件（特别是针对外国人），以期引起国际社会的关注，向老挝现政府发难。2015 年对于老挝人民革命党和现政府来说意义重大，老挝人民民主共和国成立 40 周年，老挝人民革命党建党 60 周年，老挝人民革命党"十大"召开在即，老挝将担任 2016 年东盟轮值主席国，这一系列的盛事如果顺利举办，必将为人民革命党和老挝现政府赢得盛誉；与此相反，任何纰漏或失误的影响也将会被无限放大。老挝国内外反对势力抓住这一机会，在 2015 年先后制造了几起暴力伤人事件，其中，

① Auditors uncover 118 unapproved projects, http://www.vientianetimes.org.la/sub-new/Previous_300/FreeContent/FreeConten_Auditors_uncover.htm.

② Government officials review drug issues, http://www.vientianetimes.org.la/FreeContent/FreeConten_Government.htm.

最严重的一起是11月发生于赛宋奔省的暴力袭击事件，造成多人伤亡。这些事件严重影响了当地的社会秩序和稳定。

三 务实外交成效显著

2015年，老挝外交成效显著，以争取外援为中心的经济外交取得实效。2011~2015年老挝共争取到外国援助33.68亿美元，其中无偿援助22.7亿美元，贷款10.98亿美元，年均6.736亿美元；老挝积极参与东盟事务及经济共同体建设，主办东盟以及地区和国际性会议20余个；继续奉行广交友、不树敌的外交方针，年内与哥斯达黎加和摩纳哥建交，建交国增至138个。在重点巩固和发展与中、越两个战略伙伴关系的同时，维持和推进与泰柬缅三国睦邻友好关系，并与东盟其他成员国保持良好合作关系，积极改善与美国的关系，争取联合国、欧盟、亚行和世行等国际组织和金融机构的援助。

（一）中老关系

1. 高层保持密切交往

2015年，中老两党两国全面战略合作伙伴关系在多领域取得了丰硕成果。以朱马里访华和张德江委员长访问老挝为主要标志，两党两国高层继续保持密切交往及双方最高领导人年度会晤机制。老挝人民革命党总书记、国家主席朱马里·赛雅颂应邀出席中国人民抗日战争暨世界反法西斯战争胜利70周年纪念活动，并与中共中央总书记、国家主席习近平举行会谈，双方肯定了中老各领域合作的积极发展势头，认为中老命运纽带、利益纽带、人文纽带全面加强，两国关系进入历史最好时期，并就推动中方"一带一路"建设与老方发展战略对接，提升双方利益融合达成一致意见。① 12月2日，

---

① 《习近平同老挝人革党中央总书记、国家主席朱马里举行会谈》，http://la.china-embassy.org/chn/zlgxdbwj/t1293822.htm。

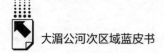

中共中央政治局常委、全国人大常委会委员长张德江在访问老挝期间，与朱马里共同出席中老铁路开工奠基仪式，分别与总理通邢、国家副主席本扬和国会主席巴妮举行会谈。

2. 中老铁路在老挝举行国庆40周年庆典之际开工，意义重大

2015 年 12 月 2 日，老挝举行 40 周年国庆庆典，张德江、朱马里、巴妮、通邢等中老双方领导人出席了中老铁路开工奠基仪式，酝酿已久的中老铁路正式开建，为中老传统友好关系描上了浓重的一笔。朱马里强调，老中铁路在老挝举行国庆 40 周年庆典这样一个重大的日子里开工，是老中传统友谊深化和老中命运共同体的具体体现。张德江表示，中老双方应以此为契机，进一步加强发展战略对接，深化利益融合，造福两国和两国人民，推动区域共同发展。①

3. 经贸交往进一步扩大

2015 年中国继续保持老挝第一大援助来源国、第一大投资来源国和第二大贸易伙伴的地位。中国连续 3 年成为老挝第一大援助来源国。2014 ~ 2015 财年，中国向老挝提供 15.1 亿元人民币援助，其中无偿援助 7 亿元人民币，无息贷款 2 亿元人民币，优惠贷款 6.1 亿元人民币，主要用于建设一些事关国计民生的水利灌溉、重要设施、首都道路改造项目以及提供财政援助等。2015 年，中国对老挝非金融类直接投资流量突破 10 亿美元，达 13.6 亿美元，同比增长 36.2%，首次超过印度尼西亚，位列新加坡之后，在东盟国家中位居第二。② 2015 年，中国与老挝双边贸易额达到 27.81 亿美元，比上年减少 23%，中国对老挝出口 12.27 亿美元，减少 33%，中国自老挝进口 15.54 亿美元，比上年减少了 12%。③ 2015 年，中国对老挝工程承包合同额超过 50 亿美元，达 51.6 亿美元，较 2014 年增长 39.8%。在东盟国家

---

① 《张德江与朱马里出席中老铁路开工奠基仪式并会见老挝党和国家领导人》，http：//la. china-embassy. org/chn/zlgxdbwj/t1323878. htm。

② 《我对老挝投资大幅增长　在东盟国家中位居第二》，http：//la. mofcom. gov. cn/article/jmxw/201602/20160201254473. shtml. 2016 - 02 - 14。

③ 海关统计资讯网：《2015 年 12 月进出口商品国别（地区）总值表》，http：//www. customs. gov. cn/publish/portal0/tab49667/info785160. htm。

中仅次于印度尼西亚和马来西亚，位居第三，在亚洲国家中位居第四。[①] 2015 年，工程承包项下中国向老挝派出劳务人员人数大幅增长，超过 1.1 万人，在东盟乃至亚洲国家中位居第一。[②]

2015 年内，中老两国在创新合作模式方面取得突破。8 月 31 日，两国政府正式签署《中国老挝磨憨 – 磨丁经济合作区建设共同总体方案》（以下简称《共同总体方案》），这是继与哈萨克斯坦建立中哈霍尔果斯国际边境合作中心之后，中国与毗邻国家建立的第二个跨国境的经济合作区。《共同总体方案》生效后，将进一步促进两国经济优势互补，便利贸易投资和人员往来，推动两国产业合作，加快两国边境地区的发展。

4. 老中双方在湄公河巡航、亚投行及澜 – 湄合作机制等问题上相互支持配合

中老缅泰四国 2015 年共开展了 12 次（第 30～41 次）湄公河联巡执法勤务，老方均出动官兵、禁毒警官和执法船艇积极参与并配合各方在金三角核心水域和班相果水域开展水陆公开查缉，波乔省孟莫联络点已成为举办多边信息交流会的固定场所。4 年来，在老方的大力支持及各方的共同努力下，四国已实现每月一次常态化全线和分段巡航，有效打击了湄公河流域贩毒、贩枪、走私和偷渡等跨国犯罪行为，维护了湄公河流域的航运安全。

老挝是亚投行 55 个意向创始成员国之一，积极响应中方倡议并参与亚投行筹建。老方还支持中方关于召开"湄公河流域执法安全合作部长级会议"和建立"澜沧江 – 湄公河合作机制"的倡议，对合作打造澜沧江 – 湄公河国家命运共同体持高度赞同意见。

（二）与越南的关系

1. 高层保持频繁互访

2015 年越老双方继续强化特殊团结友好关系，两党政治局仍保持一

---

① 《我对老挝工程承包额大幅增长 在东盟国家中位居第三》，http：//la. mofcom. gov. cn/article/jmxw/201602/20160201254862. shtm。

② 《我对老挝外派劳务大幅增长 在亚洲国家中位居第一》，http：//la. mofcom. gov. cn/article/jmxw/201602/20160201254863. shtml。

年两次的会晤机制，高层保持频繁互访。越国家主席张晋创、总理阮晋勇、政治局委员及书记处常务书记黎鸿英、公安部部长陈大光上将、胡志明市市委书记黎青海和越南国家副主席阮氏缘等分别访老。此外，越中央各部及省市负责人 30 余人相继访老。老挝总理通邢、国家副主席本扬、国会主席巴妮、中纪委书记本通、副总理通伦和宋沙瓦以及中组部部长占西分别访越。此外，老挝多名部长和副部长也相继访越。

2. 全面合作继续深化，经济合作进一步提升

2015 年，老越两国在干部培训、司法、纪检、新闻媒体、医疗卫生、农业科技、一站式通关、陆路货物运输、合作打击边境刑事犯罪、边境移民管制和森林管理、空中航拍、劳务以及联合搜寻挖掘在老牺牲的越南志愿军遗骸等方面全面开展合作。2014～2015 财年，越政府向老政府提供了 8360 亿越盾援助。2015 年，越南对老挝投资额达到 4.67 亿美元，[①] 越南投资发展银行向老挝提供 1.76 亿美元贷款，越南国家化工集团在老挝甘蒙省投资的矿盐开采与加工项目是越南企业年内对老投资的最大项目，总投资额 5.22 亿美元，2015 年双边贸易额达 12.6 亿美元。[②]

（三）与泰国的关系

2015 年，老挝与泰国正式建交 65 周年，两国睦邻友好合作关系进一步发展。老挝加强与泰国王室的联系。年内，诗琳通公主应邀两次访老并会晤老挝国家主席朱马里；在泰皇 88 岁华诞之际，朱马里发去贺电。两国政府积极推进两国水陆边界联合勘界立碑工作，两国合作委员会举行了第 20 次会议，双方一致同意加快完成陆地边界勘察与立碑工作，并加快完成水界划分与立碑工作。[③]

---

① All Approved Investment Projects by Country, http：//www. investlaos. gov. la/images/Statistics/ rpt_ Invest_ Summary_ Country1A_ 2015. pdf.

② Laos, Vietnam eye bilateral trade of USMYM3 billion by 2020, http：//www. vientianetimes. org. la/ sub-new/Previous_ 066/FreeContent/FreeConten_ Laos_ vietnam. htm.

③ Laos, Thailand move forward with bilateral cooperation, http：//www. vientianetimes. org. la/ FreeContent/FreeConten_ Laos_ thai. htm.

老泰双边贸易与投资合作加强。两国贸易主管部门2月初在曼谷举行了第6次合作会议，提出双边贸易额在未来3年内达到80亿美元。穆达汉-沙湾拿吉边境经济特区、沙耶武里水电站等项目有序运作，SCG集团公司投资100亿泰铢，在老甘蒙省建设年产量达180万吨的水泥厂于3月开工，成为泰国企业年内在老挝投资的最大项目。由泰国公司投资建设的老挝首个火电厂——沙耶武里省红沙发电厂（总投资37亿美元，三个机组总装机容量为187.8兆瓦）2号机组12月9日正式投入商业运营。截至2015年底，泰国在老外来投资中排第二位。鉴于老挝目前可生产更多的电力用于出口，故老挝希望2016年出口至泰国的电力从5000兆瓦增至1万兆瓦，老泰将于2016年重新签署两国之间的电力购买协议。

（四）与柬埔寨的关系

2015年，老挝与柬埔寨两国元首实现了互访，老国家主席朱马里2月26～28日对柬埔寨进行国事访问，西哈莫尼国王12月21～23日对老挝进行了回访，这也是西哈莫尼国王继位后第一次访问老挝。老柬两国元首充分肯定了两国传统友好关系，双方重申永保优良传统，继续保持两国高层互访及两国各级代表团之间的正常交往，加强政治安全、边境治安、经济贸易和教育等方面的合作并取得实际成效。①老越柬发展三角区合作不断加强。"老越柬发展三角区"部长会议于12月在老挝占巴塞省巴色市举行，各方同意继续实施发展三角区的总体规划，将发展重点放在基础设施建设、促进贸易和投资、人力资源开发以及环境保护等方面。

（五）与缅甸的关系

2015年，老挝与缅甸建交60周年，老缅继续保持高层互访和友好合作

---

① Laos, Cambodia enhance friendship and cooperation ties，http：//www. vientianetimes. org. la/FreeContent/FreeConten_ Laos%20Cambodia. htm.

机制。缅甸副总统吴年吞及夫人应邀访老；老国家副主席本扬在老缅建交60周年之际访缅，与缅甸副总统吴年吞举行会谈，双方就两国在农业、旅游业、体育和文化等方面的合作，以及开通万象—仰光、琅勃拉邦—蒲干之间的航线达成共识。总理通邢出席在内比都召开的第7次柬老缅越合作框架峰会及第6次伊洛瓦底江－湄南河－湄公河经济合作战略领导人峰会，其间，与缅甸就加强边境治安、禁毒、金融和贸易合作进行会晤，作为对老挝与缅甸建交60周年的献礼。老挝与缅甸之间的第一座友谊大桥于5月9日正式通车，老缅友谊大桥位于老挝南塔省孟龙县与缅甸大其力县之间，连接老挝17号公路和缅甸4号公路，该桥建成通车将促进两国间贸易、投资和旅游业合作，惠及越、中、印、孟等周边国家。此外，2015年老缅分别举行了老缅合作委员会第11次会议和老缅第5次双边禁毒合作会议，双方同意继续加强边境治安及禁毒合作。2015年双边经济合作有所发展，老缅两国央行3月在万象首次举行双边合作会议，老缅两国还于11月在老挝南塔省孟龙县共同举办了第一届友谊贸易博览会。

（六）与美国的关系

2015年是老美建交60周年，老美关系取得重大突破。老美两国元首实现了老挝人民民主共和国建国以来的首次会晤。朱马里·赛雅颂9月出席联合国大会期间，在纽约会晤了奥巴马总统。通邢总理在吉隆坡出席第3次东盟－美国峰会期间，也与奥巴马进行了会晤，邀请其出席2016年在老挝举行的第四次东盟－美国领导人峰会，对老挝此番邀请，奥巴马积极回应。此外，老美双方外交和军事部门继续保持正常对话与合作机制。"美老第6次全面磋商会议"和"美老第10次防务对话"分别于6月19日和9月15～16日在华盛顿和万象举行，美方承诺每年援助老挝用于清除未爆炸弹的资金将增至1500万美元。同时，美方还表示在禁毒、卫生医疗、英语培训以及人道主义援助等方面增加对老援助。美国东南亚战争失踪士兵家属协会主席恩·吉利皮斯女士、美国科学大使杰拉尔丁·理查蒙德女士、美国副总统拜登夫人吉尔博士、美国加利福尼亚州议员德温和新泽西州议员弗兰克以及美国国家安全副顾问本杰明·罗兹等多名政要和名人的到访，凸显了美国对老挝外交改向。

（七）与日澳韩等国的关系

2015 年是老日建交 60 周年，两国将双边关系升格为战略合作伙伴关系。老总理通邢 7 月 3～5 日赴东京出席第 7 次日－湄领导人峰会并对日本进行正式访问，出席老日建交 60 周年庆祝活动。日政府继续支持老挝基础设施建设，于 12 月向老方提供 7700 万美元优惠贷款，用于支持瓦岱国际机场航站楼扩建项目。日本自 1958 年开始向老提供发展援助，年均援助 8000 万至 1 亿美元，居发达国家对老援助首位。日累计援助老挝文教体育、公共卫生和小型基础设施建设项目 471 个，价值 3.37 亿美元。

澳大利亚仍是对老提供官方发展援助的主要国家之一。2015 年年内向老提供 8600 万澳元无偿教育援助，还为 49 名赴澳留学生、50 名在老挝国立大学学习的贫困生以及 20 名在琅勃拉邦苏发努冯大学学习的学生提供奖学金。澳政府拟向老挝追加捐赠 480 万澳元用于扫盲工作。澳老两国还分别于 3 月和 11 月在悉尼和万象举行第 4 次非正式人权对话会议和第 12 次高层磋商会议，双方决定加强政治、经济、教育、安全以及人权等领域的合作，澳将鼓励更多的投资者前往老挝进行矿产、水电、运输、农业、旅游业、法律和金融服务等方面的投资。

2015 年，老韩建交 20 周年，两国政治关系和经济合作日趋密切。韩国国会议长郑义和及韩国总理黄教安分别于 1 月和 12 月访老。韩老两国政府签订了合作框架协议，其中包括韩国对老挝 2016 年官方发展援助项目谅解备忘录以及韩国经济发展合作基金（EDCF）2016～2020 年向老挝提供软贷款项目。截至 2015 年 11 月底，韩国企业在老挝投资达 7.85 亿美元，居外国在老投资的第 4 位；2014 年，双边贸易额为 2 亿美元。[①] 近年来，韩国对老提供无偿援助年均达到 1000 万～1200 万美元。

---

① Laos, Republic of Korea enjoy stronger ties, cooperation, http://www. vientianetimes. org. la/ FreeContent/FreeConten_ laos_ republic. htm.

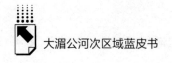

四 2015年老挝参与 GMS 合作进展情况

（一）积极参与和推进大湄公河次区域内的多边合作

2015 年，老挝积极参与 GMS 合作，在能源、运输和贸易便利化、环境、人力资源开发等方面开展合作，对中国提出的澜沧江－湄公河合作机制给予积极回应，积极参与和主持大湄公河次区域内的多边合作机制构建。2015 年 6 月 22～23 日，总理通邢出席在内比都召开的第 7 次柬老缅越合作框架峰会及第 6 次伊洛瓦底江－湄南河－湄公河经济合作战略领导人峰会，同期，副总理、外长通伦·西苏里出席了领导人会议之前的第 7 次柬老缅越合作框架部长会议。

老挝主持召开第十次柬老越发展三角区（CLV）高官会。第十次 CLV 高官会在老挝占巴塞省巴色市举行，与会三国官员肯定了 CLV 合作的进展和成效，老挝计划投资部部长宋迪指出，CLV 合作促进了老挝与邻国的投资合作，越南在老挝南部四省的投资达到 20 亿美元。CLV 合作机制有效维护和巩固了柬越老三国的传统友谊，对保持和三国相邻地区的和平与稳定、促进这片地区社会经济的发展发挥着积极作用。三国确定继续实施发展三角区主导计划（2010～2020），并由联合协作委员会负责报告每年的项目执行情况。① 会议还讨论了环境保护、可持续自然资源管理、自然灾害防治等问题。

（二）积极沟通，扩大湄公河干流和支流水电开发

继沙耶武里水电开发项目之后，东沙洪水电开发项目再一次考验老挝与 GMS 邻国间的外交关系。东沙洪水电项目位于老挝南部占巴塞省靠近柬埔

---

① CLV ministers agree on triangle development direction，http：//www. vientianetimes. org. la/sub-new/Previous_ 289s/FreeContent/FreeConten_ CLV_ ministers. htm.

寨边境的湄公河干流，因为有沙耶武里水电项目的经验，老挝在处理东沙洪水电大坝的各种反对意见时，显得更为从容。政府出面积极沟通，争取邻国的理解和支持。2015 年 10 月，老挝副总理宋沙瓦·伦沙瓦专门就东沙洪电站项目对柬埔寨进行工作访问，分别会晤了包括首相洪森在内的柬埔寨政府高层，重申老挝开发湄公河水力资源，绝不会危害邻国的利益，并保证开发过程中信息透明与公开，同时解释了水电开发对老挝 2020 年摆脱最不发达国家地位的重要性，老挝将聘请世界级的咨询公司监督东沙洪项目的设计与建设全过程。老挝国会已经通过东沙洪水电项目，开发商 Mega First 已经投入 1300 多万美元，用于可行性研究、施工便道和桥梁的建设。①

（三）积极回应中国提出的建立澜沧江 - 湄公河合作机制的倡议

2014 年 11 月，中国政府总理李克强在第 17 次中国 - 东盟领导人会议上倡议建立澜沧江 - 湄公河合作机制，老挝总理在与李克强总理会面时表示，老挝期待澜湄合作不断取得新进展。2015 年 11 月 12 日，澜沧江 - 湄公河合作机制首次外长会议在中国云南景洪市举行，出席会议的老挝外长通伦·西苏里表示，老方高度重视澜湄合作外长会议，并愿意与中方加强沟通协调，促进合作机制建设。会议发表了《澜湄合作概念文件》和《联合新闻公报》，宣布启动澜湄合作进程；确定了"3 + 5"合作框架。湄公河联合巡逻执法、昆曼公路全线贯通、中老铁路奠基、老挝赛色塔工业开发区等已成为澜湄跨境经济合作的示范项目。

---

① Laos reassures Cambodia over Don Sahong hydropower project，http：//www. vientianetimes. org. la/ FreeContent/FreeConten_ Laos_ reassure. htm.

B.12

2015年缅甸形势及对大湄公河
次区域合作的参与[*]

杨祥章[**]

摘　要：　2015 年，缅甸成功举行了被国际社会认为 25 年来首次公平、
公正的全国性大选，并取得了民族和解的阶段性成果。受国
内外因素的影响，其经济增速有所下降，但政府采取了一系
列措施发展经济，增加社会福利。缅甸继续努力融入国际社
会，在维系和发展与中、日、印和东盟国家友好关系的基础
上，与美国的关系进一步缓和，与国际组织的合作不断增强，
与大湄公河次区域国家在能源、基础设施和安全领域的合作
取得明显进展。

关键词：　2015 年　缅甸　大湄公河次区域　区域合作

2015 年，缅甸在保持局势稳定的基础上，成功举行了被国际社会认为
25 年来首次公平、公正的全国性大选，并取得了民族和解的阶段性成果。
政府继续推行政治经济改革，推动民族和解，扩大社会福利。民盟在大选
中胜出，吴登盛政府与部分民地武签署了全国停火协议。受水灾和外资流

---

　　* 本文为2014年国家社科基金项目"'一带一路'战略下推进中国－东盟互联互通对策研究"、
2015年教育部规划基金项目"当代东南亚的宗教与政治"和2015年云南省哲学社会科学重大项
目"中缅油气管道境外段沿线社会经济调查研究"的阶段性研究成果。
　** 杨祥章，云南大学周边外交研究中心、云南大学缅甸研究院助理研究员，云南大学国际关系研究
院博士研究生。

入减缓的影响，缅甸的经济增长步伐有所放缓，但工业和第三产业的发展成效可圈可点。在对外关系方面，缅甸与中、日、美、印及其他东盟国家保持良性互动，积极参与大湄公河次区域合作和澜湄合作机制，进一步融入国际社会。

一 深入推进政治改革

2015年，缅甸政府从确保大选顺利举行、推进民族和解、提高政府执政能力与完善法制等方面着手，大力推进政治改革。大选顺利举行为平稳实现政党轮替和政权交接打下了良好基础，与部分民地武签署全国全面停火协议为民族和解带来新的曙光，加强执政能力建设与法律法规的出台和修订进一步改善了缅甸国内环境并提高了缅甸的国际声誉。缅甸在民主化道路上的进步速度超过了国际社会的预期，其努力也赢得了国际社会的赞誉。全球知名的政经杂志《经济学人》将缅甸评为"2015年度国家"（Country of the Year 2015)，认为缅甸是2015年世界上进步最快的国家。[①]

（一）顺利举行全国大选

举行全国大选是缅甸2015年最为重要的政治事件，受到国内外的广泛关注。为确保大选的顺利举行，缅甸政府做了大量准备工作。3月19日，缅甸联邦选举委员会发布2015年1号令、2号令，公布了国内选举观察员和国际选举观察员行为准则。5月15日，联邦选举委员会和政党合作协商会在仰光举行，呼吁各政党为确保2015年大选的成功举办通力合作。11月8日，缅甸大选在国内和国际社会的监督下顺利举行。共有来自91个政党的5700多名候选人和300余名独立候选人参选，全国设立了4万多个投票站，有投票资格的3300万名选民中，约80%的人参与了投票。约30个国

[①] "Our country of the year: Most favoured Nation", *The Economist*, December 19th, 2015, http://www.economist.com/news/leaders/21684157-which-country-improved-most-2015-most-favoured-nation.

家和国际机构应邀向缅甸派出了总共近千名国际观察员。因此，本次大选也被视为缅甸 25 年来首次公平、公正的大选。

根据选委会公布的最终选举结果，缅甸全国民主联盟（民盟）总共获得 1150 个席位中的 886 个席位，其中在联邦议会人民院获得 255 席，在民族院获得 135 席，在省邦议会共获得 496 席①。77% 的席位获得率使民盟赢得了新政府组建权。选举结果公布后，昂山素季先后与总统吴登盛、国防军总司令敏昂莱、前国家领导人丹瑞大将进行了会晤，获得了他们对和平移交政权的支持。2016 年 2 月初，民盟主导下的第二届联邦人民院（下院）和联邦民族院（上院）开始运行；4 月 1 日，吴廷觉领导的民盟政府正式履职，缅甸平稳实现了政党轮替和政权交接。从议会和新政府人事安排看，新执政党民盟试图在权力分配上努力展示政治包容与和解的意愿，塑造团结各方的形象。下院议长为民盟中央执行委员会成员吴温敏，副议长由巩发党成员吴迪坤妙担任；上院议长为民盟成员曼温凯丹，副议长为若开党名誉主席吴埃达昂。总统吴廷觉来自民盟，第一副总统吴敏瑞是退役军人，第二副总统亨利班提育是民盟的钦族议员。缅甸大选的顺利举行和政权的平稳移交是缅甸深入推进政治改革取得的重要成效，也是民盟和军方相互妥协的结果，但民盟与军方的根本性分歧尚存，双方在推进政治改革的道路上能携手多久还有待观察。

（二）积极推进民族和解

数十年来，民族问题一直困扰着缅甸。吴登盛政府将促进民族和解作为一项执政要务。2015 年 3 月 17 日，第七次全国停火协议草案谈判重新启动。3 月 31 日，联合和平建设工作委员会与全国停火协调组织签署了《全国全面停火协议》草案。经过断断续续近两年的谈判，缅甸的民族和解在 2015 年取得了历史性的实质进展。10 月 15 日，缅甸政府与克伦族联盟

---

① 参见张云飞、庄北宁《缅甸公布最终选举结果》，新华网，2015 年 11 月 20 日，http：// news. xinhuanet. com/world/2015 – 11/20/c_ 1117214452. htm。

（KNU）、克伦民族解放军和平委员会（KNLA－PC）、勃欧民族解放组织（PNLA）、缅甸全国学生民主阵线（ABSDF）、钦族民族阵线（CNF）、掸邦重建委员会（RCSS）、若开解放党（ALP）和民主克伦佛教军（DKBA）八个组织在内比都签署了《全国全面停火协议》。随后，缅甸成立了由政府、民地武和政党三方代表组成的和平对话联合委员会。

然而，缅甸的民族和解进程依旧。目前，缅甸还有7支被纳入和谈的民地武拒绝签署停火协议，国内的武装冲突也尚未平息。2015年以来，缅甸政府军与克钦独立军、果敢同盟军、南掸军、德昂军、若开军等多支民地武交火。2月17日，吴登盛总统签发2015/1号法令，宣布果敢地区进入紧急状态。此后，缅甸政府在果敢地区的军事管制直至11月17日才结束，历时长达9个月。政府军与部分民地武发生交战的同时，民地武间的矛盾也日益尖锐。10月以来，德昂军与南掸军发生多起冲突。2016年1月12~16日，缅甸召开了联邦和平代表大会，但未达成协议。

（三）加强执政能力建设

虽然与之前的军政府相比有所进步，但吴登盛政府依然存在办事效率低下、施政能力不强和存在贪污腐败等问题。政府执政能力的薄弱已成为缅甸国内改革的瓶颈。为建设一个廉洁的政府、良好的政府和开明的政府，提高公务员的工作能力，学习国外的先进技术和先进理念，缅甸政府不断加大外派公务人员出国留学、进修和培训的力度。据《缅甸环球新光报》报道，2015年1月、4月、7月和8月，缅甸政府先后分别选拔派出247名、150名、271名和415名公务人员到国外留学、进修和培训，[①]主要派往日本、泰国、中国、印度和澳大利亚等国家。同时，为调动公务员的工作积极性，政府从4月起大幅度提高公务员工资。普通文职公务员的月工资从7.5万缅元（约合70美元）提高到12万缅元（约合115美元），增幅达60%。高级公务员的月工资从25万缅元（约合240美元）提高到50万缅

---

① 数据来源：《缅甸环球新光报》。

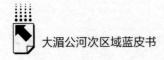
元（约合 480 美元），增幅达到100%。[1] 这是吴登盛政府任期内第4次调整公务员工资。

（四）完善法律法规体系

缅甸日新月异的发展对既有的法律体系提出了新的要求。为继续夯实依法治国基石，努力改善国内环境，2015 年以来，缅甸政府相继出台或修订近 30 部法律法规，包括《缅甸海岸线和国内水路运输许可证法》《中小企业发展法》《高速公路法》《残疾人权益法》《媒体法实施细则》《联邦财政预算起草法》《一夫一妻制度法》《外国投资法》（修正案）等。这些法律法规涉及缅甸国家政治、经济、社会发展及环境保护等诸多领域。其中，12月 22 日经议会通过并由总统签署的《外国投资法》（修正案）允许缅甸投资委员会将部分审批权下放给省邦级机构。该修正案有望调动省邦在对外开放和招商引资中的积极性。

二　大力发展国民经济

2015 ~ 2016 财年，受洪涝灾害影响，缅甸的经济增长速度有所下降。但政府采取了一系列措施，并借助国际社会力量，不断推动农业、工业和第三产业的发展。

（一）经济增长步伐放缓

受水灾和外资流入减缓的影响，缅甸的经济增长速度有所下降，贸易逆差进一步扩大。世界银行将缅甸 2015 ~ 2016 财年的经济评估增长率调整为6.5%，[2] 比缅甸既定目标下降了 2.8 个百分点。但近年来经济的高速发展

---

[1] 张云飞：《缅甸将大幅提高公务员工资》，新华网，http://news. xinhuanet. com/2015 - 03/26/c_ 1114778161. htm。

[2] 参见《世界银行预估本年度缅甸 GDP 增速放缓》，商务部，http://www. mofcom. gov. cn/article/i/jyjl/j/201510/20151001139113. shtml。

已经使缅甸人均收入水平明显提升。世界银行在 2015 年 7 月 1 日发布的公告中，已将缅甸从最不发达国家升至人均年收入达 1046～4125 美元的中等不发达国家。

缅甸 2015～2016 财年（2015 年 4 月 1 日～2016 年 3 月 31 日）吸引外资的目标是 60 亿美元。截至 2016 年 1 月，本财年外商对缅投资额共计 53 亿美元。[①] 石油天然气、通信和制造业是吸引外资最多的三个领域。2015 年 4 月～2016 年 3 月缅甸出口额达 105 亿美元，进口额达 158 亿美元，贸易逆差达 53 亿美元，与上一财年相比增加了 11.2 亿美元。[②] 2015～2016 财年，缅甸的主要大额进口商品为燃油、机械和汽车零配件，主要大宗出口商品为玉石、天然气和大米。主要进口来源国依次为中国、新加坡、泰国、日本和印度，主要出口目的国依次为中国、泰国、印度和新加坡。

（二）农业发展受创

2015 年，缅甸遭受了 40 年来最严重的洪灾，殃及 12 个省邦的 160 万人，造成 100 余人死亡和近 100 万亩农田被毁。[③] 本次水灾共造成缅甸经济损失 2000 亿缅元，约合 1.56 亿美元。[④] 缅甸的粮食生产和渔业也因水灾受到重挫，为控制国内大米价格上涨，缅甸不得不临时中断大米出口，以优先满足国内需求。

缅甸是一个传统农业国家，农业对缅甸的 GDP 贡献了重要份额。缅甸约 70% 的人口生活在农村，以农业为生。水稻种植是缅甸农业的重中之重。缅甸大米的出口国家已达 64 个，包括欧美国家。5 月 20 日，缅甸在内比都举行了国家稻米发展战略计划启动仪式。根据该计划，到 2030 年，缅甸的

---

① 《2015～2016 财年前十个月外商在缅投资 53 亿美元》，中国驻缅甸大使馆经商参处。

② 《2015～2016 财年缅甸贸易逆差进一步增大》，缅华网，http://mhw07.com/Ch/NewsView.asp? ID = 15533。

③ 资料来源：《缅甸水灾致死人数过百　受灾人数近百万》，中新网，http://www.chinanews.com/gj/2015/08 - 10/7458552.shtml。

④ 《缅甸水灾损失已超过 1.5 亿美元》，中国驻曼德勒总领馆经商室，http://www.mofcom.gov.cn/article/i/jyjl/j/201510/20151001141635.shtml。

水稻种植面积将达到 770 万公顷（1900 万英亩），每公顷稻谷产量达到 4.1 吨，大米总产量达到 1770 万吨，其中，供国内消费 1170 万吨，出口 600 万吨。[①] 为促进农业发展，6 月 2 日召开的第一届联邦议会第十二次例会通过决议，由央行提供 4000 亿缅元贷款，用于发展农业。

（三）工业园区建设稳步推进

2015 年 7 月上旬，第七届湄公河－日本峰会在日本召开，缅甸与日本、泰国签署了重启土瓦经济特区项目的合作意向备忘录。由缅甸与日本联合开发的迪洛瓦经济特区已完成通水、通电、通路和场地平整的"三通一平"工程，开始设计修建厂房和搭建"一站式"服务窗口，并于 2015 年 9 月开始正式运营。目前，该特区 80% 的土地已以各种形式获得进驻，获得批准的项目接近 50 个。[②] 12 月 29 日，缅甸联邦议会以 424 票赞成、23 票反对和 2 票弃权通过了皎漂经济特区项目，并确认了特区项目开发面积共 4290.32 英亩，其中深水港 1 号项目 370.66 英亩，深水港 2 号项目 237.22 英亩，工业区项目 2446.07 英亩，住宅区 1236.37 英亩。[③] 次日，皎漂经济特区招标审查委员会宣布，中信联合体获得皎漂经济特区深水港项目和工业区项目的开发权。该联合体是由中国中信集团、泰国正大、中国港湾、中国招商局集团、中国天津泰达和中国云南建工组成的跨国企业集团。

截至 2015 年底，缅甸共有 19 个在运营的工业区和 6 个正在建设的新工业区。新建的工业区包括曼德勒省的耶得纳榜工业区、内比都工业区、若开邦蓬那尊工业区、克伦邦普雅东素工业区和妙瓦底工业区及掸邦的南混工业区。其中，妙瓦底工业区已完成 90%，将于 2017 年正式运营。[④] 缅甸政府希望通过建设工业园区发展本国经济的同时，为国民创造更多的就业岗位。

① 《缅甸环球新光报》，2015 年 5 月 21 日。
② 范伊伊：《开发缅甸特区　中国不如日本快?》，《国际先驱导报》2016 年 4 月 25 日。
③ 《缅甸议会通过皎漂经济特区项目》，中国驻曼德勒总领馆经商室，http：//mandalay. mofcom. gov. cn/article/jmxw/201512/20151201224499. shtml。
④ 《缅甸再建 6 个工业区》，中国驻曼德勒总领馆经商室，http：//mandalay. mofcom. gov. cn/article/sqfb/201511/20151101153787. shtml。

（四）第三产业发展迅速

1. 金融和证券市场建设取得新突破

截至2015年底，缅甸全国已有私人银行27家，包括中国工商银行在内的9家外国银行获准在缅甸开展银行业务。截至2015年底，缅甸共批准100多家国内银行分行开展外币兑换业务，部分分行已和有关国家的银行开展了网银业务，并通过网银开展贸易结算业务。12月9日，由缅日共同出资建设的缅甸首个证券交易所在仰光开业。仰光证券交易所由缅甸财政部下属的缅甸经济银行、日本大和证券集团和日本交易所共同出资联合创建，其中缅甸经济银行掌握51%的股权，大和证券控股30.25%，日本交易所控股18.75%。① 目前，该证交所只接受缅甸投资者开设账户，全部交易均使用缅元结算。包括缅甸第一投资有限公司、仰光伊洛瓦股份有限公司、亚洲绿色发展银行等在内通过资格预审的6家国内企业成为首批上市公司。

2. 旅游业发展成效明显

2015年1月22～29日，缅甸在内比都首次承办了东盟旅游论坛。本次论坛的主题是"东盟旅游面向和平、繁荣和合作"，吸引了来自东盟、中日韩的政府和私营旅游部门以及联合国世界旅游组织、亚太旅游协会及世界旅游理事会等国际组织的代表与会。缅甸发展旅游业的同时也加大吸引外资进入酒店领域的步伐。截至2015年9月，缅甸由外国及本国业主经营的宾馆已超过1000家、客房近5万间。② 为调动省邦政府发展旅游业的积极性和主动性，缅甸政府拟将宾馆经营审批权从中央下放至各省邦政府。截至2015年11月，缅甸的外国投资酒店已达到了47个，投资额26亿美元。其中，新加坡和越南是缅甸酒店业最大的两个外资来源国。2015年，缅甸共接待外国游客468万人次，较2014年的308万人次有大幅增长。缅甸的旅游业总体规划目标是，在2020年年内到缅甸旅游的外国游客达到750万人

---

① 《缅甸首个证交所开业》，《北京日报》2015年12月10日，第14版。

② 《缅甸将下放宾馆经营审批权》，中国驻曼德勒总领馆经商室，http://mandalay.mofcom.gov.cn/article/ddfg/201510/20151001141627.shtml。

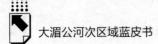

次。根据现有增速，该目标有望提前实现。为便利外国游客入境，缅甸目前向100多个国家提供电子签证。

3. 通信业发展迅速

2015年12月，继缅甸电信公司、挪威电信公司和卡塔尔电信公司之后，由11家缅甸私营股份公司组成的股份有限公司——缅甸国家控股公共有限公司（Myanmar National Holding Public Ltd.）成为缅甸第四家电信运营商。截至2015年11月，缅甸手机用户达到3378.7万户，占全国人口总数的64%。近年来缅甸移动用户增长迅速，2011~2012财年全国手机用户仅占总人口的3%。此外，2010~2011财年，缅甸网络用户为3.9万户，目前网络用户超过了2700万户。缅甸3家电信运营商的市场份额为缅甸电信公司占50%（约1600万户）、挪威电信公司占35%（逾1000万户）、卡塔尔电信公司占15%（约500万户）。①

三 增加社会福利

缅甸政府从扩大义务教育覆盖面、实施乡村发展计划和规范最低工资及劳动合同方面着手，提高弱势群体福利，使其更好地享受缅甸的社会发展成果。

（一）加强义务教育

缅甸的基础教育学制为10年，其中小学为1~4年级，初中为5~8年级，高中为9~10年级。2015~2016年度在缅甸教育史上极具里程碑意义，缅甸将免费教育从小学覆盖到了高中阶段，但义务教育的普及率尚不可知。缅甸从2011~2012年度开始实施小学义务教育，为所有的适龄儿童提供免费的小学教育。2014~2015年，缅甸开始实施初中义务教育，并在2015~

---

① 《缅甸手机用户超过3300万》，中国驻缅甸大使馆经商参处，http://mm.mofcom.gov.cn/article/jmxw/201511/20151101155556.shtml。

2016 年度开始实行高中义务教育。

为了实行覆盖整个基础教育阶段的义务教育制度，缅甸逐年增加教育经费支出。教育经费支出已从 2011～2012 年度的 3697.14 亿缅元增加至 2015～2016 年度计划的 15147.7 亿缅元，增幅达 4 倍多。[①] 缅甸义务教育发展如此迅速，离不开政府的大力支持。

（二）实施农村发展计划

缅甸发展水平总体滞后，农村地区尤为如此。为加快农村地区的发展，缅甸畜牧、水产与农村发展部建立了乡村保本流动基金，并实施以群众为基础的乡村发展计划。根据该计划，三年内，缅甸将在总计 63899 个乡村实施乡村发展计划。[②] 同时，缅甸畜牧、水产与农村发展部拟使用世界银行提供的 9000 万美元贷款，在内比都及 14 个省邦实施农村供电项目。缅甸农业水利部和韩国国际合作组织（KOICA）已签署相关协定，韩国将向缅甸提供 2200 万美元的资金以帮助缅甸 100 个村实施新农村发展项目。中信联合体也与缅甸畜牧、水产与农村发展部一起设立乡村基金项目，为皎漂镇的 50 个村庄各提供 3000 万缅元用于发展农业和养殖业。

（三）保障劳工权益

5 月 1 日，吴登盛总统向全国劳动者发出节日贺信，提出要有效地利用劳动力资源，并优先发展劳动生产力和创造更多的就业机会，同时呼吁全国工人与国家一道为社会经济发展而努力。[③] 8 月 18 日，缅甸国家劳工最低工资标准制定委员会发布 2015 年 2 号公告，确定了 3600 缅元/日的最低劳工工资标准，最低时薪为 450 缅元。虽然劳资双方都对该标准表示不满，但缅甸仍从 9 月 1 日起在全国范围内执行统一的最低工资标准。但该最低工资标准不适用于 15 名及以下劳工的小型企业及家庭作坊。8 月 31 日，缅甸劳

① 《缅甸环球新光报》2015 年 5 月 28 日。
② 《缅甸环球新光报》2015 年 5 月 18 日。
③ 《缅甸环球新光报》2015 年 5 月 1 日。

工、就业和社会保障部发布有关劳务合同的公告（2015/1 号公告）称，由于最低工资法和相关的法令已经颁布，自 2015 年 9 月 1 日开始，工厂主和企业家必须与现有或将要聘任的用工人员签署用工合同，并按照用工合同附件上的工资发放登记本进行工资发放登记。① 该要求同样适用于员工人数 15 人及以下的小微企业。

四　积极融入国际社会

2015 年，缅甸继续实施全方位和大国平衡的外交政策，与中、日、美、印等大国互动频繁，不断密切与东盟各国的联系，加大与国际机构的合作力度，进一步融入国际社会。

（一）缅中关系曲折前进

1. 双边关系经受住考验

2015 年，缅中关系经历了伐木工和流弹事件的波折，但总体平稳发展。2015 年 1 月，155 名中国伐木工被缅甸军方逮捕，随后被判处重刑，在 7 月 30 日因缅甸特赦被释放回国。2015 年上半年，缅军与果敢军交战，炮弹数次落入云南省境内，导致我国多名公民伤亡。6 月，昂山素季率民盟代表团对中国进行了为期 5 天的访问，并与习近平总书记会晤。这是昂山素季首次访华，也进一步密切了缅中两国的党际交往。9 月，吴登盛总统到北京出席世界反法西斯战争胜利七十周年庆祝活动。吴登盛总统与习近平主席和李克强总理在会晤时，就进一步增进双边交往、加强民众间的关系、借鉴中国水灾预防和恢复重建方面的经验、促进边境稳定与法制、密切经济贸易交往和促进皎漂经济特区发展等事宜深入交换意见。

2. 双边合作取得新进展

1 月 6 日，莱比塘铜矿项目调查报告执行委员会发表公告称项目应该继

---

① 《缅甸环球新光报》2015 年 9 月 1 日。

续实施，莱比塘铜矿项目当月得以复工。5月，缅甸开通了设有"今日中国""中国制造"等版面的中华网缅文版网页，为民众提供了解中国的新渠道。9月，中国工商银行仰光分行开业，设立了驻仰光代表处。10月，第十五届缅中胞波友谊节在中国瑞丽举行。12月，第十五届中缅边境贸易交易会在中国姐告贸易中心举行，缅甸商务部时任副部长彬山博士率团出席开幕式。12月30日，由中信集团牵头的跨国集团获得皎漂经济特区深水港项目和工业区项目的开发权。缅甸遭遇特大洪灾后，中国在第一时间向缅甸伸出了援手。2015~2016财年前10个月，中缅贸易额超过90亿美元。缅甸主要向中国出口农牧渔产品和矿产品，从中国进口日用品和工业原料。截至2016年2月底，中国以126个项目、190亿美元继续保持缅甸外资最大来源国地位。[①]

（二）与日美关系不断升温

1. 缅日关系持续密切

（1）双边互访频繁

2015年5月13日，日本首相特别顾问到访缅甸。7月3~6日，吴登盛总统前往日本出席第七届湄公河-日本峰会，并与日本签署了土瓦经济特区建设合作协议。吴登盛总统刚回国，日本便于7月7日派出了缅甸民族团结特使前往缅甸，就缅甸民族和解问题进行斡旋，并得到吴登盛总统和国防总司令敏昂莱大将的接见。11月19日，吴登盛总统会见了到访的日本政府特使和日本基金会主席一行，双方就增进日缅友好关系和成功建设迪洛瓦工业区等事宜进行了磋商。

（2）经济合作密切

3月，日本政府与缅甸签署协议，通过联合国机构向缅甸边境事务部提供共计1957万美元援助，用于向克钦邦、钦邦、掸邦北部的少数民族聚居

---

① 《中国在缅投资居首位》，中国驻缅甸大使馆经商参处，http：//mm. mofcom. gov. cn/article/jmxw/201603/20160301281207. shtml。

区提供粮食等紧急援助项目，以及向仰光省需要帮助的人们提供帮助。① 6月，日本政府和缅甸政府就迪洛瓦经济特区项目签署援助换文和贷款文件，承诺为迪洛瓦经济特区开发一期工程的基础设施建设项目提供255.88亿日元的贷款。10月，日本与缅甸签订协议，为仰光环城铁路改造升级项目、国家电网升级改造项目、东西经济走廊上的三座桥梁升级改造项目提供发展援助贷款995.5亿日元。该贷款年息为0.01%，宽限期为10年，加上偿付期30年，共计贷款时限为40年。2015年，日本的三菱日联银行（BTMU）、三井住友银行（SMBC）和瑞穗银行（Mizuho）相继在缅甸开设分行。

2. 缅美关系继续缓和

（1）美国高度关注缅甸大选

2月，美国资深助理国务卿斯科特·马希尔（Scot Marciel）访问缅甸，就美国帮助缅甸举行2015年大选和邀请国际观察员等事宜与缅甸选举委员会进行了商谈。缅甸大选投票结束后，美国总统奥巴马专程致电吴登盛总统，讨论大选顺利结束后的双边合作。11月中旬美国亚太事务助理国务卿拉塞尔访缅，与吴登盛总统和敏昂莱大将就平稳交权和美缅两国关系等事宜交换意见。

（2）缅美经济合作发展迅速

由于缅甸进行政治经济改革，美国政府已于过去三年逐渐放宽了对缅投资与贸易的限制。12月8日，美国宣布临时放宽对缅甸的经济制裁，期限为6个月。在此期限内，将不会对通过海港运输的货物进行经济制裁。缅甸与美国的贸易额虽然总量偏少，但呈现逐渐上升的趋势。2014年两国贸易额仅为1.85亿美元，但截至2015年10月，本财年双边贸易额已达3.061亿美元。

（三）缅印关系保持稳定

2015年，缅印一度因印度军队越境进入缅甸而出现紧张局势，但基本

---

① 《缅甸环球新光报》2015年3月20日。

保持稳定。1月，缅甸副总统赛貌康博士对印度进行友好访问，并会见了印度总统慕克吉和总理莫迪。2月，印度商务工业部部长访问缅甸并与吴年吞副总统会谈，商讨格勒丹河综合开发项目、促进两国贸易、建设贸易口岸等事宜。6月，印度军队越境进入缅甸打击本国叛军，缅甸紧急向边境地区增兵。随后，印度派出国家安全顾问访缅，与敏昂莱大将会谈。7月，敏昂莱大将应邀访问印度，并参观了印度飞机制造厂和潜水艇。11月18日，印度总理莫迪致电吴登盛总统，对缅甸成功举行大选表示祝贺。截至2015年10月，本财年缅印的海运和边境贸易总额为8.26亿美元，其中缅甸出口5.61亿美元，进口2.65亿美元。

（四）加强与其他东盟国家的合作

1. 与中南半岛国家的关系发展迅速

1月29日，泰缅边境贸易交易会在泰国湄索举行。泰国曼谷银行于5月28日在仰光设立分行。7月，第八届缅泰联合委员会会议期间，双方签署了两国公民持普通护照互免签证协定。据该协定，缅泰两国公民通过国际机场出入可免签证居留14天。缅泰还就增开口岸事宜进行了磋商，计划开放德林达依省丹老县的孟丹山为新的边境贸易口岸。

2015年是缅越建交40周年。3月中旬，吴登盛总统会见了来访的越南国家副主席阮氏缘，并邀请越南企业到缅甸经济特区投资建厂。5月29日，缅甸外长吴温纳貌伦与越南副总理兼外长范平明等一行举行了第八届缅越合作委员会部长级联席会议，就加强两国在政治、经济、文化、社会发展等多个领域的合作交换了意见。11月，越南在仰光举行商品交易会，推介本国产品。

6月22日，第七届柬埔寨 - 老挝 - 缅甸 - 越南（CLMV）峰会在内比都举行，与会国家首脑一致同意，为了本地区经济社会和文化事业的发展，携手共同努力。会议讨论通过了11项行动纲领。6月23日，第六届伊洛瓦底江 - 湄南河 - 湄公河经济合作战略组织（ACMECS）峰会在内比都举行。本次峰会讨论了贸易投资便利化、农业、工业、能源合作、交通运输与旅游合作、人力资源开发、卫生、环境保护等相关议题，并通过了2016～2018年该组织的战略目标和行动纲领。在以上两届会议商定的行动纲领中，缅甸是农业、能源和工业领域合作的牵头国家。

2. 与东盟海岛国家的关系稳步推进

2月，在新加坡资政吴作栋到访缅甸后，两国部长级联合工作委员会重新启动，主要致力于贸易与投资、财政和法律三方面的合作。7月，新加坡大华银行在仰光的分行正式开业，并计划为缅甸的城市发展和工业发展项目提供贷款。同月，缅新签署了技术合作谅解备忘录，新加坡将为缅甸的技术发展提供支持。新加坡的Sembcorp Industries集团的分公司Sembcorp电力公司获得缅甸电力部国家电力公司的电力合同，计划在曼德勒敏建县内建一个装机容量为225兆瓦的天然气发电厂，以缓解曼德勒的用电压力。

在吴登盛总统3月访问马来西亚期间，两国领导人就缅甸公民到马来西亚务工问题和两国互免签证等事宜进行了商谈。4月及11月，吴登盛总统先后到马来西亚出席第二十六届东盟领导人峰会、第二十七届东盟峰会和相关会议。

（五）国际援助纷至沓来

3月10日，缅甸与欧洲投资银行签订框架协议。欧洲投资银行将在缅甸开展贷款、保险业务，为缅甸提供金融业务帮助，并在政府批准的前提下向缅甸私营企业直接提供技术援助和资金管理使用技术帮助。4月，世界银行对外宣布了一项对缅援助新计划。除技术援助外，世界银行还将为缅甸提供16亿美元的信用借贷和援助，并通过世界银行的私营企业投资部提供10亿美元，帮助缅甸发展农业、加强农田土地管理和提高农业种植技术。① 这是世界银行30年来首次与缅开展全方位合作。5月15日，亚洲开发银行与缅甸签署了支持中小企业贷款框架协议，就缅甸中小企业发展所需的资金、

---

① 参见《缅甸新光报》（从2014年9月开始成为合资报刊，改名为《缅甸黄芪新光报》），2015年4月25日。

保险等提供支持。9 月 9 日，亚洲开发银行与缅甸财政部签署协议，为缅甸发展私营业和银行业提供技术援助，支持缅甸拓展金融服务业和加大与国际金融组织的交往。12 月 18 日，欧盟宣布将为缅甸提供 7000 万欧元的资助，用于提高食品和营养安全、改善警务和增强法治、支持和平进程。

五 全面参与大湄公河次区域合作与澜湄合作机制

2015 年以来，缅甸一如既往地积极参与 GMS 合作，承办并参与了一系列重要会议，推动创建澜湄合作机制，充分展示了其参与和促进次区域合作的意愿和主动性，与其他 GMS 国家在能源、互联互通和安全领域的合作取得明显进展，并获得亚洲开发银行多个援助项目。

（一）积极承办和参加 GMS 会议

1. 成功承办系列会议

2015 年 1 月 29 日，缅甸在内比都举办了第四次 GMS 环境部长会议。缅甸副总统赛茂康出席开幕式并讲话。本次会议发表了《第四次大湄公河次区域环境部长会议联合声明》，再次强调了各国对促进经济与自然协同可持续发展的承诺。6 月 9～10 日，缅甸电力部和亚洲开发银行联合在浦甘举办了 GMS 电力贸易协调委员会第 18 次会议，通报以跨境项目为主的电力发展计划进展。8 月 18～19 日，缅甸在内比都举办了城市发展工作组第 4 次会议。会议讨论了城市竞争力的概念，并认为提升城市竞争力是加强次区域合作与互联互通的途径之一。[①] 9 月 9～10 日，缅甸在内比都承办了 GMS 第 20 次部长级会议，时任副总统吴年吞在开幕式上致辞。会议审议了 GMS 城镇化发展战略框架，通报了区域投资框架合作项目规划执行计划落实情况及优先合作领域最新进展，并就如何有效推动 GMS 相关战略规划的实施，加强 GMS 合作机制与东盟经济共同体建设、"一带一路"等合作倡议的对接等议

---

① ADB，GMSe – Updates（March-September 2015），Vol. 9. Issue No. 1，p. 11.

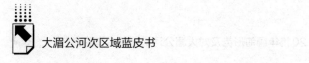

题进行了探讨。①

2. 积极参与 GMS 发展规划和澜湄合作机制创建

2015 年 6 月，缅甸参加了在昆明召开的第七届 GMS 经济走廊活动周暨经济走廊省长论坛，与中国、老挝、柬埔寨、泰国和越南就"建立更加紧密和积极的长期伙伴关系"开展了深入对话和探讨。8 月，缅甸参加了在柬埔寨金边举行的 GMS 交通论坛第 19 次会议，与会各方回顾了 GMS 交通合作进展，探讨了建立体系预防主要交通基础设施受到自然灾害破坏的可行性。此外，缅甸还积极参加了农业工作组第 12 次会议、环境工作组第 21 次会议、旅游工作组第 35 次会议等 GMS 会议。缅甸积极响应泰国和中国关于建立澜湄合作机制的倡议。2015 年 11 月 18 日，缅甸时任外长吴温纳貌伦参加了在云南景洪举办的首次澜湄外长会议。本次会议通过了澜湄合作概念文件，并发布联合新闻公报，正式建立了由大湄公河次区域 6 国共同推动的澜湄合作机制。在澜湄合作机制下，缅甸将加大与其他湄公河 5 国在互联互通、产能合作、跨境经济、水资源以及农业和减贫 5 个领域的合作力度。

（二）扩大能源合作

目前缅甸全国共有 43 个发电厂，总装机容量为 4987 兆瓦，其中水电厂占 69%，天然气发电厂占 29%，煤电厂占 2%。但可供电家庭仅占全国家庭总数的 30%，其余 70% 的家庭尚无法供电，非常需要扩大电力的生产。电力需求从年均 13% 增长至年均 15%。② 因此能源，尤其是电力，是缅甸参与大湄公河次区域合作需大力推进的合作领域之一。

1 月 28 日，中缅原油管道工程试投产，缅甸首个国际原油码头马德岛原油码头启用。马德岛港开港仪式在若开邦胶漂镇马德岛举行。为进一步促进双边电力合作，2015 年 1 月和 6 月，中缅电力合作委员会先后在内比都

① 张云飞：《大湄公河次区域经济合作第二十次部长级会议在缅甸举行》，新华网，2015 年 9 月 10 日，http：//news. xinhuanet. com/fortune/2015 – 09/10/c_ 128217190. htm。

② 《缅甸环球新光报》2015 年 6 月 23、24 日。

和北京举行了首次和第二次会议，就当前和今后的电力合作重点进行了商讨。为满足缅甸佤邦南邓特区的用电需求，云南电网出资于2015年6月对输电线路进行了升级。通过在原110千伏芒卡变电站新增一个35千伏出线间隔，将原降压运行的10千伏线路提升为35千伏电压等级运行。该跨境输电线路总长7.53公里，其中境内段长3.53公里，境外段长4公里。① 该线路已于6月28日顺利投产运行。

5月27日，缅甸电力部EDEN公司与日本丸红株式会社（Marubeni Corporation）及泰国全球电力有限公司（Global Power Synergy Public Co.，Ltd.）签署一项合作谅解备忘录。根据备忘录，缅甸电力部将与日本和泰国公司合作在仰光省丁茵镇区建设一个装机容量为400兆瓦的发电厂。② 6月15日，缅泰两国能源部和电力部又签署了合作谅解备忘录，在能源与电力方面开展更深入的合作。

（三）提升互联互通

2015年，缅甸与其他大湄公河国家的交通互联互通便利化得到进一步增强。2月4日，中缅在仰光举办了上海—仰光新海运线路开通仪式。该海运线路由世界上最大的船运公司Maersk旗下的亚洲分公司提供高等级直航海运服务，航程为13天，较过去上海至仰光大型船运行程所需的18天节省了5天的时间。③ 5月9日，缅甸与老挝之间的首座跨湄公河友谊大桥正式通车。该大桥位于掸邦东部大其力县姐勒镇与老挝龙尼丹镇区龙县新拱镇之间，于2013年2月正式动工，总造价2600万美元，两国各承担50%的工程费用。④ 首座缅老友谊大桥通车进一步方便了两国人员往来，对两国边境地区的经济和社会发展具有重大意义。越南VietJet航空公司在10月开通了仰

---

① 参见《中缅跨国电力线路成功升级》，新华网，http：//www.yn.xinhuanet.com/csg/2015 - 07/16/c_ 134417971.htm。

② 《缅甸环球新光报》2015年5月30日。

③ 《缅甸环球新光报》2015年2月6日。

④ 《老挝、缅甸两国间的第一座跨湄公河大桥通车》，国际在线，http：//gb.cri.cn/42071/ 2015/05/09/5311s4956922.htm。

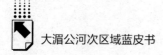
光至胡志明市的新航线。12 月，连接印度英帕尔、缅甸浦甘和泰国彭世洛
的印缅泰国际公路开始试通车。缅甸政府迅即批准了仅 30 家国内企业从事
该公路的跨境物流服务。同时，缅甸和泰国及印度正在完善该公路的运输合
作协议，以促进人员流动和货运的无缝衔接。

（四）加强安全合作

1. 军方高层频繁互访

1 月 12 日，泰国皇家部队海军和空军司令访问缅甸，与缅甸国防军
总司令敏昂莱大将就加强两军合作与互派代表团进行了洽谈。8 月 20 日，
中国驻缅甸大使洪亮拜会缅甸国防军总司令敏昂莱大将，就加强两军友好
关系进行了磋商。8~9 月，缅甸国防军副司令、陆军总司令索温副大将
前往老挝、泰国和中国进行访问，探讨地区形势、两军关系和未来合作
事宜。

2. 开展联合执法

2011 年 10 月湄公河惨案发生后，中老缅泰从当年 12 月开始联合在湄
公河流域打击走私、贩毒、偷渡等跨境犯罪行为，维护湄公河流域的航运安
全。2015 年 12 月 22~26 日，缅甸派出指挥官和 1 艘执法船，参加为期 4 天
的中老缅泰第 41 次湄公河联合巡逻执法。在本次联合巡逻执法中，四国共
派出 10 艘执法船，除了在金三角水域开展公开查缉和走访，还进行禁毒
宣传。

（五）获得亚洲开发银行多项援助项目

亚洲开发银行是大湄公河次区域合作的倡导者和支持者。缅甸与亚洲开
发银行保持着良好的合作关系，并得到亚洲开发银行的有力帮扶。2015 年，
亚洲开发银行共批准在缅甸新开展 9 个援助项目（详见表 1），通过提供无
偿援助、贷款、补充融资和技术援助等方式帮助缅甸发展社会经济，进一步
提高缅甸参与 GMS 合作的能力。

表 1 2015 年亚洲开发银行新批准在缅甸实施的项目情况

序号	项目名及编号	项目类别	项目概述
1	东西经济走廊 Eindu—Kawkareik 道路改善计划（编号:46422–003）	贷款	亚洲开发银行为缅甸提供 1.2 亿美元贷款,用于改善克伦邦 Eindu 至 Kawkareik 间的 66.4 公里道路。该路段为双向车道,将按照 GMS 公路网建设标准设计和施工,并将提升路面,确保在汛期仍可通行。项目预计完成日期为 2020 年 3 月 31 日
2	提升东西经济走廊贫困者及妇女经济能力项目（编号:48322–001）	援助	亚洲开发银行拨款 300 万美元,通过提供商业技能培训、融资等方式,支持东西经济走廊中小企业发展,为贫困者及妇女提供更多就业机会和经济机遇。项目预计完成时间为 2020 年 6 月 30 日,涉及缅甸孟邦的昌宋岛（Chaungzon Island）、吉桃（Kyaikhto）、毛淡棉（Mawlamyine）和穆栋（Mudon）
3	输电项目（编号:46390–002）	贷款	亚洲开发银行提供 8000 万美元贷款,通过新建多条 230 千伏的输电线路,新建或改建多个适用于 230 千伏输电的变电站,确保缅甸各地尤其是仰光地区的供电,项目预计完成时间为 2019 年 12 月 31 日
4	全国通信项目（编号:49116–001）	补充融资及贷款	亚洲开发银行承诺提供 3 亿美元补充融资,并批准提供 1.5 亿美元贷款,为缅甸改善通信基础设施,在 5 年内将通信覆盖率提升到 80% 以上,同时把通信服务价格降到城乡居民可承受的范围内
5	敏建天然气发电厂项目（编号:48368–001）	贷款及补充融资	亚洲开发银行为缅甸提供 4220 万美元贷款,并协助融资 2.2 亿美元,用于在其中部城市敏建（Myingyan）建设和运作装机容量为 250 兆瓦的复合循环天然气厂
6	曼德勒城市服务提升项目（编号:47127–002）	援助贷款相结合	亚洲开发银行为缅甸提供 400 万美元援助款和 112.8 万美元贷款,改善曼德勒的供水系统、废水处理系统,加强城市服务管理能力。预计完成时间为 2023 年 9 月 30 日
7	提升公路网管理和安全项目（编号:46370–002）	技术援助	亚洲开发银行投入 200 万美元,为缅甸公路管理部门提供咨询和培训,预计完成时间为 2018 年 1 月 31 日
8	青少年就业技能开发项目（编号:48431–002）	技术援助	亚洲开发银行提供 100 万美元,为缅甸政府提供技术援助,帮助发展职业技能培训。项目完成时间为 2017 年 3 月 31 日
9	加强法律法规并改善投资环境（编号:49287–001）	技术援助	亚洲开发银行提供 125 万美元,为缅甸完善商业和私人投资立法提供协助,使缅甸商业法律法规更好地与国际接轨,提高政府官员落实法律法规的技能,改善缅甸投资环境。项目预计完成时间为 2019 年 12 月 31 日

资料来源：根据亚洲开发银行网站整理, http://www.adb.org/projects/myanmar。

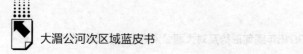

综上，2015 年缅甸政局总体稳定，局部仍有动荡。民盟在大选中胜出，获得新政府的组阁权。吴登盛政府与部分民地武签署了全国停火协议，民族和解取得实质性进展。受水灾和外资减少的影响，缅甸的经济增长速度有所放缓，但工业和第三产业的发展成效可圈可点。缅甸继续积极融入国际社会，与中、日、美、印及其他东盟国家保持良性互动。缅甸对内改革、对外开放的努力也得到了众多国际组织的认可，大量国际援助相继涌入。2016年缅甸政治、经济继续保持稳定发展势头，与中国的关系基本向好，在此形势下，中缅两国有望继续深化多边合作，实现互利共赢。

B.13

2015年泰国形势及对大湄公河次区域合作的参与

邹春萌　王　闯*

摘　要：　2015年以来，泰国政治局势仍存在诸多变数，如针对前总理英拉的弹劾案持续发酵、曼谷爆炸案及新宪法草案被否决，政治僵局未能打破。2015年泰国经济缓慢复苏，逐渐恢复到正常增长速度，旅游业表现不俗，但外资外贸发展欠佳。外交方面，泰国军政府的强力管制以及社会改革使外交局面趋于好转，但泰美关系略有波折。同时泰国积极参与大湄公河次区域合作和澜湄合作，在基础设施建设、旅游业、农业、金融等方面的合作取得新成果。

关键词：　2015年　泰国形势　大湄公河次区域　区域合作

自2014年泰国发生军事政变以来，泰国政治僵局持续。2015年巴育军政府继续对前总理英拉在大米典藏案中的渎职和贪腐行为进行清算，最高法院对英拉提起刑事诉讼。军政府起草的新宪法草案遭到否决，意味着泰国大选将延期，加上曼谷爆炸案的影响，泰国正常社会秩序受到挑战，仍未走出政治僵局。2015年，因政治因素及国际经济形势欠佳，泰国经济复苏缓慢，全年GDP增长率略高于预期值，除了旅游业发展较好外，外贸外资持续下滑。外交方面，军政府逐渐扭转军事政变带来的不利局面，继续深化同中国

* 邹春萌，云南大学周边外交研究中心、云南大学国际关系研究院东南亚研究所副研究员、博士；王闯，云南大学国际关系研究院硕士研究生。

的外交关系，与周边国家关系稳定，但与美国关系变冷，出现了近年来少有的波动。2015 年，泰国继续深化 GMS 合作，在基础设施建设、旅游业、农业、金融等领域的合作取得新进展。

一 政治僵局仍未打破

2015 年上半年，巴育军政府针对前总理英拉在大米典藏案中的渎职和贪腐行为继续进行清算，泰国总检察署对英拉提出了刑事指控，各种政治势力激烈对抗；下半年，曼谷四面佛爆炸案增加了民众的焦虑情绪，给泰国政治稳定和旅游业带来了冲击；军政府起草的泰国新宪法草案被否决，大选进一步推迟，泰国的民主进程受阻。

（一）军政府借"英拉弹劾案"继续打压他信政治势力

2015 年 1 月，泰国国会通过了对前总理英拉的弹劾案，意味着英拉 5 年内不得从政。进而，泰国总检察署又对英拉在大米收购计划中的渎职行为提出刑事指控，如果罪名成立，英拉将面临最长 10 年的监禁。英拉遭弹劾源于"大米典藏案"。2011 年，为了赢得农民的信任和增强新政府的合法性，英拉政府以高于市场的价格从农民手中收购大米，但因收购的大米价格过高，销售困难，国家财政没有足够的流动资金支付农民，无法兑现预期承诺而引发农民和反对派的不满。加之收购计划的运作过程中存在大量的腐败和渎职问题，令该计划远远达不到预期的效果，最后成为引发国内危机的导火索，"红衫军"和"黄衫军"持续对抗致使军方发动政变接管政府权力，英拉被军政府赶下政坛。英拉对于针对她的一切指控始终持否认态度。9 月 29 日，英拉向法院提起刑事诉讼，指控泰国总检察长办公室处理她所涉大米收购案时有失公允，正式拉开了反击巴育军政府的序幕。①

---

① 《英拉发公开信为大米收购计划辩护：我是清白的》，中国新闻网，http://news.xinhuanet.com/world/2015 - 11/12/c_ 128420167.htm，2015 年 11 月 25 日。

事实上，军政府对英拉的弹劾以及后续的刑事指控主要有两个目的：一是为2014年军方的军事政变增加政治正当性。之前反英拉政治运动的导火索是"大米典藏案"，最后以军方发动军事政变告终，军政府希望打压他信阵营，通过弹劾和刑事指控他信阵营的政治代理人——英拉而平衡他信阵营与反他信阵营和其他政治力量，从而不断增强军政府的合法性。二是为大选做好铺垫。他信派得到中下层选民的政治拥护和支持，英拉5年内不能从政，是对他信集团的沉重打击，这样有利于新宪法草案的通过和降低未来大选的变数。但是军政府打压和削弱他信集团的政治势力也面临着巨大的政治风险，他信集团在下层民众中仍然具有很高的威望，严厉打压的政策可能会激起其支持者的反抗，从而引发新的社会动荡。

（二）曼谷爆炸案引发恐慌

2015年8月17日，泰国曼谷市中心著名旅游景点四面佛附近发生爆炸，造成20人遇难，100多人受伤，其中大多数为外国游客。起初外界普遍猜测这是泰国国内政治斗争升级的标志，纷纷担忧泰国社会陷入持续动荡和冲突的旋涡中。9月28日泰国警察署宣布曼谷爆炸案告破，犯罪分子来自人口走私集团。

泰国社会长期存在安全问题。泰国南部穆斯林分离主义一直比较活跃，宗教极端分子经常潜入泰国南部重要的地区进行恐怖活动。自泰国爆发军事政变以来，借中央政府的乱局，南部极端分子使用汽车炸弹制造了多起恐怖活动。泰国希望同马来西亚合作，共同打击泰南的分裂势力，但收效甚微。另外，泰国人口贩卖和偷渡问题严重。泰国作为世界著名的旅游胜地，每年会吸引大量的国外游客，游客丢失护照的案件时有发生。泰国海关有关人员运用职务之便把护照卖到黑市，使泰国逐步形成一条非法偷渡和贩卖人口的产业链。泰国国内复杂紧张的政治局面与特殊的地理位置日益成为极端分子偷渡到中东国家或地区的跳板和滋生国际恐怖主义的温床。

虽然最后确定此次爆炸案是偷渡组织针对政府打压政策的报复，但对泰国社会安全、政治派系博弈、经济发展带来了巨大影响。爆炸案刚发生时，泰国各政治派别包括前总理英拉均纷纷发表声明谴责恐怖行为，各政治势力表现出强烈的政治团结性，但从另一侧面也反映出泰国各政治派别的激烈博弈。其一，每一个政治派系都希望借助强烈谴责爆炸案来捞取政治资本，争取赢得更多民众的支持，为大选做准备；其二，如果查明是某一个派别为了反对军政府而实施的恐怖行为，那么就可以借军政府来打压或消灭政治对手。爆炸案给刚刚恢复国际形象的军政府再次蒙上阴影。

（三）新宪法草案被否决，民主回归进程被迫推迟

自 2014 年 7 月起，巴育以维和委员会主席身份宣布实施的临时宪法一直延续至今。2015 年 9 月 6 日，泰国国家改革委员会就新宪法草案进行表决。247 名委员中仅 105 人投赞成票，未能获得所需的至少 124 票赞成，新宪法草案就此"流产"。新宪法草案遭到否决，意味着大选必定延期，泰国民主回归进程被迫推迟。

新宪法草案被否决一方面是因为巴育军政府本来就不想让新宪法草案通过而进行民主大选，军政府还没有积聚足够的力量来确保在大选中获胜；另一方面是因为泰国各政治派别斗争激烈，难以达成政治上的统一，各政治派别均希望借新宪法草案同军政府进行谈判以获得政治资本。新宪法草案最核心的内容包括设立国家改革及和解战略委员会、允许非内阁成员担任总理、参议员大多由任命而非选举产生，并规定新宪法实施后将设立 5 年过渡期，这期间一旦出现动乱或政治僵局，委员会有权随时接替民选政府。[①] 泰国几乎所有党派都对该宪法草案予以抨击，认为这会让军事政变合法化，使国家向民主选举的过渡变得更为艰难。

---

① 《新宪法草案遭否　泰国政局添变数》，新浪国际新闻，http://news.sina.com.cn/w/2015－09－07/doc-ifxhqhui4900699.shtml，2015 年 9 月 7 日。

新宪法草案被否决有利于军政府继续执政。2014 年军事政变以后，面对国际社会的一致谴责，巴育政府提出的方案是分"三步走"，即建立过渡政府、制定新宪法、举行选举。目前新宪法制定陷入僵局意味着过渡政府将继续执政，而接下来的大选也将继续延期。新宪法草案被否决也清晰地表明了泰国各政治派别仍缺乏共识，为政局走向增添了动荡因素。泰国政局似乎又陷入了民主改革不成功、军事政变和军人执政、政治改革艰难进行、各政治派别激烈对抗的政治怪圈中，泰国走出政治僵局任重而道远。

二　经济复苏缓慢

2015 年，泰国军政府继续稳定社会经济秩序，采取一系列措施促进经济发展，GDP 增长率略高于预期目标，旅游业虽受到曼谷爆炸案的影响，但发展依然强劲，而外贸外资持续下滑，工农业增长乏力，经济复苏缓慢，缺乏长期增长的动力。

（一）GDP 增略超预期目标

为了振兴经济，军政府在资本管控、投资及资金扶持等方面采取了一系列的刺激政策。4 月 30 日，泰国央行放宽对资本外流的限制，允许泰国人自由买卖 500 万美元外汇用于储蓄，可在海外购买价值超过 5000 万美元的房产。此举有利于抑制泰铢走强，促进出口。同时，内阁决定向参与收购国家库存粮食的 140 家企业提供利率为 3% 、总额为 5.82 亿泰铢的贴息，以减少国库存粮，增强政府资金流动性。5 月，为了鼓励国人投资海外，政府放宽了五类投资外国证券及债券的法人限制，在共同基金、储备基金、养老基金、金融公司或上市公司有 50 亿泰铢资产的法人都可以进行海外投资。为了缓解财政赤字、促进基础设施建设、扩大就业和刺激居民消费，内阁设立全国首个基础设施基金（即政府未来基金）。10 月，内阁批准 374 亿泰铢的乡村金融计划，用于贫困地区的基础设施建设，并投

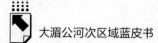
入 400 亿泰铢用于全国公路翻修和维护，投资近 2000 亿泰铢用于解决全国贫困问题，还增加总额近 180 亿泰铢的社区基金，每社区 100 万泰铢。此外，军政府决定推迟增值税调整，以刺激消费、扩大内需；泰国储备银行签署了援助中小企业信贷协议，提供 1000 亿泰铢的低息贷款，助推中小企业发展。

在一系列政策措施的推动下，2015 年全年泰国 GDP 增长 2.8%，略高于 2.75% 的预期值。由于汽油、柴油、肉类、蔬果等产品价格大幅下滑，全年通货膨胀率仅为 0.90%，创六年来的新低，一般消费价格指数略有回升，达到 6.3%。政府外债为 1320 亿美元，同比下降 6.2%。全年泰国平均失业率达到 0.88%，截至 12 月底有 34.66 万人仍处于失业状态，泰国经济复苏仍然面临很大的压力。[1]

从各季度的经济发展来看，第一季度泰国 GDP 同比增长 3.0%，较上年的负增长有较大提高，但整体经济复苏仍迟缓，农产品价格持续走低。[2] 第二季度，严重的旱情导致种植季节推迟和其他农业经营活动减少，农业出现减产情况，出口继续萎缩，且家庭债务和不良债务有所增加，尤其是信用卡赖账不还情况增加 28%，民间消费疲软，虽然政府消费支出同比增长 4.6%，但 GDP 同比增长略有下降，为 2.8%。[3] 第三季度，政府支出、投资、民间消费和服务业出口收入增加，但经济活动和就业的复苏尚未涵盖各个经济部门，尤其是农业和渔业产量继续下降，加上世界经济尚未呈现明显复苏态势，出口持续疲弱，已经连续八个月同比下滑，农产品出口同比减少，其中稻米和木薯出口下降最为明显，汽车及零部件、电子零部件和橡胶的出口保持增长，GDP 同比增长 2.9%。第四季度，泰国整体经济得到国内

---

[1] 《泰国宏观经济数据 1979～2015》，泰国央行，https：//www. bot. or. th/Thai/Pages/default. aspx，2016 年 2 月 1 日。

[2] 《2015 年第一季度泰国 GDP 增幅低于 4% 预期》，中华人民共和国驻泰国大使馆经济商务参赞处，http：//th. mofcom. gov. cn/article/jmxw/201503/20150300906843. shtml，2015 年 3 月 3 日。

[3] 《2015 年上半年泰国经济增长 2.9%》，中华人民共和国驻泰国大使馆经济商务参赞处，http：//th. mofcom. gov. cn/article/jmxw/201508/20150801084497. shtml，2015 年 8 月 18 日。

支出尤其是政府部门加快支出以及家庭支出增加的支持，包括新年前的刺激消费政策和消费者赶在 2016 年消费税上调前加快订购汽车以及企业部门加大机械设备投资等，GDP 同比增长 2.8%。[①]

（二）外贸外资表现疲软

1. 对外贸易

2015 年全年，由于全球经济发展缓慢，原油和农产品价格下降，泰国出口连续三年收缩。据泰国海关统计，该年泰国对外贸易总额为 4170.29 亿美元，其中出口 2143.75 亿美元，下降 5.87%；进口 2026.54 亿美元，下降 11.02%，贸易顺差 117.21 亿美元。泰国主要以出口机电产品、运输设备、塑料和橡胶制品、农产品和烟草、贵金属制品五大类商品为主，出口商品的附加值和科技含量相对较低，出口的地区也主要以中国、美国和日本等大国以及马来西亚、缅甸和柬埔寨等邻国为主，出口市场没有进一步扩大。汽车及零配件、机电产品、运输设备和矿产品是主要的进口商品，国际原油价格持续走低降低了泰国国内石油消费的成本，对居民增加汽车和摩托车消费有一定的刺激作用。总体上来看，2015 年泰国对外贸易仍旧表现低迷，影响了泰国经济的复苏。

从国别来看，美国、中国和日本仍旧是泰国的三大贸易伙伴。2015 年，泰国对三国分别出口 240.58 亿美元、237.42 亿美元和 200.76 亿美元，除了对美国呈现 0.7% 小幅增长之外，对中国和日本出口均出现一定幅度的下滑，分别为下降 5.35% 和下降 7.66%，三国合计占泰国出口总额的 31.66%（详见表 1）。中国、日本和美国是泰国三大进口来源地，2015 年从三国分别进口 410.66 亿美元、312.36 亿美元和 138.64 亿美元，除了从中国进口继续保持增长外（增长 6.67%），从日本和美国进口分别出现 -12.03% 和 -4.91% 的负增长（详见表 2）。

---

① 《2015 年泰国经济增速好于预期，但未来仍充满挑战》，新浪财经，http://finance.sina.com.cn/money/forex/hbfx/2016 - 02 - 15/doc - ifxpmypf3081211.shtml，2016 年 2 月 15 日。

表1 2015年泰国对主要贸易伙伴的出口

单位：百万美元

	金额	同比（%）	占比（%）
美国	24057.92	0.70	11.22
中国	23742.08	−5.35	11.08
日本	20075.90	−7.66	9.36
中国香港	11830.37	−6.18	5.52
马来西亚	10189.70	−20.17	4.75
澳大利亚	9768.04	5.05	4.56
越南	8907.30	13.00	4.16
新加坡	8756.07	−16.21	4.08
印度尼西亚	7834.18	−17.61	3.65
菲律宾	5991.65	2.11	2.79
印度	5295.87	−5.68	2.47
柬埔寨	4958.48	9.57	2.31
德国	4287.43	−5.40	2.00
荷兰	4270.99	−7.36	1.99
老挝	4236.71	5.06	1.98

资料来源：中国驻泰国大使馆经济商务参赞处，http：//th. mofcom. gov. cn/article/jmxw/? 5。

表2 2015年泰国自主要贸易伙伴的进口

单位：百万美元

	金额	同比（%）	占比（%）
中国	41065.77	6.67	20.26
日本	31235.86	−12.03	15.41
美国	13863.59	−4.91	6.84
马来西亚	11917.25	−6.50	5.88
阿联酋	8164.99	−35.80	4.03
中国台湾	7529.97	−0.10	3.72
新加坡	7164.36	−9.13	3.54
韩国	7039.25	−17.65	3.47
印度尼西亚	6563.99	−9.82	3.24
德国	5546.98	−6.23	2.74
沙特阿拉伯	4931.47	−36.94	2.43
瑞士	4657.90	11.08	2.30
澳大利亚	4210.05	−22.24	2.08
越南	4050.39	2.86	2.00
缅甸	3566.09	−8.95	1.76

资料来源：中国驻泰国大使馆经济商务参赞处，http：//th. mofcom. gov. cn/article/jmxw/? 5。

从进出口的商品结构来看，汽车及零配件、电脑及零配件、珠宝首饰是泰国三大出口商品，2015年出口额分别为256.08亿美元、176.43亿美元和109.95亿美元。得益于旅游业的复兴，珠宝首饰出口取得了9.07%的增长。天然橡胶、大米和木薯制品仍是泰国出口排名前三位的农产品。机械设备及零配件、原油、电机及零配件是泰国三大进口商品，进口额分别为195.48亿美元、195.21亿美元和158.24亿美元，除了电机及零配件出现了3.49%的增长外，另外两种进口商品均出现了负增长，因国际原油价格暴跌，原油进口额下降了41.23%（详见表3）。

表3　2015年泰国主要进出口商品

单位：百万美元

出口商品	金额	同比（%）	占比（%）	进口商品	金额	同比（%）	占比（%）
汽车及零配件	25608.0	4.32	11.95	机械设备及零配件	19548.4	-8.55	9.65
电脑及零配件	17642.6	-3.66	8.23	原油	19521.2	-41.23	9.63
珠宝首饰	10994.7	9.07	5.13	电机及零配件	15823.9	3.49	7.81
塑胶粒	8261.5	-14.66	3.85	化工品	13107.8	-9.77	6.47
成品油	8060.6	-28.73	3.76	钢铁产品	10554.9	-17.55	5.21
集成电路	7729.6	3.12	3.61	汽车零配件	10005.8	10.42	4.94
机械设备及零配件	7066.6	-2.08	3.30	集成电路	9436.5	-2.60	4.66
橡胶制品	6850.9	-14.43	3.20	钻石、宝石、银条、金条	9326.7	5.15	4.60
化工品	6406.6	-25.53	2.99	电脑及零配件	7449.3	-5.74	3.68
钢铁产品	5317.8	0.89	2.48	其他废旧金属	7040.8	-10.51	3.47
天然橡胶	5056.6	-16.02	2.36	家用电器	6807.2	-4.17	3.36
大米	4612.9	-15.18	2.15	植物	6342.3	1.33	3.13
空调及零配件	4593.8	-0.35	2.14	天然气	5387.3	-18.20	2.66
电器及零配件	3892.5	-1.87	1.82	金属制品	3971.0	-12.28	1.96
海鲜罐头	3739.7	-13.25	1.74	塑料制品	3746.3	0.83	1.85
手机及零配件	3666.8	-8.68	1.71	科学工具、用具	3717.7	-1.40	1.83
塑料制品	3600.8	-4.21	1.68	飞机及零配件	3306.6	0.94	1.63
木薯制品	3508.2	-1.57	1.64	成品油	2986.2	-46.34	1.47

资料来源：中国驻泰国大使馆经济商务参赞处，http://th.mofcom.gov.cn/article/jmxw/？5。

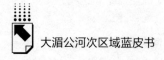

2. 外来投资

2015 年外国投资者看衰泰国经济，泰国外来投资下降明显。泰国投资促进委员会（BOI）公布的数据显示，2015 年泰国共批准海外直接投资项目 1151 个，总值 4936.9 亿泰铢，同比下降 32.32%。① 其中 592 个项目为扩大原有项目投资规模，总值达 3284.33 亿泰铢，新增投资项目总额为 1652.57 亿泰铢。

从国别来看，日本仍然是泰国第一大投资来源国，投资项目达 426 个，总投资额为 1440 亿泰铢；排名第二位的为新加坡，总投资项目为 122 个，投资总额为 399 亿泰铢；印度尼西亚因投资航空公司而超越中国跃居第三位。中国以投资总额 133 亿泰铢位列第四，同比下降 21%；欧盟的投资额也从 2014 年的 867 亿泰铢，下降到仅为 20 亿泰铢；来自美国的投资也大幅下降。② 从投资的领域来看，主要集中在机械设备、替代能源、农产品加工业、食品业、科技及创新技术产业、数码经济等。泰国政府有意识地引导国外投资者向铁路、高速公路等基础设施领域进行投资。

（三）工农业发展受阻，旅游业保持不俗表现

因受到干旱天气以及农业灌溉设施落后的影响，2015 年泰国农业发展受阻。农作物生产同比萎缩 5.8%，大米出口减少，年出口大米 1000 万吨，世界第一大大米出口国地位让位于印度（出口大米 1100 万吨）。③ 种植面积减少和减产的农作物还包括饲料用玉米、工厂加工原料菠萝、橡胶、油棕等。2015 年全年，泰国农业总产值同比下降 4.2%，农产品价格指数和农民

---

① 《2016 年泰国促投目标 4500 亿铢》，中华人民共和国驻泰王国大使馆经济商务参赞处，http://th.mofcom.gov.cn/article/jmxw/201601/20160101232476.shtml，2016 年 1 月 12 日。

② UPDATE：Foreign investment in Thailand plunges 78%，Vietnam sets record，*Bangkok Post*，12 Jan 2016，http://www.bangkokpost.com/business/news/823528/boi-falls-far-short-of-2015-investment-target.

③ 《2015 年泰国大米出口不敌印度》，《泰国世界日报》，http://info.jctrans.com/news/myxw/20161122209273.shtml，2016 年 1 月 12 日。

收入分别下降了5.9%和10.8%。①

由于对外出口乏力和国内居民消费不足，2015年泰国工业生产指数虽然同比增长3%，但产品出口（不包括黄金在内）出现4.6%的萎缩。萎缩的产业分别有电子设备产业、电器产业、纺织和服装产业。2015年全年，泰国工业总产值同比小幅增长0.9%，其中制造业产值达6689亿泰铢，占GDP的比重为23.06%。②

2015年，泰国旅游局推出一系列新的特色旅游项目，有效地刺激了旅游业的发展，该年游客数量增长20.4%，旅游业收入增加22.0%，达2.21万亿泰铢，约占国内生产总值的10%。在对外贸易受阻、外商投资疲软的不利影响下，旅游业成为拉动经济增长的重要力量。旅游业的迅速发展带动了其他服务行业的发展，如酒店与宾馆、运输与通信、金融以及教育等。泰国经济与社会发展委员会（NESDB）公布的数据显示，酒店和餐饮业收入实现14%的增长，国外游客平均入住率为61.7%。③

三 对外关系形势有所好转

2015年，泰国逐渐摆脱军事政变给国家带来的负面影响，对外关系形势趋好。泰中关系进一步深化，积极推动与日本及邻国的合作，但是由于与美国的政治分歧，与欧美国家关系略有波折。

（一）泰中建交40周年，进一步深化政治经济合作

2015年是泰中建交40周年。7月18日，纪念中泰建交40周年庆祝活动在曼谷举行，活动由曼谷中国文化中心、泰中文化促进委员会和中国对外

---

① Office of the National Economic and Social Development Board（NESDB），http：//www.nesdb.go.th.

② Office of the National Economic and Social Development Board（NESDB），http：//www.nesdb.go.th.

③ Office of the National Economic and Social Development Board（NESDB），http：//www.nesdb.go.th.

文化交流协会共同举办。借此次活动中泰双方一致决定要在文化、金融、基础设施建设方面加强合作。7月21~24日，中国全国政协主席俞正声对泰国进行正式友好访问，分别会见泰国诗琳通公主、总理巴育、枢密院主席炳，并与立法议会主席蓬贝举行会谈，双方强调继续弘扬传统友谊，促进"一带一路"建设。除了在经济和文化方面加强合作外，中泰在军事方面的合作有所加强。2月6日，中国国防部部长常万全与泰国副首相兼国防部部长巴维在曼谷举行会谈，一致同意加强军事合作，包括开展联合军事演习等。泰国希望通过加强与中国的关系来表明泰国军政府坚持国家政治独立性的决心。

2015年中泰铁路合作取得重大突破。9月18~20日，泰国总理巴育访问中国，参加中泰建交40周年庆祝活动，并出席中国 - 东盟博览会。会议期间，泰总理特使、副总理塔纳萨表示，密切双方合作，确保中泰铁路项目尽快落实。12月19日，中国国务委员王勇和泰国副总理巴金出席了在泰国大城府举行的中泰铁路清惹克侬调度中心启动仪式。作为"一带一路"战略框架下的重要工程，中泰铁路的建设不仅对中国具有较大的政治、经济意义，同时会对改善泰国基础设施特别是铁路设施、缩小南北经济差距、带动旅游业继续发展产生积极作用。

中国仍旧是泰国最重要的贸易伙伴，是泰国的第一大进口来源地和第二大出口市场。据泰国海关统计，2015年全年，泰中双边货物进出口额为648.08亿美元，增长2.3%。其中，泰国对中国出口237.42亿美元，下降5.35%，占泰国出口总额的11.08%；自中国进口410.66亿美元，增长6.67%，占泰国进口总额的20.26%。中国对泰国贸易继续保持顺差，达到173.23亿美元，同比增长26.26%，是泰国第一大贸易逆差国。从进出口商品的结构来看，塑胶粒、天然橡胶和木薯制品是泰国向中国出口的主要商品，分别达到27.17亿美元、24.99亿美元和22.71亿美元，分别占泰国向中国出口商品总额的11.44%、10.53%和9.58%；从中国进口前三位的商品是电机及零配件、机械设备及零配件和家用电器，分别达到62.51亿美元、43.96亿美元和40.05亿美元，增长率分别为21.71%、8.42%和

－3.20%。据泰国投资促进委员会统计，2015年中国对泰国直接投资达到
133亿泰铢，同比下降21%，投资的领域主要是制造业、批发零售业、租赁
和商业服务等行业。

（二）与欧美国家关系略有波动，与日本关系紧密

2015年，美国试图重新把泰国军政府培养成"美国式民主"的政府，
但是巴育军政府坚持泰国政治和司法的独立性，这让泰美关系遇冷。由于
2015年泰国不再享受欧盟普惠制待遇，泰国和欧盟的贸易受挫。泰国围绕
引进日本新干线项目，积极寻求与日本的合作，泰日高层互访频繁。

泰国拥有良好的地缘优势、比较发达的经济、开放的外交策略，是美国
重返亚太的重要基地，泰美同盟关系比较稳固。2014年军事政变，巴育军
政府把亲美的英拉赶下台，美国表示强烈不满。2015年1月28日，美国负
责东亚与太平洋事务的助理国务卿拉塞尔表示，泰军政府应尽早解除戒严
令，否则会逐渐在国际友人中失去信誉。巴育政府对此很不高兴，认为美国
干涉泰国内政。2月9日的泰美军事演习规模也因美国对泰国军政府的担忧
而缩水。泰国的军事政变给美国重返亚太战略的实施带来了障碍，当然遭到
美国的谴责，欧洲国家作为美国传统的盟友，与美国态度保持一致。泰国认
为，军政府有能力树立新的国家形象，泰国政府和民众普遍认为，欧洲和美
国对泰国的压力是暂时的，美国终究会承认并且加强与军政府的友好关系。
所以泰国军政府对军事政变以来美国的打压政策一直持比较激烈的反对态
度，而有效的反击策略就是不断加强与中国和俄罗斯的外交关系，泰国总理
巴育在2月宣称"美国是亲密盟友，但中国比美国懂我们"。[1] 此举意在向
美国表示，泰国希望把美国推向一个进退两难的境地从而逼迫美国在事实上
真正承认和支持军政府。

日本是泰国传统的经济伙伴。2015年2月8日，巴育访问日本，会见

---

[1] 《泰国总理巴育：美国是亲密盟友但中国比美国懂我们》，凤凰资讯，http://
news. ifeng. com/a/20150211/43154292_0. shtml，2015年2月11日。

了日本首相安倍晋三，就泰国建设连接缅甸边境西部至曼谷到东部的东西路线与日本展开合作。另外，曼谷到清迈的高铁项目也积极争取日本的资金和技术支持。泰国一方面和中国就其北部四条标准铁路展开合作，另一方面也积极争取与日本在东西走向铁路甚至是未来高铁项目上的合作。泰国的意图是给予中日双方一定的压力，争取压低投资资金比例和利率；同时也是出于不得罪中日两大经济强国的考虑，既促进本国基础设施建设，也保证政治上的灵活性。针对"伊斯兰国"（"ISIS"）向东南亚地区扩散的趋势，巴育强调要和日本加强反恐合作。泰国希望通过经济合作促进泰日政治和军事合作，借助日本的力量来遏制愈演愈烈的国内恐怖主义。

据泰国海关统计，2015 年全年，泰国向美国出口额为 240.58 亿美元，同比增长 0.7%，自美国进口额为 138.64 亿美元，同比下降 4.91%；泰国对欧盟 28 国出口总额为 216.29 亿美元，同比下降 6.5%，从欧盟 28 国进口总额为 180.33 亿美元，同比降低 7.6%；泰国对日本出口额为 200.76 亿美元，下降 7.66%，从日本进口额为 312.36 亿美元，下降 12.03%。

（三）与柬埔寨、缅甸、马来西亚、老挝等邻国关系稳定发展

2015 年 12 月 31 日东盟共同体正式成立，这是东盟历史上又一个重要的里程碑。泰国作为东盟重要的成员国，将以东盟共同体为合作平台，继续加强与东盟其他成员国，特别是加强同邻国柬埔寨、缅甸、马来西亚、老挝等国在中小企业发展、农业、旅游和基础设施等方面的合作。

11 月 27 日东盟峰会期间，泰国总理巴育会晤马来西亚总理纳吉布，两国一致决定逐步取消非关税壁垒，加快资本市场和金融一体化，全面推动货物、服务、投资以及专业人才的自由流动，为东盟共同体的建设贡献力量。泰国希望凭借开放的经济政策加强与东盟经济强国马来西亚的合作，增强泰国在东盟共同体的话语权，力争把泰国建成东盟的金融中心。12 月 24 日，泰国与马来西亚达成货币自由互换协议，此协议将在加强经贸和投资的稳定方面发挥巨大作用。泰国和马来西亚合作的另一个核心是关于解决泰马边界的武装动乱问题。12 月，巴育总理访问马来西亚，马总理纳吉布宣称，马

来西亚将继续以泰南和平谈判的三项基本原则为前提（即谈判期间严禁暴力、泰南各武装组织都须参与和谈，以及各武装组织只能对泰国政府提诉求），继续为持续10年之久的泰国南部动乱问题进行调解。据泰国海关统计，2015年，泰马双边贸易额达到221.07亿美元，其中泰国向马来西亚出口额达101.90亿美元，占泰国出口总额的4.75%；自马来西亚进口额达119.17亿美元，占泰国进口总额的5.88%，马来西亚是泰国第四大出口市场和进口来源地。

8月28日，泰柬第5次联合会议在泰柬边境省府府尹召开，两国将加大贸易与投资领域的合作，扩大经济特区合作，增设4个永久性口岸，为两国民众出入境提供便利。自3月泰柬进行边境贸易拓展会谈以来，泰柬边境贸易合作不断深入，沙缴经济特区已经成为泰柬边境经济合作的典范，如今又增设4个永久性口岸，泰柬边境经济合作将开启全新的局面。同时，泰国总理巴育在8月27日同柬埔寨内政大臣韶肯举行会见后表示，泰柬即将完成两国铁路轨道中断的修复工作，这将为深化泰柬经济合作注入更多活力。泰国军政府积极寻求与柬埔寨的政治和经济合作，一方面缓和自2012年以来泰柬边境激烈的军事冲突，另一方面也挽回了泰国军事政变的国家形象，为军政府稳定周边外交环境创造条件。据泰国海关统计，2015年，泰柬双边贸易额达到75.42亿美元，其中泰国从柬埔寨进口25.84亿美元，同比增长13.85%；向柬埔寨出口49.58亿美元，同比增长9.57%。

8月5日，泰缅经济特区及相关项目区域开发第四次高级别会议在内比都召开，9月泰缅第二座友谊大桥工程项目协议签署，泰缅经济合作的前景广阔。泰缅双方就土瓦经济特区项目初级开发阶段的特许权协议内容和一份补充谅解备忘录的事宜进行商谈，加快推动土瓦经济特区建设。这些协议内容涵盖建立一个小港口、一个小型发电站、一个小型水库和电信系统。[①] 在日本的帮助下，土瓦经济特区有望成为东南亚最大的经济特区，在未来的十

---

① 《泰缅签署土瓦特许权协议》，中华人民共和国驻泰国大使馆经商参处，http://th.mofcom.gov.cn/article/jmxw/201508/20150801077416.shtml，2015年8月11日。

年中将建成包括钢铁厂、发电厂、造船厂和石油化学厂在内的重型工业企业。泰国希望将土瓦经济特区建成泰缅经济合作的典范。据泰方统计，2015年，泰缅双边贸易额达到77.41亿美元，其中从缅甸进口额达35.66亿美元，同比降低8.95%；向缅甸出口额为41.75亿美元，同比降低1.52%，泰缅经济合作还有很大的发展空间。

3月6日，泰国商业部部长畅猜上将访问老挝，就促进双方边境贸易展开谈判。双方同意设立联合委员会，并签署关于开展贸易、投资、旅游、泰方在老挝沙湾舍诺边境经济特区设立医院等4份合作备忘录，泰国希望在未来的3年内将双边的边贸总额增加1.5倍，达到2265亿泰铢。8月26~28日，泰国商业部率商务代表团赴老挝考察投资环境，促进泰国民企投资老挝。泰国加强与老挝的合作，一方面是增加泰国的海外投资，另一方面是加强铁路互联互通，为争取中国投资中泰铁路增加筹码。据泰国海关统计，2015年泰老双边贸易额达57.08亿美元，其中泰国向老挝出口额为42.37亿美元，同比增长5.06%；从老挝进口额为14.71亿美元，同比增长4.32%。

四 2015年泰国参与大湄公河次区域合作的进展

2015年，虽然泰国依然面临着政治僵局、经济复苏缓慢和社会环境动荡等一系列问题，但巴育军政府继续参与GMS合作。在贸易方面积极倡导跨境电子商务建设，简化通关手续，促进人员和货物的流通；军政府通过了《2015~2022基建发展规划》，寻求与中国和缅甸在铁路方面的合作，并积极倡导加强GMS次区域互联互通建设；在旅游开发与合作、农业技术等领域积极同GMS国家展开合作；军政府主张建立GMS统一的资本融资市场，以增强区域内国家的融资和抗风险能力。

（一）积极参加GMS会议和澜湄合作机制的建立

第七届大湄公河次区域经济走廊论坛于6月11日在中国云南昆明召开，

泰国经济与社会发展委员会秘书长阿空参加了此次会议。[①] 论坛强调,要在加快互联互通、提高通关和运输便利化水平和跨境电子商务等方面加强合作,并通过《GMS经济走廊2015年省长论坛共识》。泰国提出,要把大湄公河次区域物流和公共基础设施连为一体,通过联通提高次区域的投资能力和吸引能力,泰国希望凭借自己的区位优势,加上开放的经济政策,依托GMS合作机制和东盟共同体等平台,把泰国打造成为东盟的资本中心、文化交流合作中心。

8月3~4日,GMS交通论坛第十九次会议在柬埔寨首都金边举行。泰国代表参加了会议,并就《GMS投资框架2014~2018年执行计划》的交通领域项目的进展及GMS铁路联盟的相关工作做了汇报。泰国希望就此次会议与与会各成员国加强沟通,特别是加强与中国的交流和谈判,希望借助亚投行和中国的资金力量建设本国现代化的铁路系统,凭借自己处于中南半岛中心的区位优势加强与邻国的互联互通,把泰国建设成为东盟的物流中心,进一步增强本国的战略优势和在东盟共同体中的话语权。

9月9~10日,GMS经济合作第二十次部长级会议在缅甸首都内比都举行。泰国代表参与了GMS城镇化发展战略框架的审议,并就加强东盟共同体建设与GMS合作机制和其他成员国交换了意见。泰国积极回应了中国的"一带一路"战略,并为解决其国内长期存在的南北经济发展不平衡问题寻求中方的资金和技术支持。

泰国是最早参与提出"澜沧江-湄公河合作机制"(简称"澜湄合作机制")的国家。4月6日,泰国参加了在北京举行的"澜湄合作机制"首次高官会议,并于8月21日在泰国清莱举办第二次高官会议。11月12日,泰国参加了在云南景洪市举行的首次"澜湄合作机制"外长会议,会议发表《联合新闻公报》,宣布正式启动"澜湄合作机制",确定互联

---

① 《第七届大湄公河次区域经济走廊论坛在昆明举行》,国际在线,http://gb.cri.cn/42071/2015/06/11/8011s4994404.htm,2015年6月11日。

互通、产能合作、跨境经济合作、水资源合作、农业和减贫合作是优先推进领域。泰国表示，在东盟经济一体化的背景下，通过"澜湄合作机制"框架，同上游国家加强政治、经济和文化合作，共同维护东南亚第一大河流——湄公河的安全与畅通。

（二）泰国参与 GMS 合作的新进展

1. 促进以铁路为核心的基础设施建设

泰国的国内铁路建设非常落后，其主体是 19 世纪兴建的旧式铁路，铁路的总里程短（4431 公里的米轨铁路网络）。由于还在沿用米轨的设计，铁路运行速度慢、运行效率低，且设施落后、维护不到位，铁路安全性低，泰国铁路亟须进行现代化改造。2015 年 3 月 11 日，大湄公河区域铁路联盟第一次全体大会在云南昆明举行，来自中国、柬埔寨、老挝、缅甸、泰国、越南以及亚洲开发银行的代表，就加快形成铁路联盟的运作机制，推动区域铁路运输一体化进行了讨论。泰国代表对实现区域内铁路运行的技术标准、操作流程的统一表示赞同，并希望通过实现本国与区域内国家的铁路联运，凭借自身的区位优势把泰国建成区域内的物流中心。

但是要想成为区域内的交通枢纽，首先必须实现本国铁路网络的现代化，中泰铁路建设是解决泰国这一困扰经济社会发展问题的有效手段。泰国内阁会议已批准 2015～2022 年基建发展规划，计划在 8 年中重点建设包括捷运连接郊区项目、双轨铁路项目和高速路项目等；另外还要投资建设 4 条高速公路，包括挽巴茵到呵叻府、挽艾到北碧府之后延长到温泉县、芭堤雅到玛达普工业区等。

2. 继续促进旅游合作

泰国是旅游大国，是世界十大旅游市场之一。2015 年泰国积极参与 GMS 旅游合作，取得了一些新的成果。2015 年 6 月，第 3 届中国 - 南亚博览会暨第 23 届中国昆明进出口商品交易会在昆明召开，中泰双方就未来实现旅游免签深入交换了意见。作为中泰旅游合作的宣传平台，云南旅游电子政务网将建立泰文网页，积极宣传泰国旅游及 GMS 各国旅游，共同开发旅游市场。2015 年 7 月，亚洲航空与泰国国家旅游观光局在广州宣布"2015泰国购物天堂"正式拉开帷幕。泰国希望通过和真正的东盟区航空公司、各大百货和旅游服务伙伴合作，开发新的旅游产品，促进区域内旅游市场的共同发展。① 随着东盟一体化进程的加快，GMS 内的人员流动将更加频繁。为此泰国外交部于 2015 年 9 月宣布自 2015 年 11 月 13 日起，将向外籍游客签发半年多次往返旅游签证，此举不仅是为了促进泰国旅游业的发展，也是为了探索与 GMS 国家在旅游市场方面的整合。

3. 促进农业合作

2015 年 5 月 12 日，"大湄公河次区域农业科技交流合作组第五届理事会暨农业科技合作交流研讨会"在中国云南腾冲举行，来自次区域 6 国的90 余位农业专家就 GMS 的农业科技进行了交流。会议成立了大湄公河次区域农业科技交流合作组农业经济工作组，泰国表示将在稻米种子及种植科技上加强与成员国的沟通，共同维护区域内的粮食安全，保护农业生态环境。

2015 年 11 月 16 日，"大湄公河次区域农业科技交流合作组第七届理事会暨农业科技合作交流研讨会"在昆明举行，来自柬埔寨、老挝、泰国、越南和中国的专家就农业科技、农产品贸易事宜进行了商讨。作为世界木薯和热带水果的重要产地和出口国，泰国具有天然的地理和技术优势，泰国农业部与云南省农科院热带亚热带经济作物研究所达成木薯与热带水果合作研究及加强人员互访与交流的合作意向。

4. 深化金融合作

2015 年 6 月 13 日，大湄公河次区域金融合作论坛在昆明举行。泰国表示希望借中国"一带一路"战略的契机，架起连接中国和东盟的桥梁，把泰国打造成大湄公河次区域甚至是东盟的金融中心。2015 年 1 月，中国工商银行（泰国）有限公司承担曼谷人民币业务清算行业务，年底中国银行（泰国）股份有限公司邦纳分行与达拉泰分行正式开业，中泰金融合作逐步

---

① 《亚航联合泰旅游局启动"2015 泰国购物天堂"》，东盟网，http://news.asean168.com/a/20150721/20659.html，2015 年 7 月 21 日。

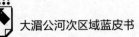

取得实质性进展。未来中泰金融合作将依托中泰铁路等大型基础设施的建设而不断发展，双方将在资金自由流动、金融监管以及人民币清算方面深入合作。泰国希望不断加强与 GMS 国家特别是中国在金融领域的合作，增强自身的金融实力，为本国和次区域国家投融资提供平台，并逐渐发展成为东盟区域的金融中心。

五　2016年泰国形势展望

回顾2015年，泰国依然没有走出政治僵局。2016年，泰国各政治势力的争斗依然会十分激烈。随着新宪法草案遭到否决，大选可能推迟到2017年中期，泰国民主回归进程还有待时日。面对全球经济下行压力和全球农产品价格大幅下跌等形势，未来一年泰国对外贸易发展前景不容乐观，经济增长势头缓慢。不过，东盟共同体的建立、泰国旅游市场的复苏将为经济稳步发展带来新动力。据开泰研究中心预测，2016年泰国出口有望实现5%的增长，GDP 可望增长3.5%，如果国际经济复苏缓慢，经济增长可能低于预期，但至少会取得3%的增长。

B.14

2015年越南形势及对大湄公河
次区域合作的参与[*]

毕世鸿 付瑾琳^{**}

摘　要： 2015年，越南在政治、经济、外交等方面均取得积极进展。
政治上，越南政府积极贯彻国家宪法和法律法规，积极推进
国企改革。经济上，越南GDP超额完成既定目标，宏观经济
稳定，通货膨胀率创14年来最低水平，金融市场保持稳定，
民生得到保障。外交上，越南积极推行多方位外交，主动参
与各个多边机制，全面融入世界经济。同时，越南积极推进
大湄公河次区域（GMS）合作，并参与澜湄合作机制。

关键词： 2015年　越南　GMS合作

2015年以来，越南在政治上继续推进社会主义民主政治，不断完善法律
法规制度。经济上，越南积极推进国企改革及基础设施建设，国民经济保持
较快增长，通货膨胀率创14年来最低水平，金融市场保持稳定，社会民生得
到保障。外交上，越南积极推行全方位外交，不仅在党际交往和国家层面上

　*　本文系作者主持的国家社科基金一般项目(12BGJ012)和国家社科基金特别委托项目"越南民
族国家构建的理论与实践研究"的部分研究成果,且是"云南省高校国际政治经济学理论与次
区域合作科技创新团队"和云南省高校新型智库"西南周边环境与周边外交"建设项目的部分
研究成果。
**　毕世鸿,云南大学周边外交研究中心教授、国际关系研究院副院长;付瑾琳,云南大学国际关系
研究院硕士研究生。

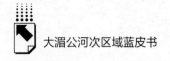

开展对外活动，还注重民间交流，主动参与各个多边机制。越南继续推进大湄公河次区域（GMS）合作，并积极参与澜湄合作机制，全面融入世界经济。

一　越共十二大开启国家发展新时期

（一）越共十二大顺利召开

2015年12月，越南共产党（越共）第十一届中央委员会第十三次全体会议召开。其间，会议讨论并表决通过越共下届领导层提名人选。越共中央委员会表决通过满足年龄条件的十一届中央委员会委员（包括正式委员和候补委员）连任十二届中央委员会委员提名名单，以及因"特别情况"参选十二届中央委员会的十一届中央委员会委员；投票表决通过满足年龄条件的十二届中央政治局、书记处人事提名；投票表决通过十二届中央纪检委员会人事提名。① 这次会议为越共2016年召开的第十二届中央委员会全国会议做了铺垫。

2016年1月21~28日，越共举行第十二次全国代表大会。全国1510名党员参加了此次大会。会上，阮富仲提出了今后工作的六个重点：一是加强建设和整顿党，制止和打击党内政治思想、道德和生活作风的蜕化以及"自我演变""自我转化"的现象；加强干部队伍建设，提高他们的工作能力和品质。二是精简政治系统，提高工作效率；继续加强防止贪污腐败、浪费和官僚作风建设。三是提高经济增长的质量、效能和竞争力。四是坚决斗争，牢牢保卫祖国的主权统一和领土完整，提高新形势下融入国际的效果，提高国家在国际舞台上的地位。五是吸收和发挥人民群众的所有创造力，关心并提高人民群众的物质和精神生活，解决百姓紧迫性问题；发挥人民当家做主的权利，发扬民族大团结精神。六是在社会生活的各个领域重视人的因素，加强人们的道德、品质和能力建设，建设良好的文化环境。②

---

① 《越共中央表决通过下届中央领导层提名人选》，环球网，2015年12月22日，http://world. huanqiu. com/article/2015 - 12/8230244. html？qq - pf - to = pcqq. c2c。

② 潘金娥：《越南革新：历史的车轮如何转动？》，《世界知识》2016年第4期，第28页。

（二）领导层顺利实现新老交接

越共十二大最终选出了以阮富仲为总书记的 19 名政治局委员和 200 名中央委员会成员。阮富仲以 80% 的高票再次当选总书记，中央委员会成员包括阮清毅在内的 180 名中央委员、20 名候补委员。包括时任国家主席张晋创、总理阮晋勇和国会主席阮生雄在内的 9 名十一届越共中央政治局委员被新人取代，新进政治局委员 12 人，其中包括时任国会副主席阮氏金银、副总理阮春福、公安部部长陈大光等人。越共由此顺利实现了领导层新老接替，确保了领导机构更替的平稳性和继承性。由此可以看出，越共希望保持执政稳定性，保持越南社会主义道路大方向不变的决心。

2016 年 3 月 31 日，越南第十三届国会第十一次会议选举阮氏金银为国会主席和国家选举委员会主席。阮氏金银是越南第一位女性国会主席，也是第一位跻身越南党和国家最高领导层的女性。4 月 2 日，越南第十三届国会第十一次会议选举陈大光为新一任越南国家主席。4 月 7 日，越南国会批准阮春福担任政府总理。至此，越南 2016～2020 年的新领导层得以确定，其国家运作将回归以越共总书记、国家主席、政府总理和国会主席 4 人为中心的集体领导体制。①

二　推进民主政治，完善法律法规

2015 年，越南政局稳定，政府继续推动革新事业发展，大力推进社会主义民主政治，并不断完善法律法规制度。

（一）国会促改革谋发展

5 月，越南召开第十三届国会第九次会议。国会通过了关于落实劳动者离职后一次性领取社会保险金政策的决议，颁布了关于刑事和刑事诉讼法律

---

① 〔日本〕《越南回归集体领导体制》，《日本经济新闻》2016 年 4 月 8 日。

实施过程中出现的冤案、错案情况及依法向刑事诉讼案件中的冤案错案受害人赔偿损失等的决议。①

10月，越南召开第十三届国会第十次会议。其间，国会共审议通过了16部法律、14项决议，针对其他8项法律草案提出意见和建议，该数字远远超过历次会议。② 国会还通过了2016年经济社会发展计划的决议，具体指标包括：国内生产总值增长6.7%和消费价格指数在5%以下，森林覆盖率达41%③。此外，本次会议最突出的一项革新是国会的质询和回答质询活动，国会对自任期以来质询工作和政府成员实施承诺的情况进行评估。

（二）颁布法律法规，完善法律体系

7月，越南10部法律及一些修订后的法律生效，其中涉及住房、房地产、土地、企业等领域，并被视为越南社会经济发展政策的突破。其中，《投资法》（修正案）和《企业法》（修正案）有多处重要修改。《企业法》（修正案）取消了企业注册对法定资本确认等要求，将企业注册或变更注册的手续办理时间缩短为3天以内。《投资法》（修正案）也取消了对国内投资者签发投资执照的手续，减少了外国投资者的注册材料，简化了相关程序，且企业不必在营业执照上填写经营范围，将办理手续时间缩短为15天以内。④

10月，《民法修正案（草案）》提交第十三届国会第十次会议通过。其中，被视为《民法》核心的关于财产和所有权的规定增加了新内容。关于财产，草案规定财产包括不动产和动产，财产可以是实物、现金、有价证

---

① 〔越南〕《越南第十三届国会第九次会议圆满结束》，越南通讯社，2015年6月26日，http：//zh. vietnamplus. vn/越南第十三届国会第九次会议圆满结束/40235. vnp。

② 〔越南〕《越南国会一次具有多项革新内容的会议留下的印迹》，越南通讯社，2015年11月30日，http：//zh. vietnamplus. vn/越南国会一次具有多项革新内容的会议留下的印迹/45046. vnp。

③ 〔越南〕《越南第十三届国会第十次会议通过2016年经济社会发展计划的决议》，越南通讯社，2015年11月10日，http：//zh. vietnamplus. vn/越南第十三届国会第十次会议通过2016年经济社会发展计划的决议/44370. vnp。

④ 〔越南〕《越南10部法律今起生效》，人民报网，2015年7月2日，http：//cn. nhandan. org. vn/society/legal/item/3267401－越南10部法律今起生效. html。

券、对知识产权对象的产权及其他产权。登记财产的所有有关信息要公开透明。此外，《民法修正案（草案）》也有选择地吸收得到国际社会广泛承认的法律标准和准则，补充并明确规定涉及合同、合同继承及合同条款外赔偿等的内容。①

（三）加大监察力度，强化廉政建设

为进一步加强反腐建设，9 月，越南召开越共中央反腐败指导委员会第八次会议，决定开庭审理 8 起重大经济贪污腐败案件。此外，各项反腐败措施得到积极落实，包括确保各组织、机构、单位活动公开化透明化；推进行政体制改革和创新管理模式；公开个人财产与收入信息等。2015 年，有 366人涉嫌腐败受到纪律处分，监察机构共开展 2842 次行政检查和 116334 次专项检查，发现违法资产 11.298 万亿越南盾（约合 538 亿美元），涉及土地面积 589 公顷等。②

三　完善宏观经济政策，助推经济增长

2015 年，越南宏观经济稳定，GDP 远远超出既定目标，通胀率处于较低水平。此外，越南将经济结构重组与经济增长模式转型相结合，提高企业竞争效益和能力。

（一）不断完善宏观经济政策

2015 年是越南开展落实 2011～2015 年经济社会发展五年计划的最后一年，越南加快了经济结构重组特别是公共投资结构、国有企业集团和总公司

---

① 〔越南〕《修改〈民法〉保护人民合法权益》，越南通讯社，2015 年 11 月 2 日，http：//zh. vietnamplus. vn/修改《民法》保护人民合法权益/44048. vnp。
② 〔越南〕《越共中央总书记阮富仲：反腐败工作取得了实质性进展》，越南通讯社，2015 年9 月 29 日，http：//zh. vietnamplus. vn/越共中央总书记阮富仲：反腐败工作取得了实质性进展/42847. vnp。

结构重组以及商业银行结构重组，其中效益最显著的是重组商业银行结构。为了提高商业银行体系结构重组的效果，国家银行把商业银行体系结构调整同坏账处理和成立信贷组织资产管理公司相结合。此外，经济结构重组同经济增长模式转型相结合，综合推进，也取得了诸多成就。截至 2015 年底，坏账比率降至 2.9%，信贷组织数量减少 17 个。同时，推进企业股份制改革，从非主营业务撤资以及提升其生产经营效益。[①]

（二）经济实现突破性增长

2015 年越南经济取得突破性进展，GDP 增长远远超过既定目标，为有效完成 2011～2015 年经济社会发展任务做出贡献。

宏观经济方面，2015 年越南 GDP 同比增长达 6.68%，高于国会所提出的 6.2% 的目标，创下 2011～2015 年阶段最高水平。2015 年 GDP 约达 2040 亿美元，人均 GDP 达 2228 美元。同时，越南工业生产指数同比增长 9.8%，高于 2014 年 7.6% 的水平。2015 年，越南新成立企业达 9.5 万家，同比增长 26.6%；注册资金为 601.5 万亿越南盾（约合 300 亿美元），同比增长 39.1%[②]。此外，通货膨胀也得到抑制。2015 年，越南通胀率为 0.63%，为 14 年来历史最低水平。国有企业改革方面，2015 年，越南计划对 289 家国企进行股份制改革，其中按计划完成的有 200 家。

对外贸易方面，2015 年，越南出口额达 1624 亿美元，同比增长 8.1%，为 5 年来最低。2015 年出口额处于较低水平的主因是许多主力产品的出口价格指数均同比下降，平均降幅为 3.8%。另外，加工类产品和组装类产品出口额同比大幅增长。此外，外商投资企业出口额达 1151 亿美元，同比增长 13.8%，占出口总额的 70.9%[③]。国际服务贸易方面，2015 年赴越国际

---

① 〔越南〕《着力为国家新时期繁荣发展事业做出贡献》，越南通讯社，2016 年 1 月 2 日，网址：http：//zh. vietnamplus. vn/着力为国家新时期繁荣发展事业做出贡献/46199. vnp。

② 〔越南〕《2015 年越南恢复生产企业比例大幅度增加》，越南通讯社，2016 年 1 月 3 日，网址：http：//zh. vietnamplus. vn/2015 年越南恢复生产企业比例大幅度增加/46227. vnp。

③ 〔越南〕《2015 年越南出口额降至 5 年来最低水平》，越南通讯社，2015 年 12 月 29 日，http：//zh. vietnamplus. vn/2015 年越南出口额降至 5 年来最低水平/46058. vnp。

旅客达794万人次，同比下降0.2%。这是自2009年以来越南国际旅客数量首次下降。

货币政策方面，2015年越南货币政策被视为宏观经济调控中的亮点之一。在美联储加息、中国大幅调整人民币汇率的背景下，越南国家银行灵活调整汇率。2015年8月人民币贬值仅一天后，越南就调整了越南盾兑美元汇率波幅，从1%放宽至2%。为了主动引导市场，减轻美联储加息带来的不利影响，越南继续调整越南盾兑美元银行间平均汇率，再次贬值1%，同时第二次放宽汇率波动幅度，从2%放宽至3%，促使汇率和外汇市场迅速稳定。与此同时，越南外汇汇率保持稳定，外汇储备增加，信贷增长较快，为生产经营活动的稳定与发展做出了贡献。①

外国直接投资（FDI）方面，2015年，越南吸引外资近227.6亿美元，实际到位资金达145亿美元，同比分别增长2.5%和17.4%②。2015年初至12月中旬，越南吸引外国直接投资项目2013个，协议金额达155.8亿美元；项目数量比2014年增长26.8%，协议金额同比下降0.4%。另有814个原项目增资71.8亿美元。2015年，越南共有48个省和直辖市吸引外资。此外，共有58个国家和地区在越投资。

（三）重视基础民生项目

2015年，越南社会民生基本得到保障，人民生活得到改善并提前完成联合国多项千年发展目标。2015年，越南为780万人提供就业岗位，就业人数同比增长16%；失业率保持在4%以下，劳动力培训超过计划目标，达50%以上。2015年贫困率降至4.5%以下。③

---

① 〔越南〕《货币政策——2015年政府施政工作中的成功》，越南通讯社，2015年12月27日，http：//zh. vietnamplus. vn/货币政策2015年政府施政工作中的成功/46008. vnp。

② 〔越南〕《2015年越南吸引外资近228亿美元》，中央政府门户网站，2016年1月6日，http：//cn. news. chinhphu. vn/Home/2015年越南吸引外资近228亿美元/20161/19497. vgp。

③ 〔越南〕《着力为国家新时期繁荣发展事业做出贡献》，越南通讯社，2016年1月2日，http：//zh. vietnamplus. vn/着力为国家新时期繁荣发展事业做出贡献/46199. vnp。

（四）推动"三农"建设

2015 年，越南重视农业、农村、农民问题，鼓励企业投资农业领域，与农民合作构建生产链，进一步促进越南农业可持续有效发展。

新农村建设方面，2015 年是越南新农村建设国家目标计划（2010~2015 年）实施的最后一年。经过 5 年的落实，农村基础设施系统蓬勃发展，农村面貌焕然一新。截至 2015 年底，全国有 1478 个乡镇达到新农村标准（占 16.5%），比 2014 年多了 693 个乡镇；平均每个乡镇完成 12.9 项指标（比 2014 年多了 2.9 项指标）；15 个县达到新农村标准。[①] 越共十二大期间，与会代表普遍认为，在推进新农村建设的同时，要加快农业结构调整步伐以及加大对农业科技投入的力度。

农产品出口方面，2015 年，越南出口农林水产品 301.4 亿美元，同比下降 0.8%。其中，主要农产品出口额为 140 亿美元，下降 2.6%。[②]

（五）推进基础设施配套建设

2015 年，越南积极开展基础设施建设。能源方面，9 月，阮晋勇出席永昂 1 号热电厂落成典礼。永昂 1 号热电厂投入运营之后，每年发电量达 72 亿千瓦时。12 月，莱州省南润县举行莱州水电站 1 号机组发电仪式，这为莱州水电站工程项目 2016 年完工奠定了基础。莱州水电站全面投入运营后，同和平水电站（总装机容量为 1920 兆瓦）和山罗水电站（总装机容量为 2400 兆瓦）一起，将沱江各水电站总装机容量提升至 6500 兆瓦，每年向国家电网输送电力 250 亿千瓦时，占全国水力发电总量的 2/3。

交通运输方面，1A 号国道清化—芹苴地段升级改造扩建项目、胡志明

---

① 〔越南〕《政府总理出席农业与农村发展行业工作总结会议》，中央政府门户网站，2016 年 1 月 5 日，http：//cn. news. chinhphu. vn/Home/政府总理出席农业与农村发展行业工作总结会议/20161/19488. vgp。

② 〔越南〕《2015 年越南出口农林水产品逾 300 亿美元》，中国驻胡志明市总领馆经商室，2015 年 12 月 28 日，http：//hochiminh. mofcom. gov. cn/article/jmxw/201512/20151201221233. shtml。

市—龙城—油椰高速公路建设项目、胡志明公路西原地区地段升级改造扩建项目、河内市—海防市高速公路、内排—老街高速公路等大型交通项目在2015年竣工投运，越南在推进重大基础设施建设方面取得了突破性进展。此外，2015年，越南第十三届国会已通过了投资建设龙城国际航空港计划。

四　发展多边外交，融入国际社会

2015年，越南不仅继续巩固同社会主义国家和传统友好国家的团结友好与合作关系，还积极与本地区乃至世界拥有重大影响力的国家建立伙伴关系。此外，越南积极主动地谈判和签订各自贸区协议，更加深入和全面地融入区域和世界经济。

（一）注重大国外交，促进多领域合作

1. 美国

2015年不仅是越美两国关系正常化20周年，也是两国促进双边关系，将两国合作关系提升到新高度的关键一年。2015年7月，阮富仲对美国进行正式访问。其间，两国签署了多项合作协议和备忘录，并发表《越美关系联合愿景声明》。双方就进一步深化和丰富全面伙伴关系的各大方向达成一致。

经贸合作堪称两国关系的最大亮点。10月，越南与美国结束了《跨太平洋伙伴关系协议》（TPP）谈判。越南将在5年内取消从美国进口的90%农产品的进口关税。对于奶类产品，TPP生效后，针对此类产品20%的关税，将在5年内取消。[1] 2015年，越南对美国出口335亿美元，增长16.9%，顺差达257亿美元。[2]

---

① 〔越〕《越南将在5年内取消美国农产品90%的进口关税》，人民报网，2015年11月4日，http：//cn. nhandan. org. vn/economic/economy_ intergration/item/3589701 - 越南将在5年内取消美国农产品90%的进口关税. html。
② 〔越〕《越南对美国出口商品潜力巨大》，中国驻越南大使馆经商参处，2016年2月29日，http：//vn. mofcom. gov. cn/article/jmxw/201602/20160201264763. shtml。

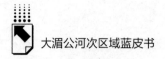

2. 俄罗斯

2015 年 4 月，俄罗斯总理梅德韦杰夫访问越南。其间，两国在经贸投资、国防安全等方面达成共识，签署多项合作协议。5 月，越南结束与欧亚经济联盟自由贸易协定谈判。该协定将为双方带来巨大商机，约 90% 的商品可享受免税或降税待遇，其中 60% 以上的商品在协定生效后即可享受零关税。能源方面，越俄油气联营企业、俄越石油合资公司等在越南大陆架和俄罗斯境内有效运营，同时积极研究勘探开发新矿井。双方本着安全高效和遵守越南法律关于建筑投资规定的方针紧密合作，开展宁顺 1 号核电站建设项目。① 教育方面，2015 年，俄罗斯政府向越南提供 800 个奖学金名额，预计 2018 年提升为 1000 个名额。

3. 日本

2015 年，越日双方互访频繁，在官方发展援助（ODA）、经贸、教育等领域进行了深入合作。9 月，阮富仲访问日本。双方发表《越日关系联合愿景声明》，并签署了《农业合作中长期愿景》。此外，日本对越南北南高速公路和海港项目提供 1000 亿日元的 ODA，希望与越南加强包括龙城国际机场项目在内的基础设施建设合作，包括宁顺 2 号核电站在内的能源领域合作，在海防和巴地头顿省建设发展专业工业区。11 月，阮晋勇同日本首相安倍晋三举行会晤。日方决定继续向胡志明市槟城至仙溪城轨一号线、太平热电站、胡志明市水环境改造项目三大项目提供 1720 亿日元 ODA，日本向越南提供的 ODA 创下历史新高，即 2015 年达 3000 多亿日元（约合 25 亿美元）。同时，两国领导人同意在亚洲优质基础设施发展合作的 1100 亿美元信贷基金框架内加强合作。②

4. 印度

2015 年，越印继续促进两国在政治、外交、经贸等领域的合作。5 月，

---

① 〔越南〕《越南国家主席访问俄罗斯、捷克及阿塞拜疆　与各国加强多方面合作关系》，人民军队，2015 年 5 月 5 日，http：//cn. qdnd. vn/webcn/zh – cn/120/361/369/358013. html。

② 〔越南〕《越南政府总理阮晋勇同日本首相安倍晋三举行会晤》，人民报网，2015 年 11 月 21 日，http：//cn. nhandan. org. vn/political/item/3638301 – 越南政府总理阮晋勇同日本首相安倍晋三举行会晤. html。

印度总理莫迪会见越南国防部部长冯光青，双方签署了《2015～2020年阶段越南－印度防务关系共同愿景声明》。6月，印度政府正式启动总额为3亿美元的信贷项目，协助越南纺织服装企业生产原材料。9月，在越南－印度贸易交流会上，越印两国力争到2020年双向贸易金额实现150亿美元的目标。12月，越南工商会举行越南与印度贸易合作研讨会。越方企业希望同印度开展合作，并在印度具有优势的茶叶加工、开矿等领域获得技术协助。2015年，越南与印度双边贸易额达50亿美元。[1]

（二）积极拓展周边外交

1. 签署多项自贸协定

2015年是越南"自由贸易年"的大丰收，越南完成4个自贸协定的签署和谈判，包括越南－韩国自贸协定、越南－亚欧经济联盟自贸协定、越南－欧盟自贸协定、TPP。根据越韩自贸协定，来自越南95%的税目的商品获得韩国关税减免优惠，越南商品出口韩国市场更加便利。此协定已于2015年12月20日生效。TPP的签署将使越南成为最大的经济受益国。TPP生效后，越南78%～95%的税目产品关税立即下降为零。其他税目的产品关税将在5～10年后按路线图逐渐有序降为零，采用关税配额的敏感商品除外。关于越欧自贸协定，按照路线图，双方将取消99%以上的各种税收，余下的少量税收将给予关税名额或减少一部分关税，这是越南签署的各种自贸协定中自由度最高的协定。[2]

2. 与东盟国家的合作

2015年是越南正式加入东盟20周年，越南积极同其他成员国一起促进东盟共同体建设倡议的完成。投资方面，截至2015年底，新加坡、马来西

---

① 〔越南〕《越南国家主席张晋创会见前来辞行拜会的印度大使普里特·萨兰》，人民报网，2016年2月26日，http://cn.nhandan.org.vn/political/national_relationship/item/3895301-越南国家主席张晋创会见前来辞行拜会的印度大使普里特·萨兰.html。

② 〔越南〕《越欧自贸协定谈判结束：越欧合作新前景》，人民报网，2015年8月5日，http://cn.nhandan.org.vn/economic/economy_intergration/item/3356901-越欧自贸协定谈判结束：越欧合作新前景.html。

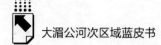

亚、泰国、文莱、印度尼西亚、菲律宾、老挝、柬埔寨东盟八国对越南投资，有效项目累计超过 2700 个，协议资金累计近 600 亿美元，分别占全国外国直接投资项目和资金的 14% 和 21%。① 在经贸领域，2015 年越马两国贸易金额达 78 亿美元，较 2014 年下降 5.2%。其中，越南对马出口额约达 36 亿美元，同比下降 8.8%，而越南从马进口额达 42 亿美元，同比增长 0.2%。②

3. 与欧盟的合作

2015 年是越南与欧盟建立外交关系 25 周年。政治方面，双方已正式签署《越南–欧盟全面合作伙伴框架协定》。12 月，欧洲议会和法国参议院通过《越南–欧盟全面合作伙伴框架协定》，这将推动欧盟与越南关系日益深入发展。资金援助方面，欧盟目前是越南第一大 ODA 来源地。2014~2020 年，欧盟对越 ODA 资金将提升 30%，援助资金将达 4 亿欧元。③ 2015 年，越南对欧盟的出口额为 309 亿美元，增长 10.7%。④

4. 与韩国的合作

2015 年，越韩两国进一步推进经济、安全等多领域务实合作。2015 年，韩国在越投资总额为 67 亿美元，其中，87.9% 投资于加工制造业，⑤累计投资总额居在越投资国首位。几乎所有的韩国 500 强企业都在越开展投资经营。2015 年越韩自贸协定正式签署，越方对纺织原辅料、鞋类、家用电器等 201 个税目产品实现关税自由化，这为韩国企业在越投资创

① 〔越南〕《从东盟各国吸引外资：压力大机遇多》，人民报网，2016 年 1 月 11 日，http://cn. nhandan. org. vn/economic/item/3779501 – 从东盟各国吸引外资：压力大—机遇多 . html。

② 〔越南〕《马来西亚对越投资在东盟国家中居首位》，越南通讯社，2016 年 1 月 27 日，http://zh. vietnamplus. vn/马来西亚对越投资在东盟国家中居首位/47081. vnp。

③ 〔越南〕《2015 年是越南欧盟关系发展史中的重要里程碑》，越南通讯社，2015 年 2 月 18 日，http://zh. vietnamplus. vn/2015 年是越南欧盟关系发展史中的重要里程碑/35271. vnp。

④ 〔越南〕《2015 年越南贸易逆差 32 亿美元》，中国驻胡志明市总领馆经商室，2015 年 12 月 28 日，http://hochiminh. mofcom. gov. cn/article/jmxw/201512/20151201221236. shtml。

⑤ 〔越南〕《韩国是外国对越南直接投资最大的国家》，中央政府门户网站，2016 年 1 月 22 日，http://cn. news. chinhphu. vn/Home/韩国是外国对越南直接投资最大的国家/20161/19573. vgp。

造了便利。2015年，越韩双边贸易额达360亿美元，比2014年增长23%。① 越韩自贸协定生效之后，2020年双边贸易额将有望达到700亿美元。

（三）推进ODA资金和优惠贷款及时到位

2015年4月，包括三井住友银行、国际协力银行在内的日本11家银行向越南电力集团提供总值为810亿日元（约合6.8亿美元）的援助贷款，旨在用于兴建热电厂项目。② 5月，亚洲开发银行（ADB）与越南签署了1.6亿美元的贷款协议，用于河内—老街高速公路及胡志明市三环路两大项目建设。6月，世界银行为加强越南牧业竞争优势和畜产品质量安全项目提供4500万美元资助。③ 7月，日本同意向越南提供3000亿日元（约合30亿美元）的ODA，远高于往年（相当于2013年和2014年两年的总和），用于基础设施建设、能源等领域的9个合作项目。④ 8月，德国政府无偿援助350万欧元以用于《越南城市污水管理项目（第4阶段）》项目，旨在通过开展上下水处理技术合作，协助越南实施环保和实现经济社会可持续发展的目标。⑤ 2015年，越南获得ODA和优惠贷款总额约达35亿美元。

① 〔越南〕《2015年是越韩经贸关系突破性的一年》，越南通讯社，2016年2月12日，http：//zh. vietnamplus. vn/2015年是越韩经贸关系突破性的一年/47558. vnp。

② 《日本向越南热电项目提供6.8亿美元援助》，中国驻越南大使馆经商参处，2015年4月7日，http：//vn. mofcom. gov. cn/article/jmxw/201504/20150400934758. shtml。

③ 〔越南〕《世行出资4500万美元扶持越南畜牧业》，中央政府门户网站，2015年6月30日，http：//cn. news. chinhphu. vn/Home/世行出资4500万美元扶持越南畜牧业/20156/18054. vgp。

④ 〔越南〕《阮晋勇总理赴日访问之行取得许多重要结果》，人民报网，2015年7月6日，http：//cn. nhandan. org. vn/political/item/3277101－阮晋勇总理赴日访问之行取得许多重要结果. html。

⑤ 〔越南〕《越南政府总理批准德国援助的〈越南城市污水管理项目〉名单》，越南通讯社，2015年8月5日，http：//zh. vietnamplus. vn/越南政府总理批准德国援助的越南城市污水管理项目名单/38139. . vnp。

五　不断深化与 GMS 各国的合作

（一）中越关系在曲折中前进

2015 年是中越建交 65 周年，双方高层互访频繁，积极推进并扩大各个领域的合作。4 月，阮富仲访华。其间，双方发表了《联合公报》，并达成以下共识。一是维持并加强两党两国高层互访与接触，同时维护两国和平的良好局面。二是增强指导，推动全面实施两国所达成的各项协议和共识；扩大两国各个领域的合作与交流，充分发挥中越双边合作指导委员会的协调作用，及时处理新发生的问题；加强各领域的交流与合作；大力推动与提高两国经贸合作效益。三是推进中越海上合作共同发展磋商工作组的活动，加强低敏感领域的合作，稳步推进北部湾湾口外海域划界谈判，积极商谈该海域的合作共同发展问题。

11 月，中共中央总书记、国家主席习近平访越。这是中国党和国家最高领导人 9 年来首次对越南进行访问。其间，双方发表了联合声明，同意发挥好中越双边合作指导委员会的统筹协调作用，重点推动两党合作以及两国在外交、军事、经济、教育等领域的合作。

为祝贺阮富仲再次当选越共中央委员会总书记，2016 年 1 月 29 日，中共中央对外联络部部长宋涛作为中共中央总书记特使，专程访问越南并会见阮富仲，祝贺越共十二大取得圆满成功，并希望双方加强战略沟通，增强政治互信，开展落实好两国高层领导人所达成的协议，实现发展战略规划对接，妥善处理分歧，在地区和国际问题中加强配合。[①] 2 月 29 日，越共中央对外部部长黄平君作为越共总书记特使访华并会见习近平，越方希望双方落实好两党、两国高层领导人所达成的共识和各项协议，推动中越全面战略伙伴关系。中方则强调将本着"十六字"方针和"四好"精神，始终如一地

---

① 〔越南〕《越共中央总书记阮富仲会见中共中央总书记特使宋涛》，人民报网，2016 年 1 月 30 日，http://cn.nhandan.org.vn/theodongsukien/item/3832601 - 越共中央总书记阮富仲会见中共中央总书记特使宋涛.html。

发展同越方的长久关系。① 关于南海问题，虽然越方同意与中方共同管控好海上争端，但海上问题还是阻碍了双方关系的正常发展。越南对于南海问题的强硬态度仍旧没有改变。

经贸合作方面，据中国海关统计，2015 年中越双边贸易总额达 958. 19 亿美元，同比增长 14. 6%。其中，中方对越方出口 661. 43 亿美元，增长 3. 8%；自越方进口 296. 76 亿美元，增长 49. 1%。中国连续 12 年成为越南第一大贸易伙伴，越南是中国在东盟仅次于马来西亚的第二大贸易伙伴。2015 年越对华贸易逆差 364. 67 亿美元，比上年减少 74 亿美元。此外，2015 年，中越边贸额达 234 亿美元，占越南全国边贸总额（275. 6 亿美元）的 85%，同比增长 10. 1%。

（二）对老关系

2015 年，越老双方高层互访频繁，在经贸、国防安全等方面的合作都有了实质性进展，并不断举办各项纪念活动。经贸方面，双方于 3 月和 6 月先后签署了贸易合作协定和边贸合作协议。越老贸易额持续增长，2015 年两国贸易总额约达 13 亿美元。投资方面，截至 2015 年 12 月，老挝已向越南企业 413 个投资项目颁发投资许可证，投资总额 49 亿美元，其中实际到位资金 14 亿美元。经济合作方面，双方继续为两国企业在对方国家投资兴业创造更好的条件，力争 2016 年双边贸易额增长 20%。落实好越老交通运输对接建设协议，开展万象—河内高速公路建设项目。② 2015 年，越南、老挝边贸额达 11 亿美元，其中越对老出口 4 亿美元，同比下降 9%，老挝对越出口 7 亿美元，同比下降 32%。③

---

① 〔越南〕《中共中央总书记、中国国家主席习近平会见越共中央总书记阮富仲特使》，越南通讯社，2016 年 3 月 1 日，http：//zh. vietnamplus. vn/中共中央总书记中国国家主席习近平会见越共中央总书记阮富仲特使/48147. vnp。

② 〔越南〕《越南－老挝签署多项合作协议》，中央政府门户网站，2015 年 12 月 8 日，http：//cn. news. chinhphu. vn/Home/越南老挝签署多项合作协议/201512/19454. vgp。

③ 〔越南〕《2015 年越南边贸额 270 亿美元》，中央政府门户网站，2016 年 1 月 8 日，http：//cn. news. chinhphu. vn/Home/2015 年越南边贸额 270 亿美元/20161/19501. vgp。

（三）对缅关系

2015 年是越缅建交 40 周年，双方不断促进政治、经贸、投资等领域的合作，增进高层互访并联合举办各项建交庆祝活动。5 月，双方共同召开越缅双边合作联合委员会第八次会议。缅甸总统吴登盛同意两国在水产品、油气、信息传媒等领域加强合作，同时建议双方在产品生产与出口加工、职业培训和旅游等领域扩大合作，并表示缅甸政府正考虑批准越南投资与发展银行在缅设立子行，为越缅两国贸易与投资活动创造便利。6 月，阮晋勇会见了吴登盛，双方表示将有效落实越缅混合委员会第八次会议所达成的各项协议。越方建议缅甸政府继续为在缅越资企业提供更多便利，尤其是在银行、石油、电信、经济作物种植等领域，同时在出口水产品捕捞、养殖、加工领域扩展合作；考虑修改补充《相互鼓励和保护投资协定》和《避免双重征税协议》若干规定，为促进两国经贸投资活动发展创造更为便利的条件。[①] 2015 年越南对缅甸出口额达 3.78 亿美元，被视为越南商品出口的潜力市场。[②]

（四）对柬关系

2015 年，越柬两国全力推动传统友好与全面合作关系，并在政治、经济、国防、宗教等领域进行合作。6 月，越共中央政治局委员黎鸿英率领越共高级代表团访柬。双方认为两国各部委行业和地方政府要加大配合力度，有效落实双方所达成的联合声明、协议和协定等，并在各个领域，尤其是经贸投资领域展开务实合作；促进陆地勘界立碑工作早日完成，致力于建设和平、友好、合作与发展的越柬边界线。10 月，第八次越柬边境地区各省合作与发展会议召开。会议就进一步促进两国边境地区各省合作以及有效解决

---

① 〔越南〕《越南政府总理阮晋勇会见缅甸总统吴登盛》，越南通讯社，2015 年 6 月 23 日，http：//zh. vietnamplus. vn/越南政府总理阮晋勇会见缅甸总统吴登盛/40084. vnp。

② 〔越南〕《缅甸是越南商品出口的潜力市场》，越南通讯社，2016 年 1 月 26 日，http：// zh. vietnamplus. vn/缅甸是越南商品出口的潜力市场/47040. vnp。

突发事件的方向和措施达成了共识，力争双边贸易额达 50 亿美元。① 2015年，越柬边贸额达 30.5 亿美元，越对柬出口额为 18.5 亿美元，同比下降4.8%，进口额为 12 亿美元，同比增长 17.7%。

（五）对泰关系

2015 年，越泰继续深化两国战略伙伴关系，在政治、经贸、文化、国防、教育等领域加强合作。7 月，阮晋勇访泰，并与泰国总理巴育共同主持越泰第三次联合内阁会议。这是继阮富仲 2013 年 6 月对泰国进行正式访问将两国关系提升为战略伙伴关系之后，越南政府对泰国的首次正式访问以及双方召开的首场联合内阁会议。会议期间，双方签署了多项重要文件，尤其是"迈入第五个十年的越泰关系：面向加强型战略伙伴关系"的越泰联合内阁会议《联合声明》。在政治领域，双方同意加强高层互访和各级代表团互访，积极有效落实《2014～2018 年阶段战略伙伴关系行动计划》，提高双方各项合作机制的质量。在经贸领域，双方贸易每年保持 10%～13% 的增长率。泰国成为越南在东盟国家中最大贸易伙伴之一。两国力争实现 2020年双边贸易额达 200 亿美元的目标。关于文化社会合作，双方就 2015～2016 年文化合作计划达成一致，举行多项文化体育交流活动，加强泰语和越南语教学等。② 目前，越南是泰国的第十一大进口市场，其中泰国商品占越南进口总量的 20.4%。泰国是越南十大投资伙伴之一，共有 300 个投资项目。

（六）越南参与湄公河地区相关合作的进展

1. GMS 合作方面

2015 年，越南积极促进 GMS 各成员国的经贸投资合作，推进地区互联

---

① 〔越南〕《越柬召开第八次边境地区各省合作与发展会议》，越南通讯社，2015 年 10 月 29日，http://zh.vietnamplus.vn/越柬召开第八次边境地区各省合作与发展会议/43904.vnp。

② 〔越南〕《越南政府总理访泰：越泰战略伙伴关系新里程碑》，越南通讯社，2015 年 7 月 24日，http://zh.vietnamplus.vn/越南政府总理访泰越泰战略伙伴关系新里程碑/41040.vnp。

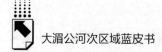

互通，发挥越南在 GMS 合作机制中的作用。6 月，湄公河旅游论坛在岘港市开幕。越南高度重视与区内各国和国际组织的配合，加强旅游合作的重要性。越南承诺将同有关各方携手努力，将 GMS 发展成为具有吸引力的投资目的地和活跃旅游市场。① 同月，越南参加了第 7 届 GMS 经济走廊活动周暨 GMS 经济走廊省长论坛。与会国共同达成《GMS 经济走廊 2015 年省长论坛共识》，提出每年举办 GMS 经济走廊省长论坛。此外，越方希望加快互联互通建设，简化通关手续，不断完善相关政策规定，能够为各国交通建设创造更多的便利条件，提升 GMS 经济走廊相关合作。12 月，越南参加 GMS 交通运输行业的可持续发展的研究项目。该项目总价值达 80 万美元，在越南的试点研究资金为 36 万美元。

在互联互通方面，越南和老挝已于 2 月在劳保—丹沙湾国际口岸正式开通了"单一窗口、一站式"检查模式，有助于缩短口岸通关手续办理时间和降低费用。不仅如此，ADB 还批准了一项 1 亿美元的贷款，以改造连接缅甸克伦邦的长达 66.4 公里的道路。道路改造完毕后，将有助于连接越南岘港和缅甸毛淡棉及仰光两大经济中心。该项目预计在 2019 年 9 月完成。② 此外，越南正在推动发展与老挝连接的交通干道，准备完成 217 号国道项目一期工程并于 2016 年开展二期工程。越南政府还同 GMS 国家就在越南广平省查螺和河静省吊桥口岸开展"一个窗口办理、一站式服务"的通关模式达成了一致。③

2. 参与构建澜沧江－湄公河合作机制

2015 年，除支持 GMS 合作外，越南还积极参与澜沧江－湄公河合作

---

① 〔越南〕《2015 年湄公河旅游论坛在岘港市开幕》，人民报网，2015 年 6 月 19 日，http：//cn. nhandan. org. vn/international/international_ news/item/3235701－2015 年湄公河旅游论坛在岘港市开幕. html。

② 〔越南〕《亚行向连接缅甸仰光市和越南岘港市的道路建设项目提供贷款》，越南通讯社，2015 年 11 月 16 日，http：//zh. vietnamplus. vn/亚行向连接缅甸仰光市和越南岘港市的道路建设项目提供贷款/44554. vnp。

③ 〔越南〕《面向东盟经济共同体：大湄公河次区域国家加强经贸投资合作》，越南通讯社，2015 年 10 月 15 日，http：//zh. vietnamplus. vn/面向东盟经济共同体大湄公河次区域国家加强经贸投资合作/43432. vnp。

（澜湄合作）机制。4月，首次澜湄合作外交高官会在北京举行。越南与会高官表示湄公河国家与中国建立对话合作机制，有利于湄公河国家实现可持续发展，缩小东盟国家间的发展差距，助力东盟共同体建设。[①] 11月，越南副总理兼外长范平明赴中国景洪出席澜湄合作首次外长会议。这是中、缅、老、泰、柬、越六国外长首次一同出席会议。会议一致认为，六国加强合作，有利于促进各成员国经济社会发展和可持续发展，缩小湄公河地区国家间的发展差距，推进东盟共同体建设和一体化进程。会议发表了联合新闻公报，强调面向一个和平、繁荣和可持续发展的湄公河区域而进一步巩固六国合作关系的愿望。

3. 参与湄公河地区其他合作

6月，阮晋勇赴缅出席第7届柬老缅越（CLMV）峰会和第6届伊洛瓦底江－湄南河－湄公河经济合作战略峰会（ACMECS）。越方强调，越南正大力推进改善投资经营环境、提升竞争力与实现战略突破口、经济结构重组和革新增长模式并行，并提议ACMECS注重推动农业合作，为边界地区交通和贸易活动创造便利条件以及加强合作促进各国可持续发展。此外，会议通过了联合声明和2016～2018年行动计划。[②]

7月，阮晋勇出席第7届日本－湄公河首脑会议。会议期间，湄公河地区5国与日本领导人通过《2015年东京战略》。此外，阮晋勇总理指出，为了实现"质量增长"目标，湄公河流域国家与日本应做到以下三点。其一，支持湄公河地区国家建设健康稳定的经济基础，实现可持续增长，有效应对外界消极影响。其二，确保经济增长和环境保护的和谐发展，尤其是加强在可持续管理和开发利用湄公河水资源领域的合作。其三，为地区发展提供和平、稳定的环境。

---

① 〔越南〕《首次澜沧江－湄公河对话合作外交高官会在中国北京举行》，越南通讯社，2015年4月7日，http：//zh. vietnamplus. vn//首次澜沧江湄公河对话合作外交高官会在中国北京举行/36920. vnp。

② 〔越南〕《越南政府总理阮晋勇出席第六届伊洛瓦底江－湄南河－湄公河经济合作战略峰会》，人民报网，2015年6月23日，http：//cn. nhandan. org. vn/political/item/3244901－越南政府总理阮晋勇出席第六届伊洛瓦底江－湄南河－湄公河经济合作战略峰会. html。

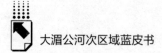

8月，范平明出席第 8 届美国与湄公河下游国家外长会议。与会各国部长通过了会议联合声明和《建设湄公河地区可持续发展的未来》声明以及 LMI 行动计划（2016～2020 年），旨在促进湄公河地区的可持续且均衡发展。越方建议 LMI 为湄公河地区建设高质量的智能基础设施提供援助，鼓励美国企业对湄公河地区投资和进行技术转让和专利转让，以解决本地区面临的环境挑战和平衡经济发展与社会问题等。12 月，越南外交部与美国国务院在河内联合举行第 8 届 LMI 工作组会议和第一次湄公河下游倡议朋友群工作组会议。本届会议就同湄公河下游倡议朋友群在展开项目中的协调配合方式，解决在确保水源、能源和粮食安全的平衡中所面临的挑战，动用各种资源，促进私营企业积极参加湄公河下游倡议合作机制等问题交换看法。①

9月，柬老越（CLV）发展三角区贸易便利化协定第三轮谈判在老挝举行，谈判涉及农业、林业等领域的相关问题。同月，越、老、柬三国交通部在越南平福省花芦—柬埔寨桔井省茶蓬（Trapeang Sre）国际口岸举行了柬老越公路联运跨境线路开通仪式②，这有助于促进三国边境各省经济社会发展。12 月，柬老越发展三角区协调委员会第十次会议在老挝占巴塞省举行。柬老越三方一致同意完善柬老越橡胶工业发展计划报告，提交 2016 年在柬埔寨召开的柬老越发展三角区第九次高级官员会议审议通过。③ 其间，三国还召开了第九次柬老越发展三角区贸易、投资与旅游促进会议。会议提出要对所签署的协定和法律文件进行补充和修改，特别是针对发展三角区的特殊政策；对现有的口岸进行升级改造；加强区内和跨区域基础设施建设；提高

---

① 〔越南〕《第八届湄公河下游倡议工作组会议在河内举行》，越南通讯社，2015 年 12 月 16 日，http：//cn. nhandan. org. vn/friendshipbridge/item/3713701 - 第八届湄公河下游倡议工作组会议在河内举行 . html。

② 〔越南〕《老柬越公路联运跨境线路开通》，越南通讯社，2015 年 9 月 10 日，http：//zh. vietnamplus. vn/老柬越公路联运跨境线路开通/42235. vnp。

③ 〔越南〕《柬老越发展三角区协调委员会第 10 次会议在老挝召开》，越南通讯社，2015 年 12 月 11 日，http：//zh. vietnamplus. vn/柬老越发展三角区协调委员会第 10 次会议在老挝召开/45482. vnp。

人力资源质量等。截至 2015 年 12 月，越南对柬老越发展三角区的投资项目有 109 个，投资额达 38 亿美元，其中对柬投资 47 个项目，投资额达 15 亿美元；对老挝投资项目 62 个，投资额达 23 亿美元。[①]

---

① 〔越南〕《越南出席第九次柬老越发展三角区贸易、投资与旅游促进会议》，越南通讯社，2015 年 12 月 10 日，http：//zh. vietnamplus. vn/越南出席第九次柬老越发展三角区贸易、投资与旅游促进会议/45424. vnp。

❖ 皮书起源 ❖

"皮书"起源于十七、十八世纪的英国，主要指官方或社会组织正式发表的重要文件或报告，多以"白皮书"命名。在中国，"皮书"这一概念被社会广泛接受，并被成功运作、发展成为一种全新的出版形态，则源于中国社会科学院社会科学文献出版社。

❖ 皮书定义 ❖

皮书是对中国与世界发展状况和热点问题进行年度监测，以专业的角度、专家的视野和实证研究方法，针对某一领域或区域现状与发展态势展开分析和预测，具备原创性、实证性、专业性、连续性、前沿性、时效性等特点的公开出版物，由一系列权威研究报告组成。

❖ 皮书作者 ❖

皮书系列的作者以中国社会科学院、著名高校、地方社会科学院的研究人员为主，多为国内一流研究机构的权威专家学者，他们的看法和观点代表了学界对中国与世界的现实和未来最高水平的解读与分析。

❖ 皮书荣誉 ❖

皮书系列已成为社会科学文献出版社的著名图书品牌和中国社会科学院的知名学术品牌。2011 年，皮书系列正式列入"十二五"国家重点出版规划项目；2012~2015 年，重点皮书列入中国社会科学院承担的国家哲学社会科学创新工程项目；2016 年，46 种院外皮书使用"中国社会科学院创新工程学术出版项目"标识。

中国皮书网

www.pishu.cn

发布皮书研创资讯，传播皮书精彩内容
引领皮书出版潮流，打造皮书服务平台

栏目设置：

- ☐ 资讯：皮书动态、皮书观点、皮书数据、
  皮书报道、皮书发布、电子期刊
- ☐ 标准：皮书评价、皮书研究、皮书规范
- ☐ 服务：最新皮书、皮书书目、重点推荐、在线购书
- ☐ 链接：皮书数据库、皮书博客、皮书微博、在线书城
- ☐ 搜索：资讯、图书、研究动态、皮书专家、研创团队

中国皮书网依托皮书系列"权威、前沿、原创"的优质内容资源，通过文字、图片、音频、视频等多种元素，在皮书研创者、使用者之间搭建了一个成果展示、资源共享的互动平台。

自 2005 年 12 月正式上线以来，中国皮书网的 IP 访问量、PV 浏览量与日俱增，受到海内外研究者、公务人员、商务人士以及专业读者的广泛关注。

2008 年、2011 年中国皮书网均在全国新闻出版业网站荣誉评选中获得"最具商业价值网站"称号；2012 年，获得"出版业网站百强"称号。

2014 年，中国皮书网与皮书数据库实现资源共享，端口合一，将提供更丰富的内容，更全面的服务。

法 律 声 明

权威报告·热点资讯·特色资源

皮书数据库
ANNUAL REPORT(YEARBOOK)
DATABASE

当代中国与世界发展高端智库平台

S 子库介绍
ub-Database Introduction

中国经济发展数据库

涵盖宏观经济、农业经济、工业经济、产业经济、财政金融、交通旅游、商业贸易、劳动经济、企业经济、房地产经济、城市经济、区域经济等领域，为用户实时了解经济运行态势、把握经济发展规律、洞察经济形势、做出经济决策提供参考和依据。

中国社会发展数据库

全面整合国内外有关中国社会发展的统计数据、深度分析报告、专家解读和热点资讯构建而成的专业学术数据库。涉及宗教、社会、人口、政治、外交、法律、文化、教育、体育、文学艺术、医药卫生、资源环境等多个领域。

中国行业发展数据库

以中国国民经济行业分类为依据，跟踪分析国民经济各行业市场运行状况和政策导向，提供行业发展最前沿的资讯，为用户投资、从业及各种经济决策提供理论基础和实践指导。内容涵盖农业，能源与矿产业，交通运输业，制造业，金融业，房地产业，租赁和商务服务业，科学研究，环境和公共设施管理，居民服务业，教育，卫生和社会保障，文化、体育和娱乐业等100余个行业。

中国区域发展数据库

以特定区域内的经济、社会、文化、法治、资源环境等领域的现状与发展情况进行分析和预测。涵盖中部、西部、东北、西北等地区，长三角、珠三角、黄三角、京津冀、环渤海、合肥经济圈、长株潭城市群、关中—天水经济区、海峡经济区等区域经济体和城市圈，北京、上海、浙江、河南、陕西等34个省份及中国台湾地区。

中国文化传媒数据库

包括文化事业、文化产业、宗教、群众文化、图书馆事业、博物馆事业、档案事业、语言文字、文学、历史地理、新闻传播、广播电视、出版事业、艺术、电影、娱乐等多个子库。

世界经济与国际政治数据库

以皮书系列中涉及世界经济与国际政治的研究成果为基础，全面整合国内外有关世界经济与国际政治的统计数据、深度分析报告、专家解读和热点资讯构建而成的专业学术数据库。包括世界经济、世界政治、世界文化、国际社会、国际关系、国际组织、区域发展、国别发展等多个子库。

广视角·全方位·多品种

皮书系列

2016年

·权威平台·智库报告·连续发布

社会科学文献出版社
SOCIAL SCIENCES ACADEMIC PRESS (CHINA)

我们是图书出版者，更是人文社会科学内容资源供应商；

我们背靠中国社会科学院，面向中国与世界人文社会科学界，坚持为人文社会科学的繁荣与发展服务；

我们精心打造权威信息资源整合平台，坚持为中国经济与社会的繁荣与发展提供决策咨询服务；

我们以读者定位自身，立志让爱书人读到好书，让求知者获得知识；

我们精心编辑、设计每一本好书以形成品牌张力，以优秀的品牌形象服务读者，开拓市场；

我们始终坚持"创社科经典，出传世文献"的经营理念，坚持"权威、前沿、原创"的产品特色；

我们"以人为本"，提倡阳光下创业，员工与企业共享发展之成果；

我们立足于现实，认真对待我们的优势、劣势，我们更着眼于未来，以不断的学习与创新适应不断变化的世界，以不断的努力提升自己的实力；

我们愿与社会各界友好合作，共享人文社会科学发展之成果，共同推动中国学术出版乃至内容产业的繁荣与发展。

社会科学文献出版社社长
中国社会学会秘书长

2016 年 1 月

社会科学文献出版社
SOCIAL SCIENCES ACADEMIC PRESS (CHINA)

社会科学文献出版社成立于1985年，是直属于中国社会科学院的人文社会科学专业学术出版机构。

成立以来，特别是1998年实施第二次创业以来，依托于中国社会科学院丰厚的学术出版和专家学者两大资源，坚持"创社科经典，出传世文献"的出版理念和"权威、前沿、原创"的产品定位，社科文献立足内涵式发展道路，从战略层面推动学术出版五大能力建设，逐步走上了智库产品与专业学术成果系列化、规模化、数字化、国际化、市场化发展的经营道路。

先后策划出版了著名的图书品牌和学术品牌"皮书"系列、"列国志"、"社科文献精品译库"、"全球化译丛"、"全面深化改革研究书系"、"近世中国"、"甲骨文"、"中国史话"等一大批既有学术影响又有市场价值的系列图书，形成了较强的学术出版能力和资源整合能力。2015年社科文献出版社发稿5.5亿字，出版图书约2000种，承印发行中国社科院属期刊74种，在多项指标上都实现了较大幅度的增长。

凭借着雄厚的出版资源整合能力，社科文献出版社长期以来一直致力于从内容资源和数字平台两个方面实现传统出版的再造，并先后推出了皮书数据库、列国志数据库、"一带一路"数据库、中国田野调查数据库、台湾大陆同乡会数据库等一系列数字产品。数字出版已经初步形成了产品设计、内容开发、编辑标引、产品运营、技术支持、营销推广等全流程体系。

在国内原创著作、国外名家经典著作大量出版，数字出版突飞猛进的同时，社科文献出版社从构建国际话语体系的角度推动学术出版国际化。先后与斯普林格、博睿、牛津、剑桥等十余家国际出版机构合作面向海外推出了"皮书系列""改革开放30年研究书系""中国梦与中国发展道路研究丛书""全面深化改革研究书系"等一系列在世界范围内引起强烈反响的作品；并持续致力于中国学术出版走出去，组织学者和编辑参加国际书展，筹办国际性学术研讨会，向世界展示中国学者的学术水平和研究成果。

此外，社科文献出版社充分利用网络媒体平台，积极与中央和地方各类媒体合作，并联合大型书店、学术书店、机场书店、网络书店、图书馆，逐步构建起了强大的学术图书内容传播平台。学术图书的媒体曝光率居全国之首，图书馆藏率居于全国出版机构前十位。

上述诸多成绩的取得，有赖于一支以年轻的博士、硕士为主体，一批从中国社科院刚退出科研一线的各学科专家为支撑的300多位高素质的编辑、出版和营销队伍，为我们实现学术立社，以学术品位、学术价值来实现经济效益和社会效益这样一个目标的共同努力。

作为已经开启第三次创业梦想的人文社会科学学术出版机构，我们将以改革发展为动力，以学术资源建设为中心，以构建智慧型出版社为主线，以"整合、专业、分类、协同、持续"为各项工作指导原则，全力推进出版社数字化转型，坚定不移地走专业化、数字化、国际化发展道路，全面提升出版社核心竞争力，为实现"社科文献梦"奠定坚实基础。

经 济 类

经济类皮书涵盖宏观经济、城市经济、大区域经济，
提供权威、前沿的分析与预测

经济蓝皮书

2016 年中国经济形势分析与预测

李 扬／主编　　2015 年 12 月出版　　定价：79.00 元

◆　本书为总理基金项目，由著名经济学家李扬领衔，联合
中国社会科学院等数十家科研机构、国家部委和高等院校的专
家共同撰写，系统分析了 2015 年的中国经济形势并预测 2016
年我国经济运行情况。

世界经济黄皮书

2016 年世界经济形势分析与预测

王洛林　张宇燕／主编　　2015 年 12 月出版　　定价：79.00 元

◆　本书由中国社会科学院世界经济与政治研究所的研究团
队撰写，2015 年世界经济增长继续放缓，增长格局也继续分化，
发达经济体与新兴经济体之间的增长差距进一步收窄。2016
年世界经济增长形势不容乐观。

产业蓝皮书

中国产业竞争力报告（2016）NO.6

张其仔／主编　　2016 年 12 月出版　　定价：98.00 元

◆　本书由中国社会科学院工业经济研究所研究团队在深入实
际、调查研究的基础上完成。通过运用丰富的数据资料和最新
的测评指标，从学术性、系统性、预测性上分析了 2015 年中
国产业竞争力，并对未来发展趋势进行了预测。

G20 国家创新竞争力黄皮书

二十国集团（G20）国家创新竞争力发展报告（2016）

李建平　李闽榕　赵新力 / 主编　　2016 年 11 月出版　估价 : 138.00 元

◆　本报告在充分借鉴国内外研究者的相关研究成果的基础上，紧密跟踪技术经济学、竞争力经济学、计量经济学等学科的最新研究动态，深入分析 G20 国家创新竞争力的发展水平、变化特征、内在动因及未来趋势，同时构建了 G20 国家创新竞争力指标体系及数学模型。

国际城市蓝皮书

国际城市发展报告（2016）

屠启宇 / 主编　　2016 年 2 月出版　　定价 : 79.00 元

◆　本书作者以上海社会科学院从事国际城市研究的学者团队为核心，汇集同济大学、华东师范大学、复旦大学、上海交通大学、南京大学、浙江大学相关城市研究专业学者。立足动态跟踪介绍国际城市发展实践中，最新出现的重大战略、重大理念、重大项目、重大报告和最佳案例。

金融蓝皮书

中国金融发展报告（2016）

李　扬　王国刚 / 主编　2015 年 12 月出版　　定价 : 79.00 元

◆　本书由中国社会科学院金融研究所组织编写，概括和分析了 2015 年中国金融发展和运行中的各方面情况，研讨和评论了 2015 年发生的主要金融事件。本书由业内专家和青年精英联合编著，有利于读者了解掌握 2015 年中国的金融状况，把握 2016 年中国金融的走势。

农村绿皮书

中国农村经济形势分析与预测（2015 ～ 2016）

魏后凯　杜志雄　黄秉信 / 主编　　2016 年 4 月出版　　定价 : 79.00 元

◆　本书描述了 2015 年中国农业农村经济发展的一些主要指标和变化，以及对 2016 年中国农业农村经济形势的一些展望和预测。

西部蓝皮书

中国西部发展报告（2016）

姚慧琴　徐璋勇 / 主编　　2016 年 8 月出版　　估价 :89.00 元

◆　本书由西北大学中国西部经济发展研究中心主编，汇集了源自西部本土以及国内研究西部问题的权威专家的第一手资料，对国家实施西部大开发战略进行年度动态跟踪，并对 2016 年西部经济、社会发展态势进行预测和展望。

民营经济蓝皮书

中国民营经济发展报告 NO.12（2015～2016）

王钦敏 / 主编　　2016 年 8 月出版　　估价 :75.00 元

◆　本书是中国工商联课题组的研究成果，对 2015 年度中国民营经济的发展现状、趋势进行了详细的论述，并提出了合理的建议。是广大民营企业进行政策咨询、科学决策和理论创新的重要参考资料，也是理论工作者进行理论研究的重要参考资料。

经济蓝皮书夏季号

中国经济增长报告（2015～2016）

李　扬 / 主编　　2016 年 8 月出版　　估价 :69.00 元

◆　中国经济增长报告主要探讨 2015~2016 年中国经济增长问题，以专业视角解读中国经济增长，力求将其打造成一个研究中国经济增长、服务宏微观各级决策的周期性、权威性读物。

中三角蓝皮书

长江中游城市群发展报告（2016）

秦尊文 / 主编　　2016 年 10 月出版　　估价 :69.00 元

◆　本书是湘鄂赣皖四省专家学者共同研究的成果，从不同角度、不同方位记录和研究长江中游城市群一体化，提出对策措施，以期为将"中三角"打造成为继珠三角、长三角、京津冀之后中国经济增长第四极奉献学术界的聪明才智。

社会政法类

社会政法类皮书聚焦社会发展领域的热点、难点问题，
提供权威、原创的资讯与视点

社会蓝皮书

2016年中国社会形势分析与预测

李培林　陈光金　张　翼／主编　2015年12月出版　定价：79.00元

◆　本书由中国社会科学院社会学研究所组织研究机构专
家、高校学者和政府研究人员撰写，聚焦当下社会热点，对
2015年中国社会发展的各个方面内容进行了权威解读，同时
对2016年社会形势发展趋势进行了预测。

法治蓝皮书

中国法治发展报告 NO.14（2016）

李　林　田　禾／主编　　2016年3月出版　　定价：118.00元

◆　本年度法治蓝皮书回顾总结了2015年度中国法治发展
取得的成就和存在的不足，并对2016年中国法治发展形势
进行了预测和展望。

反腐倡廉蓝皮书

中国反腐倡廉建设报告 NO.6

李秋芳　张英伟／主编　2017年1月出版　　估价：79.00元

◆　本书抓住了若干社会热点和焦点问题，全面反映了新时
期新阶段中国反腐倡廉面对的严峻局面，以及中国共产党反
腐倡廉建设的新实践新成果。根据实地调研、问卷调查和舆
情分析，梳理了当下社会普遍关注的与反腐败密切相关的热
点问题。

生态城市绿皮书
中国生态城市建设发展报告（2016）
刘举科　孙伟平　胡文臻 / 主编　2016 年 9 月出版　估价 :148.00 元
◆　报告以绿色发展、循环经济、低碳生活、民生宜居为理念，以更新民众观念、提供决策咨询、指导工程实践、引领绿色发展为宗旨，试图探索一条具有中国特色的城市生态文明建设新路。

公共服务蓝皮书
中国城市基本公共服务力评价（2016）
钟　君　吴正杲 / 主编　2016 年 12 月出版　估价 :79.00 元
◆　中国社会科学院经济与社会建设研究室与华图政信调查组成联合课题组，从 2010 年开始对基本公共服务力进行研究，研创了基本公共服务力评价指标体系，为政府考核公共服务与社会管理工作提供了理论工具。

教育蓝皮书
中国教育发展报告（2016）
杨东平 / 主编　2016 年 4 月出版　定价 :79.00 元
◆　本书由国内的中青年教育专家合作研究撰写。深度剖析2015 年中国教育的热点话题，并对当下中国教育中出现的问题提出对策建议。

生态文明绿皮书
中国省域生态文明建设评价报告（ECI 2016）
严耕 / 主编　2016 年 12 月出版　估价 :85.00 元
◆　本书基于国家最新发布的权威数据，对我国的生态文明建设状况进行科学评价，并开展相应的深度分析，结合中央的政策方针和各省的具体情况，为生态文明建设推进，提出针对性的政策建议。

行业报告类

 行业报告类皮书立足重点行业、新兴行业领域，提供及时、前瞻的数据与信息

房地产蓝皮书

中国房地产发展报告 NO.13（2016）

李春华　王业强 / 主编　　2016 年 5 月出版　　定价 :89.00 元

◆　蓝皮书秉承客观公正、科学中立的宗旨和原则，追踪 2015 年我国房地产市场最新资讯，深度分析，剖析因果，谋划对策，并对 2016 年房地产发展趋势进行了展望。

旅游绿皮书

2015 ～ 2016 年中国旅游发展分析与预测

宋　瑞 / 主编　　2016 年 4 出版　　定价 :89.00 元

◆　本书是中国社会科学院旅游研究中心组织相关专家编写的年度研究报告，对 2015 年旅游行业的热点问题进行了全面的综述并提出专业性建议，并对 2016 年中国旅游的发展趋势进行展望。

互联网金融蓝皮书

中国互联网金融发展报告（2016）

李东荣 / 主编　　2016 年 8 月出版　　估价 :79.00 元

◆　近年来，许多基于互联网的金融服务模式应运而生并对传统金融业产生了深刻的影响和巨大的冲击，"互联网金融"成为社会各界关注的焦点。本书探析了 2015 年互联网金融的特点和 2016 年互联网金融的发展方向和亮点。

资产管理蓝皮书

中国资产管理行业发展报告（2016）

智信资产管理研究院 / 编著　　2016 年 6 月出版　　定价 :89.00 元

◆　中国资产管理行业刚刚兴起，未来将成为中国金融市场最有看点的行业，也会成为快速发展壮大的行业。本书主要分析了 2015 年度资产管理行业的发展情况，同时对资产管理行业的未来发展做出科学的预测。

老龄蓝皮书

中国老龄产业发展报告（2016）

吴玉韶　党俊武 / 编著
2016 年 9 月出版　估价 :79.00 元

◆　本书着眼于对中国老龄产业的发展给予系统介绍，深入解析，并对未来发展趋势进行预测和展望，力求从不同视角、不同层面全面剖析中国老龄产业发展的现状、取得的成绩、存在的问题以及重点、难点等。

金融蓝皮书

中国金融中心发展报告（2016）

王　力　黄育华 / 编著　　2017 年 11 月出版　　估价 :75.00 元

◆　本报告将提升中国金融中心城市的金融竞争力作为研究主线，全面、系统、连续地反映和研究中国金融中心城市发展和改革的最新进展，展示金融中心理论研究的最新成果。

流通蓝皮书

中国商业发展报告（2016~2017）

王雪峰　林诗慧 / 主编　2016 年 7 月出版　　定价 :89.00 元

◆　本书是中国社会科学院财经院与利丰研究中心合作的成果，从关注中国宏观经济出发，突出了中国流通业的宏观背景，详细分析了批发业、零售业、物流业、餐饮产业与电子商务等产业发展状况。

国别与地区类

国别与地区类皮书关注全球重点国家与地区，提供全面、独特的解读与研究

美国蓝皮书

美国研究报告（2016）

郑秉文　黄　平／主编　2016年5月出版　定价：89.00元

◆　本书是由中国社会科学院美国所主持完成的研究成果，它回顾了美国2015年的经济、政治形势与外交战略，对2016年以来美国内政外交发生的重大事件以及重要政策进行了较为全面的回顾和梳理。

拉美黄皮书

拉丁美洲和加勒比发展报告（2015~2016）

吴白乙／主编　2016年6月出版　定价：89.00元

◆　本书对2015年拉丁美洲和加勒比地区诸国的政治、经济、社会、外交等方面的发展情况做了系统介绍，对该地区相关国家的热点及焦点问题进行了总结和分析，并在此基础上对该地区各国2016年的发展前景做出预测。

日本经济蓝皮书

日本经济与中日经贸关系研究报告（2016）

张季风／主编　2016年5月出版　定价：89.00元

◆　本书系统、详细地介绍了2015年日本经济以及中日经贸关系发展情况，在进行了大量数据分析的基础上，对2016年日本经济以及中日经贸关系的大致发展趋势进行了分析与预测。

俄罗斯黄皮书

俄罗斯发展报告（2016）

李永全/编著　2016年7月出版　定价:89.00元

◆　本书系统介绍了2015年俄罗斯经济政治情况，并对2015年该地区发生的焦点、热点问题进行了分析与回顾；在此基础上，对该地区2016年的发展前景进行了预测。

国际形势黄皮书

全球政治与安全报告（2016）

李慎明　张宇燕/主编　2015年12月出版　定价:69.00元

◆　本书旨在对本年度全球政治及安全形势的总体情况、热点问题及变化趋势进行回顾与分析，并提出一定的预测及对策建议。作者通过事实梳理、数据分析、政策分析等途径，阐释了本年度国际关系及全球安全形势的基本特点，并在此基础上提出了具有启示意义的前瞻性结论。

德国蓝皮书

德国发展报告（2016）

郑春荣/主编　2016年6月出版　定价:79.00元

◆　本报告由同济大学德国研究所组织编撰，由该领域的专家学者对德国的政治、经济、社会文化、外交等方面的形势发展情况，进行全面的阐述与分析。

中东黄皮书

中东发展报告NO.18（2015～2016）

杨光/主编　2016年10月出版　估价:89.00元

◆　报告回顾和分析了一年来多以来中东地区政治经济局势的新发展，为跟踪中东地区的市场变化和中东研究学科的研究前沿，提供了全面扎实的信息。

地方发展类

地方发展类皮书关注中国各省份、经济区域，
提供科学、多元的预判与资政信息

北京蓝皮书

北京公共服务发展报告（2015~2016）

施昌奎 / 主编　2016 年 2 月出版　定价 :79.00 元

◆　本书是由北京市政府职能部门的领导、首都著名高校的教
授、知名研究机构的专家共同完成的关于北京市公共服务发展
与创新的研究成果。

河南蓝皮书

河南经济发展报告（2016）

河南省社会科学院 / 编著　2016 年 3 月出版　定价 :79.00 元

◆　本书以国内外经济发展环境和走向为背景，主要分析当前
河南经济形势，预测未来发展趋势，全面反映河南经济发展的
最新动态、热点和问题，为地方经济发展和领导决策提供参考。

京津冀蓝皮书

京津冀发展报告（2016）

文　魁　祝尔娟 / 等著　2016 年 4 月出版　定价 :89.00 元

◆　京津冀协同发展作为重大的国家战略，已进入顶层设计、
制度创新和全面推进的新阶段。本书以问题为导向，围绕京
津冀发展中的重要领域和重大问题，研究如何推进京津冀协
同发展。

文 化 传 媒 类

文化传媒类皮书透视文化领域、文化产业，
探索文化大繁荣、大发展的路径

新媒体蓝皮书

中国新媒体发展报告 NO.7（2016）

唐绪军 / 主编　　2016 年 6 月出版　　定价 :79.00 元

◆　本书是由中国社会科学院新闻与传播研究所组织编写的关于新媒体发展的最新年度报告，旨在全面分析中国新媒体的发展现状，解读新媒体的发展趋势，探析新媒体的深刻影响。

移动互联网蓝皮书

中国移动互联网发展报告（2016）

官建文 / 编著　　2016 年 6 月出版　　定价 :79.00 元

◆　本书着眼于对中国移动互联网 2015 年度的发展情况做深入解析，对未来发展趋势进行预测，力求从不同视角、不同层面全面剖析中国移动互联网发展的现状、年度突破以及热点趋势等。

文化蓝皮书

中国文化产业发展报告（2015~2016）

张晓明　王家新　章建刚 / 主编　　2016 年 2 月出版　　定价 :79.00 元

◆　本书由中国社会科学院文化研究中心编写。从 2012 年开始，中国社会科学院文化研究中心设立了国内首个文化产业的研究类专项资金——"文化产业重大课题研究计划"，开始在全国范围内组织多学科专家学者对我国文化产业发展重大战略问题进行联合攻关研究。本书集中反映了该计划的研究成果。

经济类

G20国家创新竞争力黄皮书
二十国集团（G20）国家创新竞争力发展报告（2016）
著(编)者:李建平 李闽榕 赵新力
2016年11月出版 / 估价:138.00元

产业蓝皮书
中国产业竞争力报告（2016）NO.6
著(编)者:张其仔 2016年12月出版 / 估价:98.00元

城市创新蓝皮书
中国城市创新报告（2016）
著(编)者:周天勇 旷建伟 2016年8月出版 / 估价:69.00元

城市竞争力蓝皮书
中国城市竞争力报告（1973~2015）
著(编)者:李小林 2016年1月出版 / 定价:128.00元

城市蓝皮书
中国城市发展报告 NO.9
著(编)者:潘家华 魏后凯 2016年9月出版 / 估价:69.00元

城市群蓝皮书
中国城市群发展指数报告（2016）
著(编)者:刘士林 刘新静 2016年10月出版 / 估价:69.00元

城乡一体化蓝皮书
中国城乡一体化发展报告（2015~2016）
著(编)者:汝信 付崇兰 2016年8月出版 / 估价:85.00元

城镇化蓝皮书
中国新型城镇化健康发展报告（2016）
著(编)者:张占斌 2016年8月出版 / 估价:79.00元

创新蓝皮书
创新型国家建设报告（2015~2016）
著(编)者:詹正茂 2016年11月出版 / 估价:69.00元

低碳发展蓝皮书
中国低碳发展报告（2015~2016）
著(编)者:齐晔 2016年3月出版 / 定价:98.00元

低碳经济蓝皮书
中国低碳经济发展报告（2016）
著(编)者:薛进军 赵忠秀 2016年8月出版 / 估价:85.00元

东北蓝皮书
中国东北地区发展报告（2016）
著(编)者:马克 黄文艺 2016年8月出版 / 估价:79.00元

发展与改革蓝皮书
中国经济发展和体制改革报告NO.7
著(编)者:邹东涛 王再文
2016年1月出版 / 定价:98.00元

工业化蓝皮书
中国工业化进程报告（2016）
著(编)者:黄群慧 吕铁 李晓华 等
2016年11月出版 / 估价:89.00元

管理蓝皮书
中国管理发展报告（2016）
著(编)者:张晓东 2016年9月出版 / 估价:98.00元

国际城市蓝皮书
国际城市发展报告（2016）
著(编)者:屠启宇 2016年2月出版 / 定价:79.00元

国家创新蓝皮书
中国创新发展报告（2016）
著(编)者:陈劲 2016年9月出版 / 估价:69.00元

金融蓝皮书
中国金融发展报告（2016）
著(编)者:李扬 王国刚 2015年12月出版 / 定价:79.00元

京津冀产业蓝皮书
京津冀产业协同发展报告（2016）
著(编)者:中智科博（北京）产业经济发展研究院
2016年8月出版 / 估价:69.00元

京津冀蓝皮书
京津冀发展报告（2016）
著(编)者:文魁 祝尔娟 2016年4月出版 / 定价:89.00元

经济蓝皮书
2016年中国经济形势分析与预测
著(编)者:李扬 2015年12月出版 / 定价:79.00元

经济蓝皮书·春季号
2016年中国经济前景分析
著(编)者:李扬 2016年6月出版 / 定价:79.00元

经济蓝皮书·夏季号
中国经济增长报告（2015~2016）
著(编)者:李扬 2016年8月出版 / 估价:99.00元

经济信息绿皮书
中国与世界经济发展报告（2016）
著(编)者:杜平 2015年12月出版 / 定价:89.00元

就业蓝皮书
2016年中国本科生就业报告
著(编)者:麦可思研究院 2016年6月出版 / 定价:98.00元

就业蓝皮书
2016年中国高职高专生就业报告
著(编)者:麦可思研究院 2016年6月出版 / 定价:98.00元

临空经济蓝皮书
中国临空经济发展报告（2016）
著(编)者:连玉明 2016年11月出版 / 估价:79.00元

民营经济蓝皮书
中国民营经济发展报告 NO.12（2015~2016）
著(编)者:王钦敏 2016年8月出版 / 估价:75.00元

农村绿皮书
中国农村经济形势分析与预测（2015~2016）
著(编)者:魏后凯 杜志雄 黄秉信
2016年4月出版 / 定价:69.00元

农业应对气候变化蓝皮书
气候变化对中国农业影响评估报告 NO.2
著(编)者:矫梅燕 2016年8月出版 / 估价:98.00元

企业公民蓝皮书
中国企业公民报告 NO.4
著(编)者:邹东涛　2016年8月出版 / 估价:79.00元

气候变化绿皮书
应对气候变化报告（2016）
著(编)者:王伟光 郑国光　2016年11月出版 / 估价:98.00元

区域蓝皮书
中国区域经济发展报告（2015～2016）
著(编)者:赵弘　2016年6月出版 / 定价:79.00元

全球环境竞争力绿皮书
全球环境竞争力报告（2016）
著(编)者:李建平 李闽榕 王金南
2016年12月出版 / 估价:198.00元

人口与劳动绿皮书
中国人口与劳动问题报告 NO.17
著(编)者:蔡昉 张车伟　2016年11月出版 / 估价:69.00元

商务中心区蓝皮书
中国商务中心区发展报告 NO.2（2015）
著(编)者:魏后凯 单菁菁　2016年1月出版 / 定价:79.00元

世界经济黄皮书
2016年世界经济形势分析与预测
著(编)者:王洛林 张宇燕　2015年12月出版 / 定价:79.00元

世界旅游城市绿皮书
世界旅游城市发展报告（2015）
著(编)者:宋宇　2016年1月出版 / 定价:128.00元

西北蓝皮书
中国西北发展报告（2016）
著(编)者:孙发平 苏海红 鲁顺元
2016年3月出版 / 定价:79.00元

西部蓝皮书
中国西部发展报告（2016）
著(编)者:姚慧琴 徐璋勇　2016年8月出版 / 估价:89.00元

县域发展蓝皮书
中国县域经济增长能力评估报告（2016）
著(编)者:王力　2016年10月出版 / 估价:69.00元

新型城镇化蓝皮书
新型城镇化发展报告（2016）
著(编)者:李伟 宋敏 沈体雁　2016年11月出版 / 估价:98.00元

新兴经济体蓝皮书
金砖国家发展报告（2016）
著(编)者:林跃勤 周文　2016年8月出版 / 估价:79.00元

长三角蓝皮书
2016年全面深化改革中的长三角
著(编)者:张伟斌　2016年10月出版 / 估价:69.00元

中部竞争力蓝皮书
中国中部经济社会竞争力报告（2016）
著(编)者:教育部人文社会科学重点研究基地
南昌大学中国中部经济社会发展研究中心
2016年10月出版 / 估价:79.00元

中部蓝皮书
中国中部地区发展报告（2016）
著(编)者:宋亚平　2016年12月出版 / 估价:78.00元

中国省域竞争力蓝皮书
中国省域经济综合竞争力发展报告（2014～2015）
著(编)者:李建平 李闽榕 高燕京
2016年2月出版 / 定价:198.00元

中三角蓝皮书
长江中游城市群发展报告（2016）
著(编)者:秦尊文　2016年10月出版 / 估价:69.00元

中小城市绿皮书
中国中小城市发展报告（2016）
著(编)者:中国城市经济学会中小城市经济发展委员会
中国城镇化促进会中小城市发展委员会
《中国中小城市发展报告》编纂委员会
中小城市发展战略研究院
2016年10月出版 / 估价:98.00元

中原蓝皮书
中原经济区发展报告（2016）
著(编)者:李英杰　2016年8月出版 / 估价:88.00元

自贸区蓝皮书
中国自贸区发展报告（2016）
著(编)者:王力 王吉培　2016年10月出版 / 估价:69.00元

社会政法类

北京蓝皮书
中国社区发展报告（2016）
著(编)者:于燕燕　2017年2月出版 / 估价:79.00元

殡葬绿皮书
中国殡葬事业发展报告（2016）
著(编)者:李伯森　2016年8月出版 / 估价:158.00元

城市管理蓝皮书
中国城市管理报告（2015~2016）
著(编)者:刘林 刘承水　2016年5月出版 / 定价:158.00元

城市生活质量蓝皮书
中国城市生活质量报告（2016）
著(编)者:张连城 张平 杨春学 郎丽华
2016年8月出版 / 估价:89.00元

城市政府能力蓝皮书
中国城市政府公共服务能力评估报告（2016）
著(编)者:何艳玲　2016年4月出版 / 定价:68.00元

创新蓝皮书
中国创业环境发展报告（2016）
著(编)者:姚凯 曹祎遐　2016年8月出版 / 估价:69.00元

慈善蓝皮书
中国慈善发展报告（2016）
著(编)者:杨团　2016年6月出版 / 定价:79.00元

地方法治蓝皮书
中国地方法治发展报告NO.2（2016）
著(编)者:李林　田禾　2016年3版出版 / 定价:108.00元

党建蓝皮书
党的建设研究报告NO.1（2016）
著(编)者:崔建民　陈东平　2016年1月出版 / 定价:89.00元

法治蓝皮书
中国法治发展报告NO.14（2016）
著(编)者:李林　田禾　2016年3月出版 / 定价:118.00元

反腐倡廉蓝皮书
中国反腐倡廉建设报告NO.6
著(编)者:李秋芳　张英伟　2017年1月出版 / 估价:79.00元

非传统安全蓝皮书
中国非传统安全研究报告（2015～2016）
著(编)者:余潇枫　魏志江　2016年6月出版 / 定价:89.00元

妇女发展蓝皮书
中国妇女发展报告NO.6
著(编)者:王金玲　2016年9月出版 / 估价:148.00元

妇女教育蓝皮书
中国妇女教育发展报告NO.3
著(编)者:张李玺　2016年10月出版 / 估价:78.00元

妇女绿皮书
中国性别平等与妇女发展报告（2016）
著(编)者:谭琳　2016年12月出版 / 估价:99.00元

公共服务蓝皮书
中国城市基本公共服务力评价（2016）
著(编)者:钟君　吴正杲　2016年12月出版 / 估价:79.00元

公共管理蓝皮书
中国公共管理发展报告（2016）
著(编)者:贡森　李国强　杨维富
2016年8月出版 / 估价:69.00元

公共外交蓝皮书
中国公共外交发展报告（2016）
著(编)者:赵启正·雷蔚真　2016年8月出版 / 估价:89.00元

公民科学素质蓝皮书
中国公民科学素质报告（2015～2016）
著(编)者:李群　陈雄　马宗文　2016年1月出版 / 定价:89.00元

公益蓝皮书
中国公益慈善发展报告（2016）
著(编)者:朱健刚　2016年4月出版 / 定价:118.00元

国际人才蓝皮书
海外华侨华人专业人士报告（2016）
著(编)者:王辉耀　苗绿　2016年8月出版 / 估价:69.00元

国际人才蓝皮书
中国国际移民报告（2016）
著(编)者:王辉耀　2016年8月出版 / 估价:79.00元

国际人才蓝皮书
中国海归发展报告（2016）NO.3
著(编)者:王辉耀　苗绿　2016年10月出版 / 估价:69.00元

国际人才蓝皮书
中国留学发展报告（2016）NO.5
著(编)者:王辉耀　苗绿　2016年10月出版 / 估价:79.00元

国家公园蓝皮书
中国国家公园体制建设报告（2016）
著(编)者:苏杨　张玉钧　石金莲　刘锋　等
2016年10月出版 / 估价:69.00元

海洋社会蓝皮书
中国海洋社会发展报告（2016）
著(编)者:崔凤　宋宁而　2016年8月出版 / 估价:89.00元

行政改革蓝皮书
中国行政体制改革报告（2016）NO.5
著(编)者:魏礼群　2016年5月出版 / 定价:98.00元

华侨华人蓝皮书
华侨华人研究报告（2016）
著(编)者:贾益民　2016年12月出版 / 估价:98.00元

环境竞争力绿皮书
中国省域环境竞争力发展报告（2016）
著(编)者:李建平　李闽榕　王金南
2016年11月出版 / 估价:198.00元

环境绿皮书
中国环境发展报告（2016）
著(编)者:刘鉴强　2016年8月出版 / 估价:79.00元

基金会蓝皮书
中国基金会发展报告（2015~2016）
著(编)者:中国基金会发展报告课题组　2016年4月出版 / 定价:75

基金会绿皮书
中国基金会发展独立研究报告（2016）
著(编)者:基金会中心网　中央民族大学基金会研究中心
2016年8月出版 / 估价:88.00元

基金会透明度蓝皮书
中国基金会透明度发展研究报告（2016）
著(编)者:基金会中心网　清华大学廉政与治理研究中心
2016年9月出版 / 估价:85.00元

教师蓝皮书
中国中小学教师发展报告（2016）
著(编)者:曾晓东　鱼霞　2016年8月出版 / 估价:69.00元

教育蓝皮书
中国教育发展报告（2016）
著(编)者:杨东平　2016年4月出版 / 定价:79.00元

科普蓝皮书
中国科普基础设施发展报告（2015）
著(编)者:任福君　2016年8月出版 / 估价:69.00元

科普蓝皮书
中国科普人才发展报告（2015）
著(编)者:郑念 任嵘嵘 2016年4月出版 / 定价:98.00元

科学教育蓝皮书
中国科学教育发展报告（2016）
著(编)者:罗晖 王康友 2016年10月出版 / 估价:79.00元

劳动保障蓝皮书
中国劳动保障发展报告（2016）
著(编)者:刘燕斌 2016年8月出版 / 定价:158.00元

老龄蓝皮书
中国老年宜居环境发展报告（2015）
著(编)者:党俊武 周燕珉 2016年1月出版 / 定价:79.00元

连片特困区蓝皮书
中国连片特困区发展报告（2016）
著(编)者:游俊 冷志明 丁建军
2016年8月出版 / 估价:98.00元

民间组织蓝皮书
中国民间组织报告（2016）
著(编)者:黄晓勇 2016年12月出版 / 估价:79.00元

民调蓝皮书
中国民生调查报告（2016）
著(编)者:谢耘耕 2016年8月出版 / 定价:128.00元

民族发展蓝皮书
中国民族发展报告（2016）
著(编)者:郝时远 王延中 王希恩
2016年8月出版 / 估价:98.00元

女性生活蓝皮书
中国女性生活状况报告 NO.10（2016）
著(编)者:韩湘景 2016年8月出版 / 估价:79.00元

汽车社会蓝皮书
中国汽车社会发展报告（2016）
著(编)者:王俊秀 2016年8月出版 / 估价:69.00元

青年蓝皮书
中国青年发展报告（2016）NO.4
著(编)者:廉思 等 2016年8月出版 / 估价:69.00元

青少年蓝皮书
中国未成年人互联网运用报告（2016）
著(编)者:李文革 沈杰 季为民
2016年11月出版 / 估价:89.00元

青少年体育蓝皮书
中国青少年体育发展报告（2016）
著(编)者:郭建军 杨桦 2016年9月出版 / 估价:69.00元

区域人才蓝皮书
中国区域人才竞争力报告 NO.2
著(编)者:桂昭明 王辉耀
2016年8月出版 / 估价:69.00元

群众体育蓝皮书
中国群众体育发展报告（2016）
著(编)者:刘国永 杨桦 2016年10月出版 / 估价:69.00元

群众体育蓝皮书
中国社会体育指导员发展报告（1994~2014）
著(编)者:刘国永 王欢 2016年4月出版 / 定价:78.00元

人才蓝皮书
中国人才发展报告（2016）
著(编)者:潘晨光 2016年9月出版 / 估价:85.00元

人权蓝皮书
中国人权事业发展报告 NO.6（2016）
著(编)者:李君如 2016年9月出版 / 估价:128.00元

社会保障绿皮书
中国社会保障发展报告（2016）NO.8
著(编)者:王延中 2016年8月出版 / 估价:99.00元

社会工作蓝皮书
中国社会工作发展报告（2016）
著(编)者:民政部社会工作研究中心
2016年8月出版 / 估价:79.00元

社会管理蓝皮书
中国社会管理创新报告 NO.4
著(编)者:连玉明 2016年11月出版 / 估价:89.00元

社会蓝皮书
2016年中国社会形势分析与预测
著(编)者:李培林 陈光金 张翼
2015年12月出版 / 定价:79.00元

社会体制蓝皮书
中国社会体制改革报告（2016）NO.4
著(编)者:龚维斌 2016年4月出版 / 定价:79.00元

社会心态蓝皮书
中国社会心态研究报告（2016）
著(编)者:王俊秀 杨宜音 2016年10月出版 / 估价:69.00元

社会责任管理蓝皮书
中国企业公众透明度报告（2015~2016）NO.2
著(编)者:黄速建 熊梦 肖红军 2016年1月出版 / 定价:98.00元

社会组织蓝皮书
中国社会组织评估发展报告（2016）
著(编)者:徐家良 廖鸿 2016年12月出版 / 估价:69.00元

生态城市绿皮书
中国生态城市建设发展报告（2016）
著(编)者:刘举科 孙伟平 胡文臻
2016年9月出版 / 估价:148.00元

生态文明绿皮书
中国省域生态文明建设评价报告（ECI 2016）
著(编)者:严耕 2016年12月出版 / 估价:85.00元

世界社会主义黄皮书
世界社会主义跟踪研究报告（2015～2016）
著(编)者:李慎明 2016年3月出版 / 定价:248.00元

水与发展蓝皮书
中国水风险评估报告（2016）
著(编)者:王浩 2016年9月出版 / 估价:69.00元

体育蓝皮书
长三角地区体育产业发展报告（2016）
著(编)者:张林　2016年8月出版 / 估价:79.00元

体育蓝皮书
中国公共体育服务发展报告（2016）
著(编)者:戴健　2016年12月出版 / 估价:79.00元

土地整治蓝皮书
中国土地整治发展研究报告 NO.3
著(编)者:国土资源部土地整治中心
2016年7月出版 / 定价:89.00元

土地政策蓝皮书
中国土地政策发展报告（2016）
著(编)者:高延利 李宪文
2015年12月出版 / 定价:89.00元

危机管理蓝皮书
中国危机管理报告（2016）
著(编)者:文学国 范正青
2016年8月出版 / 估价:89.00元

形象危机应对蓝皮书
形象危机应对研究报告（2016）
著(编)者:唐钧　2016年8月出版 / 估价:149.00元

医改蓝皮书
中国医药卫生体制改革报告（2016）
著(编)者:文学国 房志武　2016年11月出版 / 估价:98.00元

医疗卫生绿皮书
中国医疗卫生发展报告 NO.7（2016）
著(编)者:申宝忠 韩玉珍　2016年8月出版 / 估价:75.00元

政治参与蓝皮书
中国政治参与报告（2016）
著(编)者:房宁　2016年8月出版 / 估价:108.00元

政治发展蓝皮书
中国政治发展报告（2016）
著(编)者:房宁 杨海蛟　2016年8月出版 / 估价:88.00元

智慧社区蓝皮书
中国智慧社区发展报告（2016）
著(编)者:罗昌智 张辉德　2016年8月出版 / 估价:69.00元

中国农村妇女发展蓝皮书
农村流动女性城市生活发展报告（2016）
著(编)者:谢丽华　2016年12月出版 / 估价:79.00元

宗教蓝皮书
中国宗教报告（2015）
著(编)者:邱永辉　2016年4月出版 / 定价:79.00元

行业报告类

保健蓝皮书
中国保健服务产业发展报告 NO.2
著(编)者:中国保健协会 中共中央党校
2016年8月出版 / 估价:198.00元

保健蓝皮书
中国保健食品产业发展报告 NO.2
著(编)者:中国保健协会
　　　　中国社会科学院食品药品产业发展与监管研究中心
2016年8月出版 / 估价:198.00元

保健蓝皮书
中国保健用品产业发展报告 NO.2
著(编)者:中国保健协会
　　　　国务院国有资产监督管理委员会研究中心
2016年8月出版 / 估价:198.00元

保险蓝皮书
中国保险业创新发展报告（2016）
著(编)者:项俊波　2016年12月出版 / 估价:69.00元

保险蓝皮书
中国保险业竞争力报告（2016）
著(编)者:项俊波　2016年12月出版 / 估价:99.00元

采供血蓝皮书
中国采供血管理报告（2016）
著(编)者:朱永明 耿鸿武　2016年8月出版 / 估价:69.00元

彩票蓝皮书
中国彩票发展报告（2016）
著(编)者:益彩基金　2016年8月出版 / 估价:98.00元

餐饮产业蓝皮书
中国餐饮产业发展报告（2016）
著(编)者:邢颖　2016年6月出版 / 定价:98.00元

测绘地理信息蓝皮书
测绘地理信息转型升级研究报告（2016）
著(编)者:库热西·买合苏提　2016年12月出版 / 估价:98.00元

茶业蓝皮书
中国茶产业发展报告（2016）
著(编)者:杨江帆 李闽榕　2016年10月出版 / 估价:78.00元

产权市场蓝皮书
中国产权市场发展报告（2015～2016）
著(编)者:曹和平　2016年8月出版 / 估价:89.00元

产业安全蓝皮书
中国出版传媒产业安全报告（2015~2016）
著(编)者:北京印刷学院文化产业安全研究院
2016年3月出版 / 定价:79.00元

产业安全蓝皮书
中国文化产业安全报告（2016）
著(编)者:北京印刷学院文化产业安全研究院
2016年8月出版 / 估价:89.00元

产业安全蓝皮书
中国新媒体产业安全报告（2016）
著(编)者：北京印刷学院文化产业安全研究院
2016年8月出版 / 估价：69.00元

大数据蓝皮书
网络空间和大数据发展报告（2016）
著(编)者：杜平　2016年8月出版 / 估价：69.00元

电子商务蓝皮书
中国电子商务服务业发展报告 NO.3
著(编)者：荆林波 梁春晓　2016年8月出版 / 估价：69.00元

电子政务蓝皮书
中国电子政务发展报告（2016）
著(编)者：洪毅 杜平　2016年11月出版 / 估价：79.00元

杜仲产业绿皮书
中国杜仲橡胶资源与产业发展报告（2016）
著(编)者：杜红岩 胡文臻 俞锐
2016年8月出版 / 估价：85.00元

房地产蓝皮书
中国房地产发展报告 NO.13（2016）
著(编)者：李春华 王业强　2016年5月出版 / 定价：89.00元

服务外包蓝皮书
中国服务外包产业发展报告（2016）
著(编)者：王晓红 刘德军
2016年8月出版 / 估价：89.00元

服务外包蓝皮书
中国服务外包竞争力报告（2016）
著(编)者：王力 刘春生 黄育华
2016年11月出版 / 估价：85.00元

工业和信息化蓝皮书
世界网络安全发展报告（2015~2016）
著(编)者：洪京一　2016年4月出版 / 定价：79.00元

工业和信息化蓝皮书
世界信息化发展报告（2015~2016）
著(编)者：洪京一　2016年4月出版 / 定价：79.00元

工业和信息化蓝皮书
世界信息技术产业发展报告（2015~2016）
著(编)者：洪京一　2016年4月出版 / 定价：79.00元

工业和信息化蓝皮书
世界制造业发展报告（2016）
著(编)者：洪京一　2016年8月出版 / 估价：69.00元

工业和信息化蓝皮书
移动互联网产业发展报告（2015~2016）
著(编)者：洪京一　2016年4月出版 / 定价：79.00元

工业和信息化蓝皮书
战略性新兴产业发展报告（2015~2016）
著(编)者：洪京一　2016年4月出版 / 定价：79.00元

工业设计蓝皮书
中国工业设计发展报告（2016）
著(编)者：王晓红 于炜 张立群
2016年9月出版 / 估价：138.00元

黄金市场蓝皮书
中国商业银行黄金业务发展报告（2015~2016）
著(编)者：平安银行　2016年3月出版 / 定价：98.00元

互联网金融蓝皮书
中国互联网金融发展报告（2016）
著(编)者：李东荣　2016年8月出版 / 估价：79.00元

会展蓝皮书
中外会展业动态评估年度报告（2016）
著(编)者：张敏　2016年8月出版 / 估价：78.00元

节能汽车蓝皮书
中国节能汽车产业发展报告（2016）
著(编)者：中国汽车工程研究院股份有限公司
2016年12月出版 / 估价：69.00元

金融监管蓝皮书
中国金融监管报告（2016）
著(编)者：胡滨　2016年6月出版 / 定价：89.00元

金融蓝皮书
中国金融中心发展报告（2016）
著(编)者：王力 黄育华　2017年11月出版 / 估价：75.00元

金融蓝皮书
中国商业银行竞争力报告（2016）
著(编)者：王松奇　2016年8月出版 / 估价：69.00元

经济林产业绿皮书
中国经济林产业发展报告（2016）
著(编)者：李芳东 胡文臻 乌云塔娜 杜红岩
2016年12月出版 / 估价：69.00元

客车蓝皮书
中国客车产业发展报告（2016）
著(编)者：姚蔚　2016年8月出版 / 估价：85.00元

老龄蓝皮书
中国老龄产业发展报告（2016）
著(编)者：吴玉韶 党俊武　2016年9月出版 / 估价：79.00元

流通蓝皮书
中国商业发展报告（2016~2017）
著(编)者：王雪峰 林诗慧　2016年7月出版 / 定价：89.00元

旅游安全蓝皮书
中国旅游安全报告（2016）
著(编)者：郑向敏 谢朝武　2016年5月出版 / 定价：128.00元

旅游绿皮书
2015~2016年中国旅游发展分析与预测
著(编)者：宋瑞　2016年4月出版 / 定价：89.00元

煤炭蓝皮书
中国煤炭工业发展报告（2016）
著(编)者：岳福斌　2016年12月出版 / 估价：79.00元

民营企业社会责任蓝皮书
中国民营企业社会责任年度报告（2016）
著(编)者：中华全国工商业联合会
2016年8月出版 / 估价：69.00元

民营医院蓝皮书
中国民营医院发展报告（2016）
著(编)者：庄一强　　2016年10月出版 / 估价：75.00元

能源蓝皮书
中国能源发展报告（2016）
著(编)者：崔民选 王军生 陈义和
2016年8月出版 / 估价：79.00元

农产品流通蓝皮书
中国农产品流通产业发展报告（2016）
著(编)者：贾敬敦 张东科 张玉玺 张鹏毅 周伟
2016年8月出版 / 估价：89.00元

期货蓝皮书
中国期货市场发展报告(2016)
著(编)者：李群 王在荣　　2016年11月出版 / 估价：69.00元

企业公益蓝皮书
中国企业公益研究报告（2016）
著(编)者：钟宏武 汪杰 顾一 黄晓娟 等
2016年12月出版 / 估价：69.00元

企业公众透明度蓝皮书
中国企业公众透明度报告（2016）NO.2
著(编)者：黄速建 王晓光 肖红军
2016年8月出版 / 估价：98.00元

企业国际化蓝皮书
中国企业国际化报告（2016）
著(编)者：王辉耀　　2016年11月出版 / 估价：98.00元

企业蓝皮书
中国企业绿色发展报告 NO.2（2016）
著(编)者：李红玉 朱光辉　　2016年8月出版 / 估价：79.00元

企业社会责任蓝皮书
中国企业社会责任研究报告（2016）
著(编)者：黄群慧 钟宏武 张蒽 等
2016年11月出版 / 估价：79.00元

企业社会责任能力蓝皮书
中国上市公司社会责任能力成熟度报告（2016）
著(编)者：肖红军 王晓光 李伟阳
2016年11月出版 / 估价：69.00元

汽车安全蓝皮书
中国汽车安全发展报告（2016）
著(编)者：中国汽车技术研究中心
2016年8月出版 / 估价：89.00元

汽车电子商务蓝皮书
中国汽车电子商务发展报告（2016）
著(编)者：中华全国工商业联合会汽车经销商商会
　　　　北京易观智库网络科技有限公司
2016年8月出版 / 估价：128.00元

汽车工业蓝皮书
中国汽车工业发展年度报告（2016）
著(编)者：中国汽车工业协会 中国汽车技术研究中心
　　　　丰田汽车（中国）投资有限公司
2016年4月出版 / 定价：128.00元

汽车蓝皮书
中国汽车产业发展报告（2016）
著(编)者：国务院发展研究中心产业经济研究部
　　　　中国汽车工程学会 大众汽车集团（中国）
2016年8月出版 / 估价：158.00元

清洁能源蓝皮书
国际清洁能源发展报告（2016）
著(编)者：苏树辉 袁国林 李玉崙
2016年11月出版 / 估价：99.00元

人力资源蓝皮书
中国人力资源发展报告（2016）
著(编)者：余兴安　　2016年12月出版 / 估价：79.00元

融资租赁蓝皮书
中国融资租赁业发展报告（2015～2016）
著(编)者：李光荣 王力　　2016年8月出版 / 估价：89.00元

软件和信息服务业蓝皮书
中国软件和信息服务业发展报告（2016）
著(编)者：洪京一　　2016年12月出版 / 估价：198.00元

商会蓝皮书
中国商会发展报告NO.5（2016）
著(编)者：王钦敏　　2016年8月出版 / 估价：89.00元

上市公司蓝皮书
中国上市公司社会责任信息披露报告（2016）
著(编)者：张旺 张杨　　2016年11月出版 / 估价：69.00元

上市公司蓝皮书
中国上市公司质量评价报告（2015～2016）
著(编)者：张跃文 王力　　2016年11月出版 / 估价：118.00元

设计产业蓝皮书
中国设计产业发展报告（2016）
著(编)者：陈冬亮 梁昊光　　2016年8月出版 / 估价：89.00元

食品药品蓝皮书
食品药品安全与监管政策研究报告（2016）
著(编)者：唐民皓　　2016年8月出版 / 估价：69.00元

世界能源蓝皮书
世界能源发展报告（2016）
著(编)者：黄晓勇　　2016年6月出版 / 定价：99.00元

水利风景区蓝皮书
中国水利风景区发展报告（2016）
著(编)者：谢婵才 兰思仁　　2016年5月出版 / 定价：89.00元

私募市场蓝皮书
中国私募股权市场发展报告（2016）
著(编)者：曹和平　　2016年12月出版 / 估价：79.00元

碳市场蓝皮书
中国碳市场报告（2016）
著(编)者:宁金彪　2016年11月出版 / 估价:69.00元

体育蓝皮书
中国体育产业发展报告（2016）
著(编)者:阮伟 钟秉枢　2016年8月出版 / 估价:69.00元

土地市场蓝皮书
中国农村土地市场发展报告（2015~2016）
著(编)者:李光荣　2016年3月出版 / 定价:79.00元

网络空间安全蓝皮书
中国网络空间安全发展报告（2016）
著(编)者:惠志斌 唐涛　2016年8月出版 / 估价:79.00元

物联网蓝皮书
中国物联网发展报告（2016）
著(编)者:黄桂田 龚六堂 张全升
2016年8月出版 / 估价:69.00元

西部工业蓝皮书
中国西部工业发展报告（2016）
著(编)者:方行明 甘犁 刘方健 姜凌 等
2016年9月出版 / 估价:79.00元

西部金融蓝皮书
中国西部金融发展报告（2016）
著(编)者:李忠民　2016年8月出版 / 估价:75.00元

协会商会蓝皮书
中国行业协会商会发展报告（2016）
著(编)者:景朝阳 李勇　2016年8月出版 / 估价:99.00元

新能源汽车蓝皮书
中国新能源汽车产业发展报告（2016）
著(编)者:中国汽车技术研究中心
　　　日产（中国）投资有限公司 东风汽车有限公司
2016年8月出版 / 估价:89.00元

新三板蓝皮书
中国新三板市场发展报告（2016）
著(编)者:王力　2016年6月出版 / 定价:79.00元

信托市场蓝皮书
中国信托业市场报告（2015～2016）
著(编)者:用益信托工作室
2016年1月出版 / 定价:198.00元

信息安全蓝皮书
中国信息安全发展报告（2016）
著(编)者:张晓东　2016年8月出版 / 估价:69.00元

信息化蓝皮书
中国信息化形势分析与预测（2016）
著(编)者:周宏仁　2016年8月出版 / 估价:98.00元

信用蓝皮书
中国信用发展报告（2016）
著(编)者:章政 田侃　2016年8月出版 / 估价:99.00元

休闲绿皮书
2016年中国休闲发展报告
著(编)者:宋瑞
2016年10月出版 / 估价:79.00元

药品流通蓝皮书
中国药品流通行业发展报告（2016）
著(编)者:佘鲁林 温再兴
2016年8月出版 / 估价:158.00元

医院蓝皮书
中国医院竞争力报告（2016）
著(编)者:庄一强 曾益新　2016年3月出版 / 定价:128.00元

医药蓝皮书
中国中医药产业园战略发展报告（2016）
著(编)者:裴长洪 房书亭 吴滌心
2016年8月出版 / 估价:89.00元

邮轮绿皮书
中国邮轮产业发展报告（2016）
著(编)者:汪泓　2016年10月出版 / 估价:79.00元

智能养老蓝皮书
中国智能养老产业发展报告（2016）
著(编)者:朱勇　2016年10月出版 / 估价:89.00元

中国SUV蓝皮书
中国SUV产业发展报告 （2016）
著(编)者:靳军　2016年12月出版 / 估价:69.00元

中国金融行业蓝皮书
中国债券市场发展报告（2016）
著(编)者:谢多　2016年8月出版 / 估价:69.00元

中国上市公司蓝皮书
中国上市公司发展报告（2016）
著(编)者:中国社会科学院上市公司研究中心
2016年9月出版 / 估价:98.00元

中国游戏蓝皮书
中国游戏产业发展报告（2016）
著(编)者:孙立军 刘跃军 牛兴侦
2016年8月出版 / 估价:69.00元

中国总部经济蓝皮书
中国总部经济发展报告（2015～2016）
著(编)者:赵弘　2016年9月出版 / 估价:79.00元

资本市场蓝皮书
中国场外交易市场发展报告（2014~2015）
著(编)者:高峦　2016年3月出版 / 定价:79.00元

资产管理蓝皮书
中国资产管理行业发展报告（2016）
著(编)者:智信资产管理研究院
2016年6月出版 / 定价:89.00元

文化传媒类

传媒竞争力蓝皮书
中国传媒国际竞争力研究报告（2016）
著(编)者:李本乾 刘强
2016年11月出版 / 估价:148.00元

传媒蓝皮书
中国传媒产业发展报告（2016）
著(编)者:崔保国　2016年5月出版 / 定价:98.00元

传媒投资蓝皮书
中国传媒投资发展报告（2016）
著(编)者:张向东 谭云明
2016年8月出版 / 估价:128.00元

动漫蓝皮书
中国动漫产业发展报告（2016）
著(编)者:卢斌 郑玉明 牛兴侦
2016年8月出版 / 估价:79.00元

非物质文化遗产蓝皮书
中国非物质文化遗产发展报告（2016）
著(编)者:陈平　2016年8月出版 / 估价:98.00元

广电蓝皮书
中国广播电影电视发展报告（2016）
著(编)者:国家新闻出版广电总局发展研究中心
2016年8月出版 / 估价:98.00元

广告主蓝皮书
中国广告主营销传播趋势报告 NO.9
著(编)者:黄升民 杜国清 邵华冬 等
2016年10月出版 / 估价:148.00元

国际传播蓝皮书
中国国际传播发展报告（2016）
著(编)者:胡正荣 李继东 姬德强
2016年11月出版 / 估价:89.00元

纪录片蓝皮书
中国纪录片发展报告（2016）
著(编)者:何苏六　2016年10月出版 / 估价:79.00元

科学传播蓝皮书
中国科学传播报告（2016）
著(编)者:詹正茂　2016年8月出版 / 估价:69.00元

两岸创意经济蓝皮书
两岸创意经济研究报告（2016）
著(编)者:罗昌智 董泽平　2016年12月出版 / 估价:98.00元

两岸文化蓝皮书
两岸文化产业合作发展报告（2016）
著(编)者:胡惠林 李保宗　2016年8月出版 / 估价:79.00元

媒介与女性蓝皮书
中国媒介与女性发展报告(2015~2016)
著(编)者:刘利群　2016年8月出版 / 估价:118.00元

媒体融合蓝皮书
中国媒体融合发展报告（2016）
著(编)者:梅宁华 宋建武　2016年8月出版 / 估价:79.00元

全球传媒蓝皮书
全球传媒发展报告（2016）
著(编)者:胡正荣 李继东 唐晓芬
2016年12月出版 / 估价:79.00元

少数民族非遗蓝皮书
中国少数民族非物质文化遗产发展报告（2016）
著(编)者:肖远平（彝）柴立（满）
2016年8月出版 / 估价:128.00元

视听新媒体蓝皮书
中国视听新媒体发展报告（2016）
著(编)者:国家新闻出版广电总局发展研究中心
2016年8月出版 / 估价:98.00元

文化创新蓝皮书
中国文化创新报告（2016）NO.7
著(编)者:于平 傅才武　2016年8月出版 / 估价:98.00元

文化建设蓝皮书
中国文化发展报告（2015~2016）
著(编)者:江畅 孙伟平 戴茂堂
2016年6月出版 / 定价:116.00元

文化科技蓝皮书
文化科技创新发展报告（2016）
著(编)者:于平 李凤亮　2016年10月出版 / 估价:89.00元

文化蓝皮书
中国公共文化服务发展报告（2016）
著(编)者:刘新成 张永新 张旭　2016年10月出版 / 估价:98.0

文化蓝皮书
中国公共文化投入增长测评报告（2016）
著(编)者:王亚南　2016年4月出版 / 定价:79.00元

文化蓝皮书
中国少数民族文化发展报告（2016）
著(编)者:武翠英 张晓明 任乌晶
2016年9月出版 / 估价:69.00元

文化蓝皮书
中国文化产业发展报告（2015~2016）
著(编)者:张晓明 王家新 章建刚
2016年2月出版 / 定价:79.00元

文化蓝皮书
中国文化产业供需协调检测报告（2016）
著(编)者:王亚南　2016年8月出版 / 估价:79.00元

文化蓝皮书
中国文化消费需求景气评价报告（2016）
著(编)者:王亚南　2016年4月出版 / 定价:79.00元

文化品牌蓝皮书
中国文化品牌发展报告（2016）
著(编)者：欧阳友权　2016年5月出版 / 估价:98.00元

文化遗产蓝皮书
中国文化遗产事业发展报告（2016）
著(编)者：刘世锦　2016年8月出版 / 估价:89.00元

文学蓝皮书
中国文情报告（2015～2016）
著(编)者：白烨　2016年5月出版 / 定价:49.00元

新媒体蓝皮书
中国新媒体发展报告NO.7（2016）
著(编)者：唐绪军　2016年7月出版 / 定价:79.00元

新媒体社会责任蓝皮书
中国新媒体社会责任研究报告（2016）
著(编)者：钟瑛　2016年10月出版 / 估价:79.00元

移动互联网蓝皮书
中国移动互联网发展报告（2016）
著(编)者：官建文　2016年6月出版 / 定价:79.00元

舆情蓝皮书
中国社会舆情与危机管理报告（2016）
著(编)者：谢耘耕　2016年8月出版 / 估价:98.00元

影视风控蓝皮书
中国影视舆情与风控报告（2016）
著(编)者：司若　2016年4月出版 / 定价:138.00元

地方发展类

安徽经济蓝皮书
芜湖创新型城市发展报告（2016）
著(编)者：张志宏　2016年8月出版 / 估价:69.00元

安徽蓝皮书
安徽社会发展报告（2016）
著(编)者：程桦　2016年4月出版 / 定价:89.00元

安徽社会建设蓝皮书
安徽社会建设分析报告（2015～2016）
著(编)者：黄家海　王开玉　蔡宪
2016年8月出版 / 估价:89.00元

澳门蓝皮书
澳门经济社会发展报告（2015～2016）
著(编)者：吴志良　郝雨凡　2016年6月出版 / 定价:98.00元

北京蓝皮书
北京公共服务发展报告（2015～2016）
著(编)者：施昌奎　2016年2月出版 / 定价:79.00元

北京蓝皮书
北京经济发展报告（2015～2016）
著(编)者：杨松　2016年6月出版 / 定价:79.00元

北京蓝皮书
北京社会发展报告（2015～2016）
著(编)者：李伟东　2016年6月出版 / 定价:79.00元

北京蓝皮书
北京社会治理发展报告（2015～2016）
著(编)者：殷星辰　2016年5月出版 / 定价:79.00元

北京蓝皮书
北京文化发展报告（2015～2016）
著(编)者：李建盛　2016年4月出版 / 定价:79.00元

北京旅游绿皮书
北京旅游发展报告（2016）
著(编)者：北京旅游学会　2016年8月出版 / 估价:88.00元

北京人才蓝皮书
北京人才发展报告（2016）
著(编)者：于淼　2016年12月出版 / 估价:128.00元

北京社会心态蓝皮书
北京社会心态分析报告（2015～2016）
著(编)者：北京社会心理研究所
2016年8月出版 / 估价:79.00元

北京社会组织管理蓝皮书
北京社会组织发展与管理（2015～2016）
著(编)者：黄江松　2016年8月出版 / 估价:78.00元

北京体育蓝皮书
北京体育产业发展报告（2016）
著(编)者：钟秉枢　陈杰　杨铁黎
2016年10月出版 / 估价:79.00元

北京养老产业蓝皮书
北京养老产业发展报告（2016）
著(编)者：周明明　冯喜良　2016年8月出版 / 估价:69.00元

滨海金融蓝皮书
滨海新区金融发展报告（2016）
著(编)者：王爱俭　张锐钢　2016年9月出版 / 估价:79.00元

城乡一体化蓝皮书
中国城乡一体化发展报告·北京卷（2015～2016)
著(编)者：张宝秀　黄序　2016年5月出版 / 定价:79.00元

创意城市蓝皮书
北京文化创意产业发展报告（2016）
著(编)者：张京成　王国华　2016年12月出版 / 估价:69.00元

创意城市蓝皮书
青岛文化创意产业发展报告（2016）
著(编)者：马达　张丹妮　2016年8月出版 / 估价:79.00元

创意城市蓝皮书
青岛文化创意产业发展报告（2016）
著(编)者：马达　张丹妮　2016年8月出版 / 估价:79.00元

创意城市蓝皮书
天津文化创意产业发展报告（2015~2016）
著(编)者:谢思全　　2016年6月出版 / 定价:79.00元

创意城市蓝皮书
台北文化创意产业发展报告（2016）
著(编)者:陈耀竹 邱琪瑄　2016年11月出版 / 估价:89.00元

创意城市蓝皮书
无锡文化创意产业发展报告（2016）
著(编)者:谭军 张鸣年　2016年10月出版 / 估价:79.00元

创意城市蓝皮书
武汉文化创意产业发展报告（2016）
著(编)者:黄永林 陈汉桥　2016年12月出版 / 估价:89.00元

创意城市蓝皮书
重庆创意产业发展报告（2016）
著(编)者:程宇宁　　2016年8月出版 / 估价:89.00元

地方法治蓝皮书
南宁法治发展报告（2016）
著(编)者:杨维超　2016年12月出版 / 估价:69.00元

福建妇女发展蓝皮书
福建省妇女发展报告（2016）
著(编)者:刘群英　　2016年11月出版 / 估价:88.00元

福建自贸区蓝皮书
中国（福建）自由贸易实验区发展报告（2015~2016）
著(编)者:黄茂兴　　2016年4月出版 / 定价:108.00元

甘肃蓝皮书
甘肃经济发展分析与预测（2016）
著(编)者:朱智文 罗哲　2016年1月出版 / 定价:79.00元

甘肃蓝皮书
甘肃社会发展分析与预测（2016）
著(编)者:安文华 包晓霞 谢增虎　2016年1月出版 / 定价:79.00元

甘肃蓝皮书
甘肃文化发展分析与预测（2016）
著(编)者:安文华　周小华　2016年1月出版 / 定价:79.00元

甘肃蓝皮书
甘肃县域和农村发展报告（2016）
著(编)者:刘进军 柳 民 王建兵
2016年1月出版 / 定价:79.00元

甘肃蓝皮书
甘肃舆情分析与预测（2016）
著(编)者:陈双梅 张谦元　2016年1月出版 / 定价:79.00元

甘肃蓝皮书
甘肃商贸流通发展报告（2016）
著(编)者:杨志武 王福生 王晓芳
2016年1月出版 / 定价:79.00元

广东蓝皮书
广东全面深化改革发展报告（2016）
著(编)者:周林生 涂成林　2016年11月出版 / 估价:69.00元

广东蓝皮书
广东社会工作发展报告（2016）
著(编)者:罗观翠　2016年8月出版 / 估价:89.00元

广东蓝皮书
广东省电子商务发展报告（2016）
著(编)者:程豫 邓顺国　2016年8月出版 / 估价:79.00元

广东社会建设蓝皮书
广东省社会建设发展报告（2016）
著(编)者:广东省社会工作委员会
2016年12月出版 / 估价:99.00元

广东外经贸蓝皮书
广东对外经济贸易发展研究报告（2015~2016）
著(编)者:陈万灵　2016年8月出版 / 估价:89.00元

广西北部湾经济区蓝皮书
广西北部湾经济区开放开发报告（2016）
著(编)者:广西北部湾经济区规划建设管理委员会办公室
广西社会科学院广西北部湾发展研究院
2016年10月出版 / 估价:79.00元

巩义蓝皮书
巩义经济社会发展报告（2016）
著(编)者:丁同民 朱军　2016年4月出版 / 定价:58.00元

广州蓝皮书
2016年中国广州经济形势分析与预测
著(编)者:庾建设 陈浩钿 谢博能　2016年7月出版 / 定价:85.0

广州蓝皮书
2016年中国广州社会形势分析与预测
著(编)者:张强 陈怡霓 杨泰　2016年6月出版 / 定价:85.00元

广州蓝皮书
广州城市国际化发展报告（2016）
著(编)者:朱名宏　2016年11月出版 / 估价:69.00元

广州蓝皮书
广州创新型城市发展报告（2016）
著(编)者:尹涛　2016年10月出版 / 估价:69.00元

广州蓝皮书
广州经济发展报告（2016）
著(编)者:朱名宏　2016年8月出版 / 估价:69.00元

广州蓝皮书
广州农村发展报告（2016）
著(编)者:朱名宏　2016年8月出版 / 估价:69.00元

广州蓝皮书
广州汽车产业发展报告（2016）
著(编)者:杨再高 冯兴亚　2016年9月出版 / 估价:69.00元

广州蓝皮书
广州青年发展报告（2015~2016）
著(编)者:魏国华 张强　2016年8月出版 / 估价:69.00元

广州蓝皮书
广州商贸业发展报告（2016）
著(编)者:李江涛 肖振宇 荀振英
2016年8月出版 / 估价:69.00元

广州蓝皮书
广州社会保障发展报告（2016）
著(编)者:蔡国萱 2016年10月出版 / 估价:65.00元

广州蓝皮书
广州文化创意产业发展报告（2016）
著(编)者:甘新 2016年8月出版 / 估价:79.00元

广州蓝皮书
中国广州城市建设与管理发展报告（2016）
著(编)者:董晔 陈小钢 李江涛 2016年8月出版 / 估价:69.00元

广州蓝皮书
中国广州科技和信息化发展报告（2016）
著(编)者:邹采荣 马正勇 冯元 2016年8月出版 / 估价:79.00元

广州蓝皮书
中国广州文化发展报告（2016）
著(编)者:徐俊忠 陆志强 顾涧清 2016年8月出版 / 估价:69.00元

贵阳蓝皮书
贵阳城市创新发展报告•白云篇（2016）
著(编)者:连玉明 2016年10月出版 / 估价:89.00元

贵阳蓝皮书
贵阳城市创新发展报告•观山湖篇（2016）
著(编)者:连玉明 2016年10月出版 / 估价:89.00元

贵阳蓝皮书
贵阳城市创新发展报告•花溪篇（2016）
著(编)者:连玉明 2016年10月出版 / 估价:89.00元

贵阳蓝皮书
贵阳城市创新发展报告•开阳篇（2016）
著(编)者:连玉明 2016年10月出版 / 估价:89.00元

贵阳蓝皮书
贵阳城市创新发展报告•南明篇（2016）
著(编)者:连玉明 2016年10月出版 / 估价:89.00元

贵阳蓝皮书
贵阳城市创新发展报告•清镇篇（2016）
著(编)者:连玉明 2016年10月出版 / 估价:89.00元

贵阳蓝皮书
贵阳城市创新发展报告•乌当篇（2016）
著(编)者:连玉明 2016年10月出版 / 估价:89.00元

贵阳蓝皮书
贵阳城市创新发展报告•息烽篇（2016）
著(编)者:连玉明 2016年10月出版 / 估价:89.00元

贵阳蓝皮书
贵阳城市创新发展报告•修文篇（2016）
著(编)者:连玉明 2016年10月出版 / 估价:89.00元

贵阳蓝皮书
贵阳城市创新发展报告•云岩篇（2016）
著(编)者:连玉明 2016年10月出版 / 估价:89.00元

贵州房地产蓝皮书
贵州房地产发展报告NO.3（2016）
著(编)者:武廷方 2016年8月出版 / 估价:89.00元

贵州蓝皮书
贵州册亨经济社会发展报告 (2016)
著(编)者:黄德林 2016年3月出版 / 定价:79.00元

贵州蓝皮书
贵安新区发展报告（2015~2016）
著(编)者:马长青 吴大华 2016年6月出版 / 定价:79.00元

贵州蓝皮书
贵州法治发展报告（2016）
著(编)者:吴大华 2016年5月出版 / 定价:79.00元

贵州蓝皮书
贵州民航业发展报告（2016）
著(编)者:申振东 吴大华 2016年10月出版 / 估价:69.00元

贵州蓝皮书
贵州民营经济发展报告（2015）
著(编)者:杨静 吴大华 2016年3月出版 / 定价:79.00元

贵州蓝皮书
贵州人才发展报告（2016）
著(编)者:于杰 吴大华 2016年9月出版 / 估价:69.00元

贵州蓝皮书
贵州社会发展报告（2016）
著(编)者:王兴骥 2016年6月出版 / 定价:79.00元

海淀蓝皮书
海淀区文化和科技融合发展报告（2016）
著(编)者:陈名杰 孟景伟 2016年8月出版 / 估价:75.00元

海峡西岸蓝皮书
海峡西岸经济区发展报告（2016）
著(编)者:福建省人民政府发展研究中心
福建省人民政府发展研究中心咨询服务中心
2016年9月出版 / 估价:65.00元

杭州都市圈蓝皮书
杭州都市圈发展报告（2016）
著(编)者:沈翔 戚建国 2016年5月出版 / 定价:128.00元

杭州蓝皮书
杭州妇女发展报告（2016）
著(编)者:魏颖 2016年6月出版 / 定价:79.00元

河北经济蓝皮书
河北省经济发展报告（2016）
著(编)者:马树强 金浩 刘兵 张贵
2016年4月出版 / 定价:89.00元

河北蓝皮书
河北经济社会发展报告（2016）
著(编)者:郭金平 2016年1月出版 / 定价:79.00元

河北食品药品安全蓝皮书
河北食品药品安全研究报告（2016）
著(编)者:丁锦霞 2016年6月出版 / 定价:79.00元

河南经济蓝皮书
2016年河南经济形势分析与预测
著(编)者:胡五岳 2016年2月出版 / 定价:79.00元

河南蓝皮书
2016年河南社会形势分析与预测
著(编)者:刘道兴 牛苏林　2016年4月出版 / 定价79.00元

河南蓝皮书
河南城市发展报告（2016）
著(编)者:张占仓 王建国　2016年5月出版 / 定价:69.00元

河南蓝皮书
河南法治发展报告（2016）
著(编)者:丁同民 张林海　2016年5月出版 / 定价:79.00元

河南蓝皮书
河南工业发展报告（2016）
著(编)者:张占仓 丁同民　2016年5月出版 / 定价:69.00元

河南蓝皮书
河南金融发展报告（2016）
著(编)者:河南省社会科学院　2016年8月出版 / 估价:69.00元

河南蓝皮书
河南经济发展报告（2016）
著(编)者:张占仓　2016年3月出版 / 定价:79.00元

河南蓝皮书
河南农业农村发展报告（2016）
著(编)者:吴海峰　2016年8月出版 / 估价:69.00元

河南蓝皮书
河南文化发展报告（2016）
著(编)者:卫绍生　2016年3月出版 / 定价:78.00元

河南商务蓝皮书
河南商务发展报告（2016）
著(编)者:焦锦淼 穆荣国　2016年6月出版 / 定价:88.00元

黑龙江产业蓝皮书
黑龙江产业发展报告（2016）
著(编)者:于渤　2016年10月出版 / 估价:79.00元

黑龙江蓝皮书
黑龙江经济发展报告（2016）
著(编)者:朱宇　2016年1月出版 / 定价:79.00元

黑龙江蓝皮书
黑龙江社会发展报告（2016）
著(编)者:谢宝禄　2016年1月出版 / 定价:79.00元

湖南城市蓝皮书
区域城市群整合（主题待定）
著(编)者:童中贤 韩未名　2016年12月出版 / 估价:79.00元

湖南蓝皮书
2016年湖南产业发展报告
著(编)者:梁志峰　2016年5月出版 / 定价:128.00元

湖南蓝皮书
2016年湖南电子政务发展报告
著(编)者:梁志峰　2016年5月出版 / 定价:128.00元

湖南蓝皮书
2016年湖南经济展望
著(编)者:梁志峰　2016年5月出版 / 定价:128.00元

湖南蓝皮书
2016年湖南两型社会与生态文明发展报告
著(编)者:梁志峰　2016年5月出版 / 定价:128.00元

湖南蓝皮书
2016年湖南社会发展报告
著(编)者:梁志峰　2016年5月出版 / 定价:128.00元

湖南蓝皮书
2016年湖南县域经济社会发展报告
著(编)者:梁志峰　2016年5月出版 / 定价:98.00元

湖南蓝皮书
湖南城乡一体化发展报告（2016）
著(编)者:陈文胜 王文强 陆福兴 邝奕轩
2016年6月出版 / 定价:89.00元

湖南县域蓝皮书
湖南县域发展报告 NO.3
著(编)者:袁准 周小毛　2016年9月出版 / 估价:69.00元

沪港蓝皮书
沪港发展报告（2015～2016）
著(编)者:尤安山　2016年8月出版 / 估价:89.00元

京津冀金融蓝皮书
京津冀金融发展报告（2015）
著(编)者:王爱俭 李向前　2016年3月出版 / 定价:89.00元

吉林蓝皮书
2016年吉林经济社会形势分析与预测
著(编)者:马克　2015年12月出版 / 定价:79.00元

吉林省城市竞争力蓝皮书
吉林省城市竞争力报告（2015）
著(编)者:崔岳春 张磊　2016年3月出版 / 定价:69.00元

济源蓝皮书
济源经济社会发展报告（2016）
著(编)者:喻新安　2016年8月出版 / 估价:69.00元

健康城市蓝皮书
北京健康城市建设研究报告（2016）
著(编)者:王鸿春　2016年8月出版 / 估价:79.00元

江苏法治蓝皮书
江苏法治发展报告 NO.5（2016）
著(编)者:李力 龚廷泰　2016年9月出版 / 估价:98.00元

江西蓝皮书
江西经济社会发展报告（2016）
著(编)者:张勇 姜玮 梁勇　2016年10月出版 / 估价:79.00元

江西文化产业蓝皮书
江西文化产业发展报告（2016）
著(编)者:张圣才 汪春翔　2016年10月出版 / 估价:128.00元

经济特区蓝皮书
中国经济特区发展报告（2016）
著(编)者:陶一桃　2016年12月出版 / 估价:89.00元

辽宁蓝皮书
2016年辽宁经济社会形势分析与预测
著(编)者:曹晓峰　梁启东
2016年1月出版 / 定价:79.00元

拉萨蓝皮书
拉萨法治发展报告（2016）
著(编)者:车明怀　2016年8月出版 / 估价:79.00元

洛阳蓝皮书
洛阳文化发展报告（2016）
著(编)者:刘福兴　陈启明　2016年8月出版 / 估价:79.00元

南京蓝皮书
南京文化发展报告（2016）
著(编)者:徐宁　2016年12月出版 / 估价:79.00元

内蒙古蓝皮书
内蒙古反腐倡廉建设报告 NO.2
著(编)者:张志华　无极　2016年12月出版 / 估价:69.00元

浦东新区蓝皮书
上海浦东经济发展报告（2016）
著(编)者:沈开艳　周奇　2016年1月出版 / 定价:69.00元

青海蓝皮书
2016年青海经济社会形势分析与预测
著(编)者:陈玮　2015年12月出版 / 定价:79.00元

人口与健康蓝皮书
深圳人口与健康发展报告（2016）
著(编)者:陆杰华　罗乐宣　苏杨
2016年11月出版 / 估价:89.00元

山东蓝皮书
山东经济形势分析与预测（2016）
著(编)者:李广杰　2016年11月出版 / 估价:89.00元

山东蓝皮书
山东社会形势分析与预测（2016）
著(编)者:涂可国　2016年8月出版 / 估价:89.00元

山东蓝皮书
山东文化发展报告（2016）
著(编)者:张华　唐洲雁　2016年8月出版 / 估价:98.00元

山西蓝皮书
山西资源型经济转型发展报告（2016）
著(编)者:李志强　2016年8月出版 / 估价:89.00元

陕西蓝皮书
陕西经济发展报告（2016）
著(编)者:任宗哲　白宽犁　裴成荣
2015年12月出版 / 定价:69.00元

陕西蓝皮书
陕西社会发展报告（2016）
著(编)者:任宗哲　白宽犁　牛昉
2015年12月出版 / 定价:69.00元

陕西蓝皮书
陕西文化发展报告（2016）
著(编)者:任宗哲　白宽犁　王长寿
2015年12月出版 / 定价:69.00元

陕西蓝皮书
丝绸之路经济带发展报告（2015~2016）
著(编)者:任宗哲　白宽犁　谷孟宾
2015年12月出版 / 定价:75.00元

上海蓝皮书
上海传媒发展报告（2016）
著(编)者:强荧　焦雨虹　2016年1月出版 / 定价:79.00元

上海蓝皮书
上海法治发展报告（2016）
著(编)者:叶青　2016年6月出版 / 定价:79.00元

上海蓝皮书
上海经济发展报告（2016）
著(编)者:沈开艳　2016年1月出版 / 定价:79.00元

上海蓝皮书
上海社会发展报告（2016）
著(编)者:杨雄　周海旺　2016年1月出版 / 定价:79.00元

上海蓝皮书
上海文化发展报告（2016）
著(编)者:荣跃明　2016年1月出版 / 定价:79.00元

上海蓝皮书
上海文学发展报告（2016）
著(编)者:陈圣来　2016年6月出版 / 定价:79.00元

上海蓝皮书
上海资源环境发展报告（2016）
著(编)者:周冯琦　汤庆合　任文伟
2016年1月出版 / 定价:79.00元

上饶蓝皮书
上饶发展报告（2015~2016）
著(编)者:朱寅健　2016年8月出版 / 估价:128.00元

社会建设蓝皮书
2016年北京社会建设分析报告
著(编)者:宋贵伦　冯虹　2016年8月出版 / 定价:79.00元

深圳蓝皮书
深圳法治发展报告（2016）
著(编)者:张骁儒　2016年6月出版 / 定价:69.00元

深圳蓝皮书
深圳经济发展报告（2016）
著(编)者:张骁儒　2016年8月出版 / 估价:89.00元

深圳蓝皮书
深圳劳动关系发展报告（2016）
著(编)者:汤庭芬　2016年6月出版 / 定价:69.00元

深圳蓝皮书
深圳社会建设与发展报告（2016）
著(编)者:张骁儒 陈东平　2016年7月出版 / 定价:79.00元

深圳蓝皮书
深圳文化发展报告(2016)
著(编)者:张骁儒　2016年8月出版 / 估价:69.00元

四川法治蓝皮书
四川依法治省年度报告 NO.2（2016）
著(编)者:李林 杨天宗 田禾
2016年3月出版 / 定价:108.00元

四川蓝皮书
2016年四川经济形势分析与预测
著(编)者:杨钢　2016年1月出版 / 定价:98.00元

四川蓝皮书
四川城镇化发展报告（2016）
著(编)者:侯水平 陈炜　2016年4月出版 / 定价:75.00元

四川蓝皮书
四川法治发展报告（2016）
著(编)者:郑泰安　2016年8月出版 / 估价:69.00元

四川蓝皮书
四川企业社会责任研究报告（2015～2016）
著(编)者:侯水平 盛毅 翟刚　2016年4月出版 / 定价:79.00元

四川蓝皮书
四川社会发展报告（2016）
著(编)者:李羚　2016年5月出版 / 定价:79.00元

四川蓝皮书
四川生态建设报告（2016）
著(编)者:李晟之　2016年4月出版 / 定价:75.00元

四川蓝皮书
四川文化产业发展报告（2016）
著(编)者:向宝云 张立伟　2016年4月出版 / 定价:79.00元

西咸新区蓝皮书
西咸新区发展报告（2011~2015）
著(编)者:李扬 王军　2016年6月出版 / 定价:89.00元

体育蓝皮书
上海体育产业发展报告（2015～2016）
著(编)者:张林 黄海燕　2016年10月出版 / 估价:79.00元

体育蓝皮书
长三角地区体育产业发展报告（2015～2016）
著(编)者:张林　2016年8月出版 / 估价:79.00元

天津金融蓝皮书
天津金融发展报告（2016）
著(编)者:王爱俭 孔德昌　2016年9月出版 / 估价:89.00元

图们江区域合作蓝皮书
图们江区域合作发展报告（2016）
著(编)者:李铁　2016年6月出版 / 定价:98.00元

温州蓝皮书
2016年温州经济社会形势分析与预测
著(编)者:潘忠强 王春光 金浩　2016年4月出版 / 定价:69.00元

扬州蓝皮书
扬州经济社会发展报告（2016）
著(编)者:丁纯　2016年12月出版 / 估价:89.00元

长株潭城市群蓝皮书
长株潭城市群发展报告（2016）
著(编)者:张萍　2016年10月出版 / 估价:69.00元

郑州蓝皮书
2016年郑州文化发展报告
著(编)者:王哲　2016年9月出版 / 定价:65.00元

中医文化蓝皮书
北京中医药文化传播发展报告（2016）
著(编)者:毛嘉陵　2016年8月出版 / 估价:79.00元

珠三角流通蓝皮书
珠三角商圈发展研究报告（2016）
著(编)者:王先庆 林至颖　2016年8月出版 / 估价:98.00元

遵义蓝皮书
遵义发展报告（2016）
著(编)者:曾征 龚永育　2016年12月出版 / 估价:69.00元

国别与地区类

阿拉伯黄皮书
阿拉伯发展报告（2015～2016）
著(编)者:罗林　2016年11月出版 / 估价:79.00元

北部湾蓝皮书
泛北部湾合作发展报告（2016）
著(编)者:吕余生　2016年10月出版 / 估价:69.00元

大湄公河次区域蓝皮书
大湄公河次区域合作发展报告（2016）
著(编)者:刘稚　2016年9月出版 / 估价:79.00元

大洋洲蓝皮书
大洋洲发展报告（2015～2016）
著(编)者:喻常森　2016年10月出版 / 估价:89.00元

德国蓝皮书
德国发展报告（2016）
著(编)者:郑春荣　2016年6月出版 / 定价:79.00元

东北亚黄皮书
东北亚地区政治与安全（2016）
著(编)者:黄凤志 刘清才 张慧智 等
2016年8月出版 / 定价:69.00元

东盟黄皮书
东盟发展报告（2016）
著(编)者:杨晓强 庄国土 2016年8月出版 / 定价:89.00元

东南亚蓝皮书
东南亚地区发展报告（2015～2016）
著(编)者:厦门大学东南亚研究中心　王勤
2016年8月出版 / 估价:79.00元

俄罗斯黄皮书
俄罗斯发展报告（2016）
著(编)者:李永全　2016年7月出版 / 定价:89.00元

非洲黄皮书
非洲发展报告 NO.18（2015～2016）
著(编)者:张宏明　2016年9月出版 / 估价:79.00元

国际安全蓝皮书
中国国际安全研究报告(2016)
著(编)者:刘慧　2016年7月出版 / 定价:98.00元

国际形势黄皮书
全球政治与安全报告（2016）
著(编)者:李慎明 张宇燕
2015年12月出版 / 定价:69.00元

韩国蓝皮书
韩国发展报告（2016）
著(编)者:牛林杰 刘宝全
2016年12月出版 / 估价:89.00元

加拿大蓝皮书
加拿大发展报告（2016）
著(编)者:仲伟合　2016年8月出版 / 估价:89.00元

拉美黄皮书
拉丁美洲和加勒比发展报告（2015～2016）
著(编)者:吴白乙　2016年6月出版 / 定价:89.00元

美国蓝皮书
美国研究报告（2016）
著(编)者:郑秉文 黄平　2016年5月出版 / 定价:89.00元

缅甸蓝皮书
缅甸国情报告（2016）
著(编)者:李晨阳　2016年8月出版 / 估价:79.00元

欧洲蓝皮书
欧洲发展报告（2015～2016）
著(编)者:黄平 周弘 江时学
2016年6月出版 / 定价:89.00元

日本经济蓝皮书
日本经济与中日经贸关系研究报告（2016）
著(编)者:张季风　2016年5月出版 / 定价:89.00元

日本蓝皮书
日本研究报告（2016）
著(编)者:杨柏江　2016年5月出版 / 定价:89.00元

上海合作组织黄皮书
上海合作组织发展报告（2016）
著(编)者:李进峰 吴宏伟 李少捷
2016年6月出版 / 定价:89.00元

世界创新竞争力黄皮书
世界创新竞争力发展报告（2016）
著(编)者:李闽榕 李建平 赵新力
2016年8月出版 / 估价:148.00元

土耳其蓝皮书
土耳其发展报告（2016）
著(编)者:郭长刚 刘义　2016年8月出版 / 估价:69.00元

亚太蓝皮书
亚太地区发展报告（2016）
著(编)者:李向阳　2016年5月出版 / 定价:79.00元

印度蓝皮书
印度国情报告（2016）
著(编)者:吕昭义　2016年8月出版 / 估价:89.00元

印度洋地区蓝皮书
印度洋地区发展报告（2016）
著(编)者:汪戎　2016年8月出版 / 估价:89.00元

英国蓝皮书
英国发展报告（2015～2016）
著(编)者:王展鹏　2016年10月出版 / 估价:89.00元

越南蓝皮书
越南国情报告（2016）
著(编)者:广西社会科学院 罗梅 李碧华
2016年8月出版 / 定价:69.00元

越南蓝皮书
越南经济发展报告（2016）
著(编)者:黄志勇　2016年10月出版 / 估价:69.00元

以色列蓝皮书
以色列发展报告（2016）
著(编)者:张倩红　2016年9月出版 / 估价:89.00元

中东黄皮书
中东发展报告 NO.18（2015～2016）
著(编)者:杨光　2016年10月出版 / 估价:89.00元

中亚黄皮书
中亚国家发展报告（2016）
著(编)者:孙力 吴宏伟　2016年7月出版 / 定价:98.00元

✤ 皮书起源 ✤

"皮书"起源于十七、十八世纪的英国，主要指官方或社会组织正式发表的重要文件或报告，多以"白皮书"命名。在中国，"皮书"这一概念被社会广泛接受，并被成功运作、发展成为一种全新的出版形态，则源于中国社会科学院社会科学文献出版社。

✤ 皮书定义 ✤

皮书是对中国与世界发展状况和热点问题进行年度监测，以专业的角度、专家的视野和实证研究方法，针对某一领域或区域现状与发展态势展开分析和预测，具备原创性、实证性、专业性、连续性、前沿性、时效性等特点的公开出版物，由一系列权威研究报告组成。

✤ 皮书作者 ✤

皮书系列的作者以中国社会科学院、著名高校、地方社会科学院的研究人员为主，多为国内一流研究机构的权威专家学者，他们的看法和观点代表了学界对中国与世界的现实和未来最高水平的解读与分析。

✤ 皮书荣誉 ✤

皮书系列已成为社会科学文献出版社的著名图书品牌和中国社会科学院的知名学术品牌。2011年，皮书系列正式列入"十二五"国家重点出版规划项目；2012~2015年，重点皮书列入中国社会科学院承担的国家哲学社会科学创新工程项目；2016年，46种院外皮书使用"中国社会科学院创新工程学术出版项目"标识。

中国皮书网

www.pishu.cn

发布皮书研创资讯，传播皮书精彩内容
引领皮书出版潮流，打造皮书服务平台

栏目设置：

☐ 资讯：皮书动态、皮书观点、皮书数据、
　　　　皮书报道、皮书发布、电子期刊
☐ 标准：皮书评价、皮书研究、皮书规范
☐ 服务：最新皮书、皮书书目、重点推荐、在线购书
☐ 链接：皮书数据库、皮书博客、皮书微博、在线书城
☐ 搜索：资讯、图书、研究动态、皮书专家、研创团队

　　中国皮书网依托皮书系列"权威、前沿、原创"的优质内容资源，通过文字、图片、音频、视频等多种元素，在皮书研创者、使用者之间搭建了一个成果展示、资源共享的互动平台。

　　自 2005 年 12 月正式上线以来，中国皮书网的 IP 访问量、PV 浏览量与日俱增，受到海内外研究者、公务人员、商务人士以及专业读者的广泛关注。

　　2008 年、2011 年，中国皮书网均在全国新闻出版业网站荣誉评选中获得"最具商业价值网站"称号；2012 年，获得"出版业网站百强"称号。

　　2014 年，中国皮书网与皮书数据库实现资源共享，端口合一，将提供更丰富的内容，更全面的服务。

首页 数据库检索 学术资源群 我的文献库 皮书全动态 有奖调查 皮书报道 皮书研究 联系我们 读者荐购 搜索报告

权威报告 热点资讯 海量资源

当代中国与世界发展的高端智库平台

皮书数据库 www.pishu.com.cn

　　皮书数据库是专业的人文社会科学综合学术资源总库，以大型连续性图书——皮书系列为基础，整合国内外相关资讯构建而成。包含六大子库，涵盖两百多个主题，囊括了近十几年间中国与世界经济社会发展报告，覆盖经济、社会、政治、文化、教育、国际问题等多个领域。

　　皮书数据库以篇章为基本单位，方便用户对皮书内容的阅读需求。用户可进行全文检索，也可对文献题目、内容提要、作者名称、作者单位、关键字等基本信息进行检索，还可对检索到的篇章进行二次筛选，进行在线阅读或下载阅读。智能多维度导航，可使用户根据自己熟知的分类标准进行导航筛选，使查找和检索更高效、便捷。

　　权威的研究报告，独特的调研数据，前沿的热点资讯，皮书数据库已发展成为国内最具影响力的关于中国与世界现实问题研究的成果库和资讯库。

皮书俱乐部会员服务指南

1. 谁能成为皮书俱乐部成员？
- 皮书作者自动成为俱乐部会员
- 购买了皮书产品（纸质书/电子书）的个人用户

2. 会员可以享受的增值服务
- 免费获赠皮书数据库100元充值卡
- 加入皮书俱乐部，免费获赠该纸质图书的电子书
- 免费定期获赠皮书电子期刊
- 优先参与各类皮书学术活动
- 优先享受皮书产品的最新优惠

3. 如何享受增值服务？
（1）免费获赠100元皮书数据库体验卡
第1步 刮开皮书附赠充值的涂层（右下）；
第2步 登录皮书数据库网站
（www.pishu.com.cn），注册账号；

第3步 登录并进入"会员中心"—"在线充值"—"充值卡充值"，充值成功后即可使用。
（2）加入皮书俱乐部，凭数据库体验卡赠该书的电子书
第1步 登录社会科学文献出版社官网（www.ssap.com.cn），注册账号；
第2步 登录并进入"会员中心"—"皮书俱乐部"，提交加入皮书俱乐部申请；
第3步 审核通过后，再次进入皮书俱乐部，填写页面所需图书、体验卡信息即可自动兑换相应电子书。

4. 声明
　　解释权归社会科学文献出版社所有

皮书俱乐部会员可享受社会科学文献出版社其他相关免费增值服务，有任何疑问，均可与我们联系。
图书销售热线：010-59367070/7028 图书服务QQ：800045692 图书服务邮箱：duzhe@ssap.cn
数据库服务热线：400-008-6695 数据库服务QQ：2475522410 数据库服务邮箱：database@ssap.cn
欢迎登录社会科学文献出版社官网（www.ssap.com.cn）和中国皮书网（www.pishu.cn）了解更多信息

皮书大事记
（2015）

☆ 2015年11月9日，社会科学文献出版社2015年皮书编辑出版工作会议召开，会议就皮书装帧设计、生产营销、皮书评价以及质检工作中的常见问题等进行交流和讨论，为2016年出版社的融合发展指明了方向。

☆ 2015年11月，中国社会科学院2015年度纳入创新工程后期资助名单正式公布，《社会蓝皮书：2015年中国社会形势分析与预测》等41种皮书纳入2015年度"中国社会科学院创新工程学术出版资助项目"。

☆ 2015年8月7~8日，由中国社会科学院主办，社会科学文献出版社和湖北大学共同承办的"第十六次全国皮书年会（2015）：皮书研创与中国话语体系建设"在湖北省恩施市召开。中国社会科学院副院长李培林、国家新闻出版广电总局原副总局长、中国出版协会常务副理事长邬书林，湖北省委宣传部副部长喻立平，中国社会科学院科研局局长马援，国家新闻出版广电总局出版管理司副司长许正明，中共恩施州委书记王海涛，社会科学文献出版社社长谢寿光，湖北大学党委书记刘建凡等相关领导出席开幕式。来自中国社会科学院、地方社会科学院及高校、政府研究机构的领导及近200个皮书课题组的380多人出席了会议，会议规模又创新高。会议宣布了2016年授权使用"中国社会科学院创新工程学术出版项目"标识的院外皮书名单，并颁发了第六届优秀皮书奖。

☆ 2015年4月28日，"第三届皮书学术评审委员会第二次会议暨第六届优秀皮书奖评审会"在京召开。中国社会科学院副院长李培林、蔡昉出席会议并讲话，国家新闻出版广电总局原副局长、中国出版协会常务副理事长邬书林也出席本次会议。会议分别由中国社会科学院科研局局长马援和社会科学文献出版社社长谢寿光主持。经分学科评审和大会汇评，最终匿名投票评选出第六届"优秀皮书奖"和"优秀皮书报告奖"书目。此外，该委员会还根据《中国社会科学院皮书管理办法》，审议并投票评选出2015年纳入中国社会科学院创新工程项目的皮书和2016年使用"中国社会科学院创新工程学术出版项目"标识的院外皮书。

☆ 2015年1月30~31日，由社会科学文献出版社皮书研究院组织的2014年版皮书评价复评会议在京召开。皮书学术评审委员会部分委员、相关学科专家、学术期刊编辑、资深媒体人等近50位评委参加本次会议。中国社会科学院科研局局长马援、社会科学文献出版社社长谢寿光出席开幕式并发表讲话，中国社会科学院科研成果处处长薛增朝出席闭幕式并做发言。

更多信息请登录

皮书数据库
http://www.pishu.com.cn

中国皮书网
http://www.pishu.cn

皮书微博
http://weibo.com/pishu

皮书博客
http://blog.sina.com.cn/pishu

皮书微信"皮书说"

请到各地书店皮书专架 / 专柜购买，也可办理邮购

咨询 / 邮购电话：010-59367028 59367070

邮　　箱：duzhe@ssap.cn

邮购地址：北京市西城区北三环中路甲29号院3号
　　　　　楼华龙大厦13层读者服务中心

邮　　编：100029

银行户名：社会科学文献出版社

开户银行：中国工商银行北京北太平庄支行

账　　号：0200010019200365434